伟大的经济学家系列译丛

JOAN ROBINSON

琼·罗宾逊

[澳]杰弗里·哈考特 普吕·科尔 著

苏 军 译

华夏出版社

图书在版编目(CIP)数据

琼·罗宾逊/(澳)哈考特,科尔著;苏军译. - 北京:华夏出版社,
2011.1
书名原文:Joan Robinson
ISBN 978 - 7 - 5080 - 5929 - 7

Ⅰ.①琼… Ⅱ.①哈… ②科… ③苏… Ⅲ.①罗宾逊,J. - 经济
思想 - 研究 Ⅳ.①F091.348

中国版本图书馆 CIP 数据核字(2010)第 177061 号

G. C. Harcourt and Prue Kerr: *Joan Robinson*
Copyright © G. C. Harcourt and Prue Kerr 2009
Translation Copyright © 2011 by Huaxia Publishing House
This edition is authorized from the English Language edition published by Palgrave
Macmillan.
All Rights Reserved.

本书中文简体版权由 Palgrave Macmillan 授予华夏出版社,版权为华夏出版
社所有,未经出版者书面允许,不得以任何方式复制或抄袭本书内容。

版权所有,翻印必究。
北京市版权局著作权合同登记号:图字 01 - 2010 - 5950

琼·罗宾逊
[澳]杰弗里·哈考特　普吕·科尔　著
苏　军　译

选题策划:陈小兰
责任编辑:夏元元
出版发行:华夏出版社
　　　　　(北京市东直门外香河园北里4号　邮编:100028)
经　　销:新华书店
印　　刷:三河市李旗庄少明装订厂
装　　订:三河市李旗庄少明装订厂
版　　次:2011 年 1 月北京第 1 版　2011 年 1 月北京第 1 次印刷
开　　本:670×970　1/16 开
印　　张:20.25
字　　数:273 千字
插　　页:2
定　　价:45.00 元

本版图书凡印刷、装订错误,可及时向我社发行部调换

目 录

序 言 ··· 1
鸣 谢 ··· 3
缩略语表 ··· 4
第1章 简 介 ··· 1
第2章 《不完全竞争经济学》 ························ 19
第3章 琼·罗宾逊和她的学术圈子：《通论》出版前后 ······ 29
第4章 琼·罗宾逊论证中的马克思 ····················· 43
第5章 琼·罗宾逊与理论至上年代中的经济计划 ······ 75
第6章 《资本积累》的构成 ····························· 101
第7章 技术选择与资本理论大辩论 ····················· 131
第8章 《资本积累》之后：辩护与发展 ················ 153
第9章 琼·罗宾逊对发展经济学是政治经济学的看法 ······ 181
第10章 《现代经济学导论》：一盏不亮的灯？ ······· 213
第11章 忧心学者的使命：琼·罗宾逊的三本畅销著作 ······ 241
第12章 结论：琼·罗宾逊的遗产 ······················· 261
参考文献 ··· 291

序　言

两位作者都有幸认识琼·罗宾逊本人，杰弗里·柯林·哈考特是从1955年开始认识的，普吕·科尔是从1978年开始认识的。正如我们在第12章的总结中提到的那样，关于本书探索的问题，我们已经写过了百余篇论文。就哈考特来讲，他在1982年从阿德莱德返回剑桥，其主要学术原因就是要写琼·罗宾逊及其学术圈子的学术史。本书的目的是要把我们共同发现的东西整编在一起，集为一册，把我们确信是罗宾逊遗产的大量内容在一本书里展示出来。这也是我们对一位广为人们爱戴的老师、同事和朋友的颂词。

在写作本书的过程中，罗伯特·迪克森、克里斯蒂纳·马库左给予了评论指正，"伟大的经济学家"丛书总编托尼·瑟尔沃详细认真地通读底稿，都对我们帮助极大。我们并没有完全听从托尼的建议，但对他的支持和鼓励，我们还是非常感激的。需要感谢的还有黛布拉·阿姆斯特朗、珍妮特·纳斯、简·斯塔恩斯和黑泽尔·约克，他们在底稿手稿的准备过程中提供了很大帮助。此外，剑桥马歇尔图书馆、新南威尔士大学图书馆的工作人员在查找难以计数的书目文献方面提供了殷勤帮助。最后，许多同事和朋友在我们评价琼·罗宾逊对我们的"可怜的学科"（凯恩斯，*C.W.*, vol. XIV, 第190页）的贡献时都极大地帮助了我们，人数太多，就不一一列举了。

和通常一样，杰弗里·柯林·哈考特感谢琼·哈考特，感谢她伟大的爱,感谢她对这一事业的一贯支持。这一事业经过了长达四分之一世纪的时间,终于可以画上句号了。普吕·科尔感谢史蒂芬妮·布兰肯伯格,感谢她无穷无尽的慷慨大方,还要感谢韦斯利·里格在本书写作过程中表现出的耐心和信任。

鸣　谢

剑桥政治经济学学会基金
剑桥经济学院马歇尔图书馆档案部
剑桥英皇学院现代档案中心
剑桥三一学院雷恩图书馆档案部
伦敦经济学院档案部
英国广播公司文字档案中心
博洛尼亚大学高等学术研究所
西澳大利亚大学英语交流文化研究系

缩略语表

GCH　杰弗里·柯林·哈考特（Geoffrey Colin Harcourt）

JVR　琼·维奥莉特·罗宾逊（Joan Violet Robinson）

EAGR　爱德华·奥斯丁·戈西奇·罗宾逊（Edward Austin Gossage Robinson）

JMK　约翰·梅纳德·凯恩斯（John Maynard Kaynes）

RFK　理查德·费迪南德·卡恩（Richard Ferdinand Kahn）

NK　尼古拉斯·卡尔多（Nicholas Kaldor）

C. E. P.　《琼·罗宾逊论文选》，五卷含索引（*Collected Economic Papers* of Joan Robinson, five volumes plus Index）

C. W.　《凯恩斯论文选》（*Collected Writings* of John Maynard Kaynes）

EIC　《不完全竞争经济学》（*The Economics of Imperfect Competition*）

EME　《论马克思的经济学》（*An Essay on Marxian Economics*）

第 1 章
简 介

毫无疑问,琼·罗宾逊(1903—1983)是 20 世纪最伟大的经济学家之一,也是最伟大的女经济学家,① 本书就是关于琼·罗宾逊的学术传记。书中,我们从她 20 世纪 30 年代初期的第一本著作开始,直到她死后在 1985 年出版的最后一本著作,对她的学术思想的发展和主要贡献作了重新叙述。她的故事与 20 世纪剑桥经济学派的故事丝丝相连、紧密相扣,其中包含了如何看待经济学、如何研究和讲授经济学等问题的重大变化。在这些变化中,琼·罗宾逊及其学术同伴,也就是我们称为第一代凯恩斯门徒的那些人作出了重要贡献,时间是从 20 世纪 20 年代开始,一直持续到战后的许多年。这些骨干分子中的大多数人直到死前一直保持着活跃,而他们中的大多数都于 20 世纪 80 年代和 20 世纪 90 年代间去

---

① 请注意,琼·罗宾逊对于这样的描述可能会很生气。玛乔丽·特纳在谈论玛丽·佩雷·马歇尔对《不完全竞争经济学》(罗宾逊,1933a)的反应时指出,琼·罗宾逊"认为自己的名誉应该是一个经济学家的名誉,而不是一个女经济学家的名誉"(特纳,1989,第 12~13 页;还可参见下文)。

世了（当然，凯恩斯不在其中，他去世于 1946 年）。①

既然理性与人格息息相关，我们探视一下琼·罗宾逊的生活经历似乎就不能算是游离主题。我们相信，要想理解她对与她相关的理论发展所付出的热情，就有必要在开始的时候描述一下她的背景、她的祖先以及她的培养教育情况。我们将在本章下一部分讨论这些内容。随后，我们略加探视，希望借此了解这位知识女性的学术生活。她写的东西理论高明，分析精辟，构成了本书研究的主要题目。最后我们将对她直到 1983 年 8 月去世的职业生涯作一个简单概括，那时距离她 80 岁寿辰只有两个多月的时间。②

1903 年 10 月 31 日，琼·罗宾逊出生于萨里的坎伯利，父亲是英军少将弗雷德里克·毛瑞斯爵士，毛瑞斯的妻子是海伦·玛格丽特·马什。他们共育有四个女儿和一个儿子，罗宾逊排行第三。琼·罗宾逊的父辈几代都是激进的异见分子（是政治上的，不是宗教上的），曾祖父 F. D. 毛瑞斯是一位基督教社会主义者。她的祖父和父亲都是职业军人和军事史学家。在 1918 年那场臭名昭著的众议院毛瑞斯辩论中，她的父亲就是其中的关键人物（见下文）。她的外祖父弗雷德里克·马什是一名外科医生，后来成了剑桥大学外科教授、剑桥唐宁学院专家。她的舅舅爱德华·马什爵士是艺术鉴赏家和文学评论家，做过一连串政界要人的私人助理，其中包括丘吉尔的助理。琼·罗宾逊的父亲有点像堂吉诃德，但他却是原则性很强的人，他的这一性格特征遗传给了自己的女儿。他是一名优秀的职业军人，对自己的士兵和军官同事充满热情，无限忠诚。当他感到英国政府，尤其是劳合·乔治试图把 1918 年年初西部前线令人恐怖的错误归咎于军队时，他写信给几家主要报纸，用证据说明内阁的陈词是错误的。他们争议的问题是英国

---

① 路易吉·帕西内蒂在他为《新帕尔格雷夫经济学大辞典》撰写的琼·罗宾逊的条目当中，对他们的方法和相互关系作了成功的描述，也对他们的集体贡献作了评估（帕西内蒂，1987；还可参见帕西内蒂，2007）。

② 《剑桥经济学杂志》（她是赞助人之一）的编辑们一直准备发行一本庆祝她 80 岁生日的特刊。不幸的是，它不得不改为纪念专辑（参见 1983 年特刊）。

军队是否有能力对付德国军队的凶猛进攻，还有到底是谁决定了英军的名额编制，是政客还是部队首领。总体来讲，毛瑞斯的看法后来被证明是正确的，他的行为也无可厚非（劳合·乔治从未承认这点），可他还是被迫在1918年4月离开了军队——按照我们现在的说法，一个"只吹口哨"的在役军官是"不合格军官"。他随后在位于伦敦的东伦敦学院（就是后来的玛丽皇后学院）担任院长。① 琼·罗宾逊曾经说过，当她还是一个14岁的在校学生时，就被人们称作是毛瑞斯的女儿，自那时起，内心世界的生活对她来讲要比现实生活更加真实。② 她在这个结合点上经历了一次人生的转变。我们推测，她儿时梦幻般的生活，或许暗示了她何以成为如此强劲有力的理论家，冷酷无情、逻辑清晰的作家和评论家。

琼·罗宾逊就读于圣保罗女子学校（她的父亲曾就读于对应的男子学校），随后于1922年去了剑桥的格顿学院。她读的是历史，为了搞清贫困和失业的种种原因，她选读了剑桥的经济学荣誉学位。可她认为，老师尤其是她在格顿的督员玛乔丽·塔潘-霍朗德并没有给出令人满意的答案（师生之间在学术上互相反感）。③ 在1924年和1925年分别进行的两次荣誉学位考试中，她都获得了第二名的优异成绩（参见特纳，1989，第17~18页），但她还是不能获得正式学位，因为1948年之前女性在剑桥是没有这项权利的。她确实说过，得了第二名令人"非常沮丧"，我们由此推测，约翰·希克斯在大约同一时间获得了牛津政治经济哲学

---

① 参阅威尔逊和普莱尔（2004，2006），其中可以找到对毛瑞斯辩论以及与辩论有关的事件和问题的引人入胜的叙述。
② 和哈考特的私人谈话。
③ 人们在战前战后普遍认为，玛乔丽·塔潘-霍朗德应该对琼·罗宾逊未能当选格顿的教员负责（琼·罗宾逊在退休之后，才成为格顿学院的荣誉成员，每年的10月31日相聚一次的琼·罗宾逊学会才成立）。玛乔丽·特纳记载了她们之间互相喜爱的私人情谊，甚至说塔潘-霍朗德对自己以前的学生很关心，但她强烈反对琼·罗宾逊"弥赛亚式"的教学方法。（塔潘-霍朗德是丹尼斯·罗伯特森的盟友，罗伯特森和琼·罗宾逊的关系从来就没有好过；参见特纳（1989，第14页）。

第二名的消息可能始终未能带给她太大安慰。

1926年,她和奥斯丁·罗宾逊结婚。奥斯丁已于1922年毕业,当时是基督圣体节的未婚成员。就在结婚之前,他得到了一份工作,是给印度瓜廖尔大公当私人教师。大公当时不满10岁,父亲刚刚去世。凯恩克罗斯(1933,第30页)说,是"琼让奥斯丁注意到了这份工作合同",因为琼和大公家族一位至交的女儿是密友。奥斯丁得到了一份预计持续8年到10年的工作,薪金免税,待遇丰厚。婚后两个月,琼和奥斯丁乘船驶往孟买。

他们在瓜廖尔的生活,反映了当时英国人在印度享有的特权。关于他们生活的详细情况,琼和奥斯丁都在短篇回忆录中记载了他们日常生活的特定方面。奥斯丁记录到,他们每天6点半左右起床,先喝茶,然后骑马或驾车,穿过牛车往来的街道,来到阅兵场,大公和他的妹妹将在这里接受骑术训练。琼和奥斯丁高兴的时候也会骑骑马。7点半的时候,所有的人都汇合在一起,骑马返回王宫。这时候,琼和奥斯丁,还有和大公一起学习的四个男孩就会跟在后面。到家后,先是在锡浴盆中洗澡,然后是早餐,奥斯丁随后去学校上三个小时的课。琼也不闲着,她给当地报纸写书评(从她对福斯特《印度之旅》的评论中可以看出,她是一位不错的书评家),或者是为奥斯丁写的东西挑错;当时奥斯丁已经着手对自己的印度经历撰写分析文章。他们一起午餐,午睡片刻,然后是印地语课。课后,奥斯丁带着男孩们打板球,琼则带着女孩们打羽毛球,还有另一种她不怎么会玩的宫廷球类游戏。他们和孩子们一起锻炼几个小时。晚上6点半或者7点,他们开车去俱乐部,会会同胞。琼会要上一杯杜松子柠檬水,一边读过期的报纸,一边和俱乐部的其他成员闲聊,有时也会游泳,或是打一场网球。奥斯丁写道,"人们谈话的声音很低,有点像智者的交谈,实在不适合在俱乐部进行"(EAGR/7/1/2/23)。罗宾逊夫妇回家后,洗个澡,穿好衣服,准备去吃晚餐。琼记下了某晚在宫里吃晚饭的情景。她尴尬笨拙,木讷于言,显然那时的她对如此奢华的社交场合还很不习惯。琼还描述了她某一天晚餐时的"丧气心情","我一口咬下去,发现里面全是我不喜欢的肉"(EAGR/7/1/2/24),她惊慌失措了。她继续写道,"我的脑袋一下子就蒙了,一句话都想不出,不知道对人说什么",只好客客气气地等在那里,直到"我们好像可以离开"为止(EAGR/7/1/2/46)。

在瓜廖尔的时候,奥斯丁为王子起草了一本评论印度各邦与英国皇室关系的书的大部分内容。凯恩克罗斯(1933,第30页)报道说,"[1928年]6月底,王子的代理人汇聚德里,他们得出结论,'这一经济案例的情况比他们想象的要严重得多'。琼曾经去德里帮助他们现场完结此案,他们于是邀请琼同他们一道返回伦敦进行汇报。7月初,她和他们一起踏上了旅途"(同上书,第30页)。在伦敦,她帮忙汇报了这件关于王子的案件。就在她还在伦敦的时候,奥斯丁离开了现有岗位,准备返回英国(又见塔赫,1990a,第1章)。

奥斯丁和琼还起草了一本关于人口的著作的大部分内容,讨论了行业回报递减或是稳定递增情况下印度的最佳人口数量。他们认为,印度的最佳人口数量应当出现在每个人都获得了最多的社会福利,多种多样的行业门类之间出现均衡的时候。到达伦敦之后,琼一边继续加工这份手稿,一边等待奥斯丁回来。然而,随着他们在剑桥的新生活的开始,她的兴趣被其他东西所吸引,这些草稿就被放弃了。

剑桥是他们二人此后的生活基地(奥斯丁死于1993年)。1929年,奥斯丁获得了大学讲师的职位,并于1931年当选为西德尼·苏塞克斯学院的成员。琼·罗宾逊却一直等到1934年才获得助教职位,这是她的第一个教职。她从未在任何学院执过教,但担任过很多学院的学生督员。她渐渐认识了剑桥的大人物凯恩斯,特别是凯恩斯的得意门生理查德·卡恩,后者在1929年当选为英皇学院成员;皮耶罗·斯拉法在1927年来到剑桥,讲授高级价值理论,凡是他讲的课,琼差不多肯定去听;琼还认识了毛瑞斯·多布,他和奥斯丁同年毕业,正在成为英国最为重要的马克思主义经济学家;还有杰拉德·夏夫,琼在本科的时候就听过他的课;

詹姆斯·米德来自牛津,1930~1931年在剑桥待了一年,是剑桥"竞技场"的成员;还有丹尼斯·罗伯特森,琼也去听过他的课,但两人关系紧张,相互敌视,20世纪30年代之后尤其如此;她当然也认识了政治经济学教授A.C.庇古,他非常喜欢琼·罗宾逊,称她为"荣誉男人"(他讨厌女性,这在第一次世界大战之后是众所周知的)。

琼·罗宾逊与同事关系密切,她在剑桥生活的50多年中,一直与其中一些人维持着亲密友谊。理查德·卡恩是她的知己,也是她最为信赖的评论家。她把自己的想法告诉卡恩,还把正在撰写的东西送给卡恩阅读,而卡恩总是一丝不苟。她曾按计划为卡恩的一本论文集草拟过一篇推介文,但未曾出版。她在文章中写道,"我特别记得,大家承认在任何就业水平之下总会有一个能够自我维持的短期均衡,作为重要步骤,卡恩建议在投资品产业和消费品产业之间画一条隔线,研究它们之间的相互作用(当然,那时我们都还没有听说过马克思的再生产理论)"(JVR/i/8/4)。关于卡恩,琼曾经写道,"有个问题是必须要提出来的:这样一个思维敏捷、能量充沛的人,为什么发表的东西不是很多?答案部分在于,卡恩这个人的慷慨大度是别人少有的,他不仅把自己的时间给了凯恩斯,给了我,还给了许许多多的学生和同事,还有那些让他帮忙看稿子的陌生人"(JVR/i/8/6)。

她和皮耶罗·斯拉法的友谊始于20世纪20年代。"皮耶罗是我最珍贵的珠宝"(RFK/13/90/3/249)。他们的感情很深,这一点在她住院时他写来的带有调笑意味的信中表现了出来。琼在她的小册子《经济学是一门严肃的科学》中以漫画的手法刻画了一个"大陆经济学家"的形象,斯拉法对此回应道,"我知道你是在嘲弄我,可受到这样的嘲弄也很不错啊"。当她在医院疗养的时候,他在一次探访(1939年1月31日)之前的信中写道,"我们应当讨论一下历史预测的问题,条件是必须远离那些先知,但很遗憾,我知道你和他们太近乎了"(JVR/vii/431/25)。几个星期之后,斯拉法向她说心里话,谈了他被接受为三一学院成员时的极大痛苦,"我没能找到[优势和劣势的]边际收益方程,真想知道它们到底在哪里啊"(JVR/vii/431/28)。琼·罗宾逊逐渐意识到,他并不想介入她在著作中所作的那些分析。他在谈论琼的《不完全竞争经济学》的论证时写道,"我始终不愿意谈论那些'泛泛的问题'——在现阶段,其实也许是在任何阶段,这些对你都没有任何用处"(JVR/vii/431/6)。1953年,部分原因是受斯拉法的《李嘉图〈原理〉导论》的激发,琼写了《论重读马克思》的三篇论文(她曾在其他地方提到,斯拉法的《李嘉图〈原理〉导论》让她突然明白了"利润率"概念的含义及其形成过程($C.E.P.$, vol. Ⅳ, 1973, 第 247 页)),她把这些论文看成是"一个人沉思几年的想法突然成形。想法的高低取决于先前的深思熟虑,而行文的优劣则取决于灵感的瞬间闪动。写得越快,文章的质量就越高……要是能看到皮耶罗的反应肯定很有趣。当然了,我写的这些东西其实就是冲着他去的"(1952 年 10 月 28 日;RFK/13/90/5/378)。她还把这些论文送给牛津的以赛亚·伯林审阅,① 也急于知道戴维·钱伯努恩和埃里克·霍布斯邦对这些论文的看法。她认为,这些论文对于马克思主义者和冒牌的凯恩斯主义者都会非常刺激,她说道,"对皮耶罗,我想开个家里人开的玩笑。我不能毫无表示就随便挪用他 20 多年的研究成果,而我唯一能做的就是用一个玩笑来表示感谢"(RFK/13/90/5/381)。可是,"[皮耶罗]非常聪明,装作从未读过这些文章,对于我谈论马克思的书他就是这样做的。他对整个事情的态度是非常复杂的"(1952 年 11 月 1 日;RFK/13/90/5/370)。她清楚地知道,斯拉法不同意边际生产力理论,而且对价值转形问题有自己的答案。她表示,"我必须强调这只是我自己的观点。皮耶罗一直坚持纯正无杂的马克思主义,对我的修正持怀疑的态度"(罗宾逊, 1977b;$C.E.P.$, vol. Ⅴ, 1979, n2, 第 285 页)。她认为,斯拉法的"模型"来自对社

---

① JVR/vii/62/5。伯林喜欢他们"在学术上的快乐心情",但也批评了她对辩证推理的理解。

会形态和历史形态的抽象，它的理论范畴与构成生产系统基础的生产交换体系的基本要求似乎并不一致，而后者正是她建议用于取代正统理论的学说。她自己的抽象是制度方面或社会方面的，她思考问题的方式是要用一连串的推理，探究事情在这一抽象水平上的所有逻辑可能性，由此发现逻辑矛盾和逻辑限制，并得出一些显而易见的含义。与此相比，斯拉法的体系很简朴，但应用范围很广。

琼·罗宾逊写给他的信也说明了他们的关系："我一直纳闷，为什么你的观点正是我想要的（有几个除外，因为我根本就不明白），可我的想法你并不喜欢"（1960 年 5 月 31 日；斯拉法/D3/12/111/337）。她随后写道，"我过去 10 年进行的所有研究工作都受到了你的深刻影响——我们过去的谈话，还有你写的序文……我对你感佩至深。尽管你不承认，可这根本不能改变事实"（1960 年 6 月 18 日；斯拉法/D3/12/111/340 – 341）。

战争之前，琼·罗宾逊和尼古拉斯·卡尔多就是同事，但直到战后卡尔多从伦敦政治经济学院转到剑桥之后，琼·罗宾逊才成了这家人的至交。1941 年，二人向国家经济社会研究所提交过一份合作研究项目（NK/3/118/30）。从 20 世纪 30 年代起，两个人的友谊就已经有了强烈的竞争色彩，到了 20 世纪五六十年代就更是如此。那个时候，他们各自响应哈罗德的号召，正在沿着凯恩斯的思路构建增长和分配理论。卡尔多曾经说过，他对她的书稿（1956a）的存在印象深刻，但并没有读过，目的是保持头脑清晰，不受他人观点的影响。琼·罗宾逊对此很留心，随后发现他和他的学生研究小组在研读她的书（1956a），这让她感到很高兴。当他们在凯恩斯的框架中研究单个企业在关于企业决策的不同假设下将如何行动时，二人以书信的形式进行了热烈的思想交流。他们的目的之一是要证明，技术选择并不能决定实际工资率或利润率。这些书信表明，他们的竞争后来转变成了建设性的学术交流（NK/3/30/177）。

她对学术研究性质的态度以及她投身学术研究的动力，部分是由于她加入了"竞技场"而形成的。① 她在谈论剑桥"竞技场"的时候写道,"当时,我们还没有想过［思想归属权］这些概念。凯恩斯和我们所有人都认为,把论证搞正确才是最大、最重要的事情,以此获取名誉是非常次要的……比如卡恩,他献身于这一伟大的使命并不需要任何虚荣或名誉的动机"（JVR/i/8/5）。她在1962年写信给卡尔多说,"我很看重这个工作群体。我认为和每个人都'优先考虑自己的事情'或'只顾自己的私活'相比,我们互相帮助,帮助别人完成了更多优秀的工作"（NK/3/30/177/27）。尽管如此,她和卡恩发表观点的方式却截然不同。她写信（1952）给他说,"和你不一样,我对你没有一点异议,可我不想在这个我自认为很伟大的事业中愚弄自己。为什么要在乎别人的想法呢？这是你我生活态度的深刻差异"（RFK/13/90/5/380）。② 同一时间,琼·罗宾逊在1952年11月写道,"这次［生病］之后,我更加强烈地意识到,一个人的全部性格都会渗入他的'纯学术'研究之中。我觉得自己头脑非常简单,比我们中的任何人都笨,可我还是做了这么多工作,原因就是自己的心思非常单纯"（RFK/113/90/5/354）。人们知道她很讨厌为经济理论建模,她曾在早些时候对卡恩说过,"我做了一点微积分分析,但觉得还是和你一起来做痛苦少点。我们是不是可以坐在奥地利的山坡上去做完这件事呢"（RFK/13/90/3/130）。她在回复卡尔多就她的"什么是完全竞争？"（罗宾逊,1934）一文的来信时写道,"当然,噩梦③的方法在论证［供给弹性不同的情况下行业之间的分配］问题时是非常简单的",她重复这一意见说,"［卡尔多］实际上是把我在'异议'一章中的结论编织到了噩梦一书当中,对于这一点,我当时忽略了,没能做到"（RFK/13/90/2/72,80）。这并不是说

---

① "竞技场"是斯拉法在1930年米迦勒学期为了研究凯恩斯的《货币论》（1930）而建立的学者小组；参见第3章,第29页,注释1。
② 参见第2章,第24页,注释2。
③ 指罗宾逊的《不完全竞争经济学》。——译者注

她拒绝使用统计方法,"我一直[向布莱恩·雷德韦]讲自己的想法,要建立几个人数少、活力强的特定项目讨论小组,希望由此得出我们关于数学能做什么、不能做什么的看法,以便把虚假错误从统计研究中赶出去,同时找到利用有明确含义的术语构建理论的具体方法"(RFK/13/90/5/177)。这就说明,她对经济理论的发展,还是建立在对统计数据进行考察的基础上的(或许不够充足)。

琼·罗宾逊在 20 世纪 30 年代初开始发表论文,并在 1933 年完成出版了《不完全竞争经济学》。毫无疑问,此书受到的欢迎对她 1934 年获得教职肯定产生了影响。1937 年,她被提拔为大学讲师,但必须说一下,事情搞得不尴不尬,十分勉强(见下文)。1949 年,她当上了准教授,并在 1965 年继奥斯丁之后成为教授。她于 1971 年"退休",尽管后来身体不佳,却一直保持活跃,直到生命的最后一年,这正是她不屈不挠、永不言败的精神的真实写照。

琼·罗宾逊不想被人看做是"女经济学家"(见本章第 1 页注释 1),但在有些场合,女性的性别确实给她设置了障碍。1933 年,戈特弗雷德·哈伯勒写信问卡恩:"那个[在上一期《经济学杂志》上]发表文章的琼·罗宾逊是谁?这个基督教名字听起来是个女性的名字,可我觉得这篇文章对于一个女人来说过于聪明,根本不可能……"(JVR/vii/171)1935 年,C. R. 费向庇古表示了他对罗宾逊的敌意,反对给罗宾逊为期一年的讲师职务,只想给她一个学期。他表示,"罗宾逊夫人必须明白,我们需要她讲的只是一个学期的货币课程……要由此说她不适合当终身教师很难,可她的这次职务变动提得很突然,其实自从她要求临时授课开始,她的每一次[职位]变动都是如此。我觉得她似乎一直认为,只要她想要,就理应能够得到"(RFK/14/99/209,以及 2/3/35,等等)。费甚至"以老朋友和学生的身份写信给奥斯丁说……让他保证他妻子的工作只能是辅助性的,不能给三年级的课程造成竞争"(RFK/14/99/211)。总的来说,庇古是一贯支持琼·罗宾逊的,可这次他要求她不要在课堂上引发争议。凯恩斯支持她,"讲师非常热衷于授课,而且她讲授的课程质量高、受欢迎,这样的课都要否决……尺度将过于严格,也可以说是史无前例了吧。据我所知,她的课出类拔萃,就是在男人里面也是最成功的"(RFK/14/99/212)。

琼·罗宾逊对于女性有着"现代"的看法。他们刚从印度回来的时候,她给丈夫写信说,"拜托,我可不想让你来挣钱,送我去周游世界。我坚信女人结了婚也要经济独立,请允许我自己挣点钱"(EAGR/2/1/13/59)。大概10年之后,她终于被任命为大学讲师,她在那时说道,"现在〔我〕和丈夫共同使用一本支票簿,自己付自己的账单,觉得自己终于脱离桎梏了"(RFK/13/90/3/230)。她还讨论过弗吉尼娅·伍尔夫的《一间自己的房间》。然而,学术女性获得平等对待的进程很慢。战争开始不久,战时内阁办公室要求奥斯丁·罗宾逊提供一份"受过高等教育,可以担任一些次要职务"的女性名单(EAGR/2/1/17/62)。多年以后,乔治·盖特佛瑞斯报道说:"两个便衣警察奉命保卫〔琼·罗宾逊的〕演讲会场,他们两人低声私语,有人听到他们说,'想想看,一个看上去这么令人尊敬的老夫人,怎么能讲这样的事情呢?'"(JVR/vii/94;5.5.72)她参加过英国广播公司举办的一次辩论,她收到的一封听众来信把她和其他人作了对比。信上说,"你要说的一切都解释得清楚明了,而你的对手却故作深沉,杂乱无章……人们常说,要想在会议中听到真理,或者是听到一些基本常识,必须要等到一位女人登场,这话还真对啊"(1945年1月;JVR/vii/443/1-2)。

剑桥是她的家,可她从未失去在校女生对旅游的那股热情。她非常高兴与人接触,上至高层官员、知识分子,下至年轻学生,还有她访问世界各地的政治经济机构时遇到的翻译和"佣工"。她对地面上的东西兴致尤高,喜欢各地的历史古迹、纪念景点、各式各样的文化展出,以及农村周围的自然景观。她曾评论过大剧院芭蕾舞团在莫斯科表演普罗科菲耶夫作品时的盛大场面,也赞叹过皮耶罗·德拉·弗朗西斯科的艺术"天才",认为他的画"是欧洲唯一可以与佛教雕塑媲美的作品"(RFK/13/90/5)。她生命的最后几年每年都要在印度的喀拉拉邦住上一段时间。她战后8次访问中国。1961年她第一次访问美国,当年麻省理工学院的人们,还有其他一些地方的人们,至今仍然带着敬畏——有时是爱戴——的心情回忆此事(参见特纳,1989,第14章)。

纵其一生,琼·罗宾逊的多产简直令人难以置信。克里斯蒂纳·马库左做过6个版本的琼·罗宾逊的文献目录,在其最新的版本,也就是琼·罗宾逊著作档案版的第一卷中,她的记录有444种之多(马库左,2002)。她写了很多书,文章既发表在品质优良的高级期刊上,也发表在那些默默无闻的普通杂志上。她是一位多产的书评家,给很多书写了评论文章,经常是些讥笑挖苦的批评短文。她也写一些支持赞扬的书评,比如她在《经济学杂志》发表的评论路易吉·帕西内蒂1974年的经济理论论文集的文章,就是持肯定态度的(罗宾逊,1975a)。最初,她是一个严格的马歇尔主义者,她从这位大师的发现中搜寻题目,利用(并修改)他的方法,研究当时所谓的价值理论,并因此自以为是,沾沾自喜。但《货币论》(1930年)出版了,剑桥"竞技场"的人立即聚在一起批评讨论,她很快就变成了凯恩斯主义的先锋,著书立说,阐释和发扬凯恩斯尚在发展的新思想。她不仅撰写了研究短期就业理论和长期就业理论的文章,对货币理论和国际贸易理论也奉献了自己新颖的观点(见第5章)。

当迈克尔·卡莱斯基在20世纪30年代中期登上舞台的时候,他们很快成了朋友,她的研究方法也因此发生了巨大变化。逐渐地,她开始在马克思主义的分析框架中提出问题,强调历史的重要意义,但与此同时,她并不接受卡莱斯基或者马克思主义的意识形态。她更接近于一位民主社会主义者,在研究左翼工党的政治和政策中找到了自己安身立命的处所。在20世纪30年代和40年代,她的许多文章都是以凯恩斯和卡莱斯基的发现为依据,研究工党的政策制定问题的(参阅第5章)。第二次世界大战期间,她对马克思的《资本论》从头到尾作了仔细研究，希望找到马克思的经济理论有什么值得正统经济学家和凯恩斯主义者学习的地方（参阅第4章）。战后，卡恩和琼·罗宾逊都依照凯恩斯1936年的著作，撰写了研究货币理论的新颖论文。尽管琼·罗宾逊逐渐把重点放在了卡莱斯基的分析方法上，可她同时也一直承认，凯恩斯的货币分析是各种研究方法中最基础，也是最深刻的一种。

她与战后经济理论的两个重要发展直接相关，一是她对凯恩斯的《通论》进行了拓展，将长期的情形包括了进来（但她采用的框架结构主要还是马克思和卡莱斯基的，参见第6章）；另一个是她对新古典学派的收入分配理论以及她所认定的这一学派的主导方法进行了并行不悖的批判。她后期的这些发展，大多可以归功于剑桥学派内部的资本理论大辩论（参阅第7章）。对于到底是琼·罗宾逊还是皮耶罗·斯拉法对新古典学派的理论基础作了最根本的批评，人们的看法并不相同。也许这两位作者都不会接受我们的判断，可我们还是认为，他们的贡献互补的成分多，竞争的成分少。琼·罗宾逊曾暗示过，斯拉法适合研究长期，自己的成就则是在短期方面。

战后，她的绝大多数文章都在讨论发展问题，这些问题不仅仅是关于中国的特殊问题，也是适用于其他地方的一般问题。琼·罗宾逊由衷地欣赏中国的实验，在她看来，中国的实验展示了计划经济如何以相对和平的方式在城镇和农村中实施。她认真观察、解释那些错综复杂的具体事例，提出支持意见，用以对抗那些正统理论家对中国政策作出的冷酷无情的恶意批评。她最终承认，自己有时并不愿意批评别人。她的最后一本书出版于1978年，题目是《发达和不发达问题纵横》（罗宾逊，1978c）。她在书中探讨了社会主义和非社会主义阵营的不发达国家的发展路径，以及它们在不断深化的全球化生产中面临的种种困难（参阅第9章）。她还写了3本面向普通读者的通俗读物，探索"经济学"的意义（参阅第11章），还与约翰·伊特维尔一起写了一本备用教科书，向经济学的新手们传授她自己在忙碌的写作和教学生活中学到的东西（参阅第 10 章）。

她的著作，尤其是她战后的著作经常出现一个主题，那就是她对战争和战争工业的不可容忍。她经常以军工部门为例解释凯恩斯所说的误用开支，认为外援支出经常被偷偷地用于军工部门。她对战争的敏感也许反映了她家庭背景中的军人色彩。1938 年，她病得很重，但她强烈反对英国和德国开战。她父亲参与了张伯伦计划，想方设法和希特勒谈判，而与此相矛盾的是，她的姐姐劝服了一些保守派议员，很快把最后通牒送到了希特勒手中（RFK/13/90/3/30－31，33－36）。出于对家庭的忠诚，琼·罗宾逊被迫作出了不太可能的妥协，放弃了自己关于英国应该对德国采取何种恰当立场的看法。奥斯丁·罗宾逊说卡恩过于支持战争，卡恩回信给奥斯丁·罗宾逊说，"我逐渐得出了……这样的看法……听了琼关于战争的想法，人们可能会尽量减少自己对战争的责任……考虑到琼对迫害和伪善的感受极其敏锐，考虑到整个国家在几天（10 天？）前被带进的极端恐惧状态，我现在倾向于承认，这一看似浅薄的观点其实有着更大的意义"（1938 年 6 月 10 日；RFK/13/90/3/106）。凯恩斯对此表示赞同，他还加上了其他的因素，"这事给人的压力，根本就像是要让婴儿去完成大量的学术研究……人们既想回避战争，也想战胜法西斯，这一愿望冲突把许多人的心灵感受撕得粉碎"（1938 年 4 月 10 日；RFK/13/90/3/101－102）。琼·罗宾逊本人把这看成是自己生病的原因，"这些年来，横亘在政治忠诚和种族忠诚之间的鸿沟一直是我的沉重压力，而且压力越来越大"（RFK/13/90/3/226）。1941 年，她向学生发表了一次反战演说，演讲的重心是要让学生知道，他们虽然和战争离得较远，没受到什么影响，但他们并不是没有自己的道德责任的。她敦促学生不要痛恨德国人，"痛恨德国人没有任何用处……时下的种子总是播种于过去，既然我们的国家曾经强大过，我们就不能对现在发生的事情推卸责任"（JVR/iii/1）。随后，她对军备造成的浪费及其破坏性，还有它在社会基础设施建设和私人投资等方面的机会成本，表达了自己的忧虑和愤慨，特别是那些发展中国家，它们在其他方面都很贫困，却把经济援助用在了建设武器装备和军事工业上。她最后一次公开演讲是对核武器竞赛进行批评，在演讲中，她的说理论证使用的都是经济学术语，但她同时也诉诸听众的道德良知（罗宾逊，1982；科尔，2008；参阅第12章）。这样的诉求在罗宾逊的著作（1962b，第119~120页）中表现得很清楚：

> 生产在国际竞争的大环境中迈出的巨大步伐，把我们带到了目前所处的进退两难的情形之中。现在，通信的发达前所未有。每一个国家的人们都受过良好的教育，民众舆论对世界其他地方的关心也前所未有。与以前相比，现在更值得把贫困问题看做是一个世界性的问题，而且似乎也只有在现在，才有可能通过科学在医疗、计划生育和生产领域的运用，把整个人类从最恶劣的悲惨境况中解放出来。
>
> 然而，却有那么多的经济能源和科学研究被用在了破坏性武器上。

按照玛乔丽·特纳的记载，罗宾逊说过，"我认为自己一点都不适合当传记的主角，因为从我生命中流出的东西一直很普通，没什么趣味"（特纳，1989）。可就是我们面前的这位女性，她撰写的著作却被另一位书评家（评论的是她的《经济哲学》）看做是"蓄意挑拨、肆无忌惮、偶尔的反复无常、诙谐机智、令人懊恼却又令人信服"（JVR/xv/12.10）。她兴趣广泛，博览群书，阅读的范围远远超出了自己的专业领域。她的文章发表在《皇家艺术学会》、《皇家统计学会》、《费边季刊》、《时代与新潮》和《纽约书评》上，也发表在其他许多有名无名的出版物上。她的读者不仅仅包括学术同行，还有普通群众。她支持新期刊的创办，为很多期刊的创刊号慷慨撰文。她的文章还扶植过许多外国的杂志，其中包括巴西、智利、巴基斯坦、印度、日本、前苏联、希腊等等。她视野广阔，仅以1958年为例，她在构建凯恩斯式的增长理论的同时，还研究了前苏联的发展、中国的发展道路以及印度计划经济的进程等,还为莱昂内尔·罗宾斯的《罗伯特·托伦斯与古典经济学的演化》撰写过评论。她对剑桥当地的事情也很有兴趣,为《剑桥书评》和《剑桥季刊》写过文章;出钱赞助过剑桥艺术剧院,也赞助学生在校园花园内,趁着落日的余晖演出莎士比亚的戏剧。她交游广泛,朋友超出了职业圈子。特纳写到过琼·罗宾逊和安居学校的三个女孩以及圣保罗学院的一个学生之间的友谊,当他们从学校毕业之后,她仍然经常和他们见面。她对社会真诚坦率,这一点可以从一次偶遇中显示出来。那是在国外,大使馆有一个女孩也叫琼·罗宾逊,琼看在名字的份上请她去喝茶。她给卡恩写信谈论此事时说,她非常"惊喜……〔当〕使馆女孩领着我绕来绕去,前往住所的时候,我们东拉西扯,聊得很开心"(JVR/i/4)。她还提到 20 世纪 40 年代她"总是和莉迪亚在课后闲聊"(RFK/13/90/4)。20 世纪 30 年代,诗人奥腾延·里德尔在叙利亚当外科医生,从他写给琼·罗宾逊的信中,我们可以再次认识琼的内心世界。他在信中谈到自己在诗文创作上江郎才尽,饱受折磨,所面临的境遇又是四面楚歌,令人绝望。我们在琼·罗宾逊的文集中没有看到她的回信,但很清楚,那一时期她和他保持着每周一次的通信联系。她天才的想象力也许在很小的时候就已经展现了出来。她曾在学生生涯的后几年中披露说,"总是有人告诉我,而且绝对可靠,说我一直活得非常高兴,我坐在温室的长凳上,假装自己成了花盆……很高兴地暂时变成某种出人意料的东西"(JVR/v/1)。曾有传言说,琼·罗宾逊不是一位"合格的"母亲,可她在文章中多次提到自己的女儿,心中充满了爱意。在她 1937 年写给尼古拉斯·卡尔多的一封信中,在谈论了一篇关于完全竞争的文章之后,她情不自禁地写道,"我的二女儿五周大了,长得胖乎乎的"(NK/3/30/177 - 178)。她还在一次外出旅游之后写信给卡恩说,"〔孩子们〕非常乖,整个旅途结束了,几乎没有一点大哭小闹。他们实在非常讨人喜欢"(RFK/13/90/4/7)。

　　琼·罗宾逊的一生,致力于寻找或者帮助建立一个比她成长和生活于其中的环境更加公正平等的社会。这使得她在评价现实社会的时候，比如说在评价朝鲜和中国的实验的时候，时常会大呼小叫。她批评了现代资本主义的过剩、浪费和不公。不过我们还是同意保罗·萨缪尔森的判断，认为乌托邦的理想主义，也就是寻找"真正的社会主义始终是她的至爱，她不像那些冒牌分子，他们滥用社会主义的名字，也注定会说她的价值判断不够正确，不够高尚"（萨缪尔森，1989，第136页）。

1983年年初，琼·罗宾逊得了严重的中风；8月份，她开始昏迷，并最终去世。琼和奥斯丁有两个女儿，五个外孙。琼说自己虽然不是一位合格的母亲，却是一位称职的祖母，可在家里人看来，她的两个角色都是合格的（参阅哈考特，1995d，2001a；又见第12章）。

第 2 章

《不完全竞争经济学》

当琼·罗宾逊着手撰写《不完全竞争经济学》(1933a)的时候,她也开始了与理查德·卡恩之间的长期的学术友谊。几乎是在同一时间,卡恩在英皇学院撰写他非凡的学位论文《短期经济学》(卡恩,1929),那时他研究经济学仅有一年时间(见哈考特,1991,1993)。20 世纪 20 年代末和 30 年代初,皮耶罗·斯拉法关于高级经济理论的讲座非常优秀,他的一些讲座琼·罗宾逊几乎必定前往(见马库左,2005)。20 世纪 20 年代初,琼还是本科生的时候,就逐渐熟悉了 A. C. 庇古、丹尼斯·罗伯特森和杰拉德·夏夫的讲座和著作(夏夫的著作很少)中与马歇尔和庇古的价值理论相关的内容。琼在格顿的督导玛乔丽·塔潘-霍朗德也是一位坚定的马歇尔主义者,但二人关系紧张,不太融洽(见第 1 章,第 3 页,注释 3)。那时,奥斯丁·罗宾逊正在撰写《竞争工业结构》,它表面上是"剑桥经济学手册"系列中的一本教科书,实际上是他研究企业理论的新颖独创的专题论文(正如约翰·惠特克(1989)点明的那样。参见哈考特,1997a,2001a)。此书可能要比琼·罗宾逊的书开始得早,但肯定是和琼·罗宾逊的书同时进行的（我们知道，琼和奥斯丁1926年结婚，去印度待了两年，于20世纪20年代末返回剑桥）。

我们现在已经知道，斯拉法的讲义对琼·罗宾逊过去的观点极有挑战性。不过，斯拉法本人觉得，这些讲义还有很多受限制的地方。有证据表明，就在他准备讲义的同时——事实证明这一时间迁延日久——他也采取步骤，开始了他终生从事的，实际上是复活古典政治经济学方法、摒弃新古典经济学方法的研究项目，而马歇尔和庇古就是他在剑桥的主要批评对象。讲义的大部分内容都选编进了他1925年和1926年的论文集中，那是他利用意大利语译本独自研究马歇尔的理论所获得的成果。部分受葛兰西的影响，斯拉法同时吸收了古典政治经济学家的学说以及马克思的价值和分配理论，也受到了欧洲一些经济学家，特别是瓦尔拉斯和帕累托的影响。他在讲义中对帕累托的无差异曲线以及从基数效用向序数效用的转变作了解释说明。当他重点研究价值理论中效用的量化计算和实际存在的问题，尤其是成本在两种学术传统中和在一般经济理论中的含义时，他对效用的概念已经变得厌烦了。① 然而，对于到底如何发展自己标新立异的观点，他当时还没有十足的把握，因此严格来说，这方面的内容在讲义的正式文稿中没怎么体现出来，哪怕是尚在酝酿的一点想法。

可他很清楚自己的看法，认为局部均衡理论在分析实际情况中的价格形成问题时是非常有局限性的，也就是说，要确保供给条件独立于需求条件，从而保证这种方法在逻辑上首尾贯通、前后一致，能够满足这些苛刻前提条件的情况在现实中实在是太少了。（这正是他1925年和1926年的文章的主要论题。）这直接导致了他在1930年《经济学杂志》的代表性企业和回报递增专题中斩钉

---

① 在1936年10月写给琼·罗宾逊的信中，斯拉法对她的来信表示感谢（1936，JVR/vii/431/14-15）："我应该把它挂在西季威克的节录的旁边，这样在讲完了李嘉图所说的谈论劳动量是如何有意义之后，本人就可以高高兴兴地去谈论效用量的问题了。"只有"深受经济学诱惑"的人才能这样"疯狂"。

截铁地说，马歇尔的理论应该被废弃（斯拉法，1930，第93页）。他很了解古典经济学著作对竞争环境中回报法则的本质所作的研究，这使得他当时就对马歇尔，尤其是庇古的研究方向提出了异议。回报递增和回报递减本来出现在古典经济学不同的理论阶段之中，可马歇尔和庇古却拾起这两个概念，试图把它们整合起来，安置到正在形成——其实已经形成——的新古典主义的价值理论之中。

他"尚在酝酿的意见"是，垄断而非纯粹的（或者说完全的）竞争，才应该是价值理论的起点。我们应当设想一个竞争环境中的微型垄断世界，在这个世界里，下行的需求曲线而非上升的成本曲线才是约束当前的生产数量和未来的扩张水平的终极因素。对斯拉法来说，这种看法只是他的一些题外话，不是研究的重点，可它还是对琼·罗宾逊产生了非常大的影响。斯拉法告诉哈考特，自己之所以把这一意见发表在《经济学杂志》上，是因为它对讲求实用的英国人有好处；欧洲大陆的人与此不同，他们追求的是哲学。

英国人和欧洲大陆人在经济学研究方法上的这种反差，即使琼·罗宾逊并不总是完全明白，还是在她的第一部公开出版物《经济学是一门严肃的科学》（1932a）中得到了充分反映。那本书还有一个副标题，叫做"一位经济学家对数学家、科学家和普通人的辩白"。我们推测，琼·罗宾逊写作此书，目的是要为她在《不完全竞争经济学》中遵从的方法理清头绪，或至少证明其合理性。当然，当她开始撰写1933年一书的简介[1]时，还是收回了她在1932年的书中所作的结论的某些重要方面（参阅哈考特，1990a；1995b，第73~74页）。在1932年12月的《经济学杂志》上，琼·罗宾逊发表了一篇题为"不完全竞争与下降供给价格"的文章（罗宾逊，1932b），以诱人的笔法扼要地介绍了她即将出

---

[1] 凯恩斯在写给麦克米兰的报告中说，"简介，但不是序言"的笔调可以解释成是自命不凡，"不是真的自命不凡，但是……其中的味道会给读者那种感觉"（1932；科尔和哈考特编，vol. I，2002，第150页）。

版的新书《不完全竞争经济学》，其中包含了边际收益曲线和边际成本曲线等主要研究工具，还有她对长期均衡状态的平均收益曲线和平均成本曲线相切条件的解释。按照她的说法，她以1930年《经济学杂志》的代表性企业和回报递增专题，还有哈罗德（1930，1931）和斯拉法（1926）的著作为背景，提出了自己的中心论点，认为"企业成本会下降这一假设，要比那些评论家所说的可靠得多；而供给价格会下降这一假设，却比他们所想象的要脆弱得多"（第544页）。

她剔除时间因素，集中研究不完全竞争的问题。她把自己的假设解释得清楚明了，而这又让她的分析得心应手，易于驾驭（当然她已经承认，这一切都离现实很远）。她画图说明，企业在均衡的时候也可以实现超常利润，即 $MR = MC$，$P > AC$。由于均衡的相切条件是 $P = AC$，这就意味着平均成本肯定会下降。

她随后分析了当一个行业以及行业内部每个企业的需求都在增加时所发生的情况，证明了均衡价格是更高、更低还是保持不变（琼·罗宾逊使用的词语是"提高"、"降低"和"保持不变"，这些词语她后来废弃不用了），与新均衡点上的价格需求弹性有关，也与在新企业受最初的超常利润推动而进入该行业的过程中，平均价格的"移动"方向有关。如果需求曲线"回归"到它最初的位置，新的价格与旧的价格相等；如果它在新的情况下缺乏弹性，价格就会更高；如果它的弹性增大，价格就会更低。

她随后考察了成本和供给方面，得出的结论是：

> 商品需求总量的提高，在市场不完善的时候比在市场完善的时候更有可能降低企业的平均成本曲线。
>
> 因此，供给价格的下降看来极有可能是不完全竞争的结果。
>
> （第544页）①

---

① 这篇文章的写作背景和对她的论证的详细分析，可以在琼·罗宾逊青年时期的手稿中见到。

第2章 《不完全竞争经济学》

琼·罗宾逊肯定是把自己的书当成了一个用以清除错误认识的工具箱,她清楚解释了作为自己的分析基础的各种前提假设,并在总体上仔细说明了它们在实际运用中的局限性。尽管"工具箱"这个类比来自庇古,可她的书却是一本十足的马歇尔主义著作。贯通全书的核心概念当然就是那个边际收益曲线(也就是总收益函数的一阶导数)。① 它不仅用于分析人们对产品的需求——事实证明,人们需要的绝大多数是中间产品,而不是最终的成品,可这一点通常被后来的教科书所忽略,没有得到解释——也用于分析人们对生产要素服务的需求。确实,有些书评挑选出她对生产要素服务买方垄断情况下买主和供应商的相互交锋所作的分析,给予了特别的赞扬。她当时就强调,后来也愈加侧重于强调,自己这类性质的分析,和作为她构建并发展自身理论的基础的庇古的理论一起,意图就是要对分配中的边际生产率理论作出内部批评。随着岁月的流逝,她对这一理论越来越不以为然。她还证明了企业在萧条时期即使有超额产能,也只能勉强存活,而不是像马歇尔和庇古的分析所说的那样,要么是满负荷生产,要么是完全倒闭。她最后宣称,直到凯恩斯证实可能存在持续的非充分就业静止状态,她的这两个批评都是对现代资本主义的运行机制所作的破坏力最大的两个批评。

凯恩斯向哈罗德·麦克米兰提到了这本书(1932年11月25日;麦克米兰在20世纪50年代末、60年代初担任英国首相)。正像人们预计的那样,凯恩斯的描述在几个方面都体现了他敏锐的洞察力。据说,这部书稿的原名叫"垄断"。凯恩斯建议采用一个更加确切的名字,即"垄断与竞争中的价值理论",他的建议最终

---

① 有证据表明,是奥斯丁·罗宾逊一个"非常聪明"的学生查尔斯·吉福德向琼和理查德·卡恩介绍了书中奥斯丁本人称为边际收益的核心概念。在第一版序言中提到了"一些探险者……加入到了正在迅速扩大的人群中,来到边际收益的极地探险"(第 xii 页)之后,琼·罗宾逊接着写道,"'替代弹性'的概念提供了此类巧合的另一个例子,因为就在我首次使用这个概念之后不久,J. R. 希克斯先生在他的《工资论》中发表了他自己对这个概念的系统解释"(第 xv 页)。感谢罗伯特·迪克森提醒我们这一点。

没有被采纳。正如卡尔多（1934a；科尔和哈考特编，vol. Ⅰ，2002，第153页）所说，"对于'不完全竞争'为什么［比垄断①］'恰当'，对于她开始时提出的特殊环境下的疑难问题，我们几乎没有什么发现；即使有，也不过是一些同义反复，对于我们深入认识琼·罗宾逊没有什么帮助"。凯恩斯认为，她的书是一次周密的综合分析，是"一个新的思想运动［起飞］的润滑剂"，而其思想的中心概念，已经在经济理论研究的主要中心传播好几年了。他认为，此书"必将很快成为认真的学生研究现代价值理论的必备书目"。他同时感到此书错误极少，因为"它得到了R. F. 卡恩非常精心细致的批评指正……这位人们在此类工作中可以见到的能力最强、最值得信赖的批评家花费了很多精力"（凯恩斯，1932；科尔和哈考特编，vol. Ⅰ，2002，第150页）。

我们注意到，有些书评指出不完全竞争恰好是此书的绝大部分篇幅没有讨论的问题。这主要是因为她对企业需求曲线作了清楚明确的设定，使得由此而来的理论工具不再适合于分析双头垄断和寡头垄断。具体而言，企业由于要考虑竞争对手的反应，考虑自己的定价行为发生变化时对手会如何应对，它们之间的作用是交互的，而琼·罗宾逊的设定把处理企业之间交互作用的办法排除在外了。因此，她对销售价格问题的处理也只能是敷衍了事，不能让人满意。

很有意思的是，我们注意到卡恩至少是从当时英国纺织业"程式化的实情"（我们现在这么讲）出发，找到了对付双头垄断问题的办法，他的发现经过很长时间才进入公众领域，在一篇文章中发表出来（参见卡恩，1937）。② 卡恩为什么没有劝说凯恩斯

---

① "读过她的这本书，研究垄断的学生对这一课题会得到更加坚实、更加宽泛的理解，也会感激她让他们不必去读那些啰里啰唆的次品"（卡尔多，1934a；科尔和哈考特编，vol. Ⅰ，2002，第153页）。

② 1983年，卡恩重读了他的学位论文，感觉它"在当时是个贡献"。他希望自己当时把这本书立即发表就好了，而他给年轻学者的建议是，如果作品"成就显著，尽管不完善"也要立即出版，"不要拖延"。参见卡恩（1929；1989，第 xii 页）。

在其《通论》中利用微观经济学关于不完全竞争经济结构或寡头经济结构的基本原理,至今仍是一个未解的谜。与此相似,卡恩为什么没有建议琼·罗宾逊在书中采用自己的方法,也还是一个未解的谜。她的方法在很大程度上是不证自明的传统方法,主要是庇古的。庇古假定利润最大化、成本最小化,目的是要对马歇尔在《原理》一书中的叙述作出更加细致精确的阐释,却把马歇尔的学说弄得更加散乱模糊。(马歇尔的脚注和数学方面的附录完全是另一回事,只是要把书做得漂亮一些。)马可·达尔迪(1996;科尔和哈考特编,vol. I,2002)说得很明智,他说卡恩被两个最好的朋友相互冲突、各不相同的要求所折磨,迫使他不能把自己在《短期经济学》中的意见强加给他们。对于马歇尔解决短期和长期交互作用的方法,达尔迪说得也很明智。他觉得凯恩斯很快就会研究短期和长期的交互影响,琼·罗宾逊也会如此,但她在去世之前否认了这点,把短期留给了凯恩斯和迈克尔·卡莱斯基,把长期留给了斯拉法(见巴杜里和罗宾逊,1980)。

当琼·罗宾逊撰写此书的时候,长期分析是马歇尔著作的核心和枢纽。卡恩注意到了这点,他曾说过,"长期的价值理论……是《原理》一书的真正内容"(卡恩,1929;1989,第 xxiii 页)。斯拉法在其 1926 年的文章(第 539 页)中也采用了"一种拥抱长期的观点"。然而大量证据表明,琼·罗宾逊和卡恩一样,受 20 世纪 20 年代英国支柱产业萧条的影响,更加关心短期,也就是卡恩所说的"让[各行各业]饱受折磨的短期经济的漫漫尾声"。

引人注目的是,琼·罗宾逊后来研究的那些基础性的疑难问题,很多都在此书的评论中显露出来。为此书撰写书评的有当时的名家,他们深思熟虑,写出了很多高品质的评论文章,例如,杰拉德·夏夫在《经济学杂志》(1933;科尔和哈考特编,vol. I,2002)上、约瑟夫·熊彼特在《政治经济学杂志》(1934;科尔和哈考特编,vol. I,2002)上、科温·爱德华兹在《美国经济评论》(1933;科尔和哈考特编,vol. I,2002)上发表的文章。总体来讲,此书获得了评论界和学术界的广泛接受,这可以从一件令人愉快的趣事中得到充分证明：在一次聚会上，玛丽·帕雷·马歇尔拥抱了琼，向她表示热烈祝贺，并毅然地说，当她见到阿尔弗雷德（当时已经去世9年了）的时候要告诉他，他关于女人不能研究经济理论的说法根本就是不对的。

然而，正如琼·罗宾逊在此书出版不久后就清楚认识到的那样，正如她以专家口吻在此书1969年第二版的序言中所说的那样，由于时间点和时间段是有区别的，她在这本书中采用的方法根本不能处理时间问题。① 她后来把这种假设称作是"恬不知耻的含糊其词"，这种假设设定最终均衡价格和最终均衡数量会耐心地等在"那里"，一动不动，等着商人们反复试验，不断摸索，直到找到他们需要确定的均衡价格。这就是说，正像她在1953年以剑桥经济学家的身份在牛津"演讲"时将要强烈指明的那样，均衡（或者说不均衡）的路径依赖性被这一假设排除在外了。她把这一责任归罪于马歇尔，认为他安排了一个完全是最不典型的特殊情况，却含糊其词，把它偷偷摸摸地说成是具有普遍性，均衡的路径依赖性也就被合理合法地忽略了。她提到过马歇尔"非凡的直觉才能……他仅凭本能就知道什么是唯一适用的情况，在这里，你可以畅所欲言，却不会被［时间段和时间点的不同］搞糊涂。在严格的完全竞争条件下，当需求总在上升的时候，短期供给曲线从来不会下降……他［对这一情况］作了极为清晰透彻的研究，可他随后就在书中放烟雾，为的是不让人们看清他是在推卸责任，不对所有其他的问题加以证明"（罗宾逊，1953；*C.E.P.*，vol. IV，1973，第258~259页）。毫不奇怪，夏夫是把这种看法说得最为清楚的人，但我们也可以在卡尔多和熊彼特的评论中发现这种提法，他们的理解也很透彻。②

---

① 有证据表明，斯拉法并不认为纯理论应该用来处理时间问题，这种看法成了他在1960年的书中构建理论命题的基础。
② 卡尔多很早发表在《经济学研究评论》创刊号上的一篇文章（卡尔多，1934b），可能是（当时）年轻一代的现代经济学家对路径依赖性的可能性问题所作的最早的陈述。

第 2 章 《不完全竞争经济学》

卡尔多在评论中提醒人们注意行业这一概念在她的研究方法中的模糊性，因为一旦把差异化产品考虑进来，其他哪些企业会制造产品与我们正在研究的企业的产品进行竞争，是由一开始分析的企业及其产品决定的。这就是说，从原则上讲，和企业周围聚集了很多企业一样，行业的周围也聚集了很多行业。罗宾逊察觉到了这种局限性以及其他一些局限性，可那时的她通常还会继续下去，继续对她的新工具按部就班地进行正式演练，以便展示自己翔实细致的技术分析。值得称赞的是，她在后来的著作中逐渐放弃了这种研究方法，越来越多地强调要在动手之前搞清问题的概念基础，这样一来也就日益背离了现代经济理论研究方法和解说方式的潮流。

在讨论她对生产要素服务需求的处理办法时，人们还注意到了资本的含义和计算在新古典学派的方法中存在的问题。夏夫和熊彼特就此作了专门的讨论。①

爱德华·张伯伦独立提出了差异化产品价格理论在垄断竞争结构中的意义的问题，不用说，他也有很多看法想要说明（张伯伦，1933；他的研究比罗宾逊开始得早，但他们的著作是在同一年出版的）。② 自从他向人们展示了自己的研究成果和别人的相比有多么不同、多么优秀之后，他就一直处在痛苦之中。琼·罗宾逊很快就说，如果这对他真的非常重要，让他做第一也没什么。而通

---

① 夏夫在评论约翰·希克斯的《工资论》（1932）的时候，曾经严厉指责后者相似的逻辑矛盾（夏夫，1933b）。他的指责实在是太严厉了，以至于直到第二次世界大战结束，希克斯一直没有出版第二版，也没有试着对夏夫作出回答。1946 年，希克斯第一次访问美国。他"非常痛苦"地发现，"人们对他的欢迎，不是因为他是……自己引以为豪的……《价值和资本》（1939）一书的作者，而是因为他是自己从来没有引以为荣的《工资论》的作者"。但有人认为《工资论》是"优秀"著作，熊彼特就是其中之一。《工资论》是部优秀作品，这不仅仅是因为它提出了（胚胎性质的）瓦尔拉斯-威克塞尔式的研究方法。这给了希克斯勇气，他再版了自己的书，并附加了一篇长篇评论，对夏夫的很多批评给出了回答（参见希克斯，1963，第 311~320 页）。

② 张伯伦在哈佛的导师是阿林·杨，他 20 世纪 20 年代末在伦敦政治经济学院举办过这些题目的讲座（参见卡尔多的讲座笔记，收入斯坎迪兰茨，1990，第 18~114 页）。

常的看法也逐渐变成了他确实是首创者。20世纪40年代初期，罗伯特·特里芬对两个人著作中的方法和成果作了极为清晰的"比较和对照"。他得出的结论中支持张伯伦的略多一些，但输赢的差距很小。张伯伦略占优势，部分原因在于尽管他的分析绝大部分是关于大组案例的，但他还是利用自己的小组案例对寡头垄断进行了研究。在那里，他采用了与罗宾逊不同的路径，确定了完全均衡状态下平均收益曲线和平均成本曲线相切的解决办法。所谓的完全均衡就是说正常利润居统治地位，与此同时，如果需求条件没有给进一步扩张施加限制，企业尚有过剩产能，成本尚有下调空间。对于这个问题，特里芬本人走了一条不同的路，他没有采用局部均衡，而是采用了一般均衡的解决办法。

琼·罗宾逊把这一研究领域欣然让给了张伯伦，这是为什么呢？其中一个原因似乎是，在批评讨论《货币论》的过程中，剑桥"竞技场"已于1930～1931年形成了，她已经和卡恩、詹姆斯·米德、奥斯丁·罗宾逊和斯拉法建立了深厚的友谊。我们知道，对于《通论》中的内容，凯恩斯是讲座和写作同时进行的（参阅第3章），[①] 在对资本主义经济的总产出和就业问题进行分析的过程中，他对持续性失业的诸种原因以及货币因素和实际因素之间的相互关系提出了新的看法。随着凯恩斯的观点的出现，琼·罗宾逊和这些人的交往很快变成了他们之间的学术交流。

---

① 凯恩斯在写给欧林的信中暗示，他和琼·罗宾逊都认为市场结构和他们处理的问题没有关系。凯恩斯写道，"不完全竞争的出处非常令人困惑，我看不出它到底是怎么来的。罗宾逊夫人……看了我的校样，没有发现任何联系"（*C. W.*，vol. XIV，1973b，第190页）。

第3章

琼·罗宾逊和她的学术圈子:《通论》出版前后

1930年的米迦勒学期,为了讨论《货币论》(凯恩斯,1930),皮耶罗·斯拉法创建了"竞技场",人员包括奥斯丁·罗宾逊、琼·罗宾逊、理查德·卡恩、詹姆斯·米德(他去牛津教经济学之前在剑桥待了一年时间)和斯拉法本人。"竞技场"一直维持到1931年3月,① 凯恩斯没有亲自参加。按照玛格丽特·米德的说法,凯恩斯就像是道德剧中幕后的上帝,而卡恩则是中间人,是来自上帝的"信使",他收集凡人的意见和批评,带到"天上",再把上帝的答复带回来(见 C.W., vol. XIII, 1973a, 第338~339页)。

"竞技场"中的一些人还参加了凯恩斯在20世纪30年代的讲座,那时他刚刚开始构建后来的《通论》中的理论。凯恩斯之所以撰写《通论》,部分原因是要对人们对"竞技场"的批评和质疑作出回应,(后来)也是要从原则上对来自同行的两种批评作出一般性的答复,而最重要的是要对随着大萧条而来的资本主义世界

---

① 1931年夏季学期,他们"与系里其他成员和三年级优秀学生组成了研究班",因此,1931年5月标志着"竞技场"时期的结束(卡恩,1985,第44页; C.W., vol. XIII, 1973a, 第338~339页)。

的环境变化作出反应。凯恩斯不仅开始重新思考理论问题,研究重心也转换到政策上来。他日渐怀疑货币政策的能力,认为货币政策自身不能解决经济,尤其是英国经济和美国经济功能失常的问题。在《货币论》中以及《货币论》撰写之前,货币政策原则上是用来指导稳定的总体价格水平的。

"竞技场"的成员对凯恩斯的假设表示了特别的关注。凯恩斯的假设认为,人们主动储蓄的欲望的变化可能不会对消费品的生产总量(不同于价格)造成任何影响,因而不会对这些行业的就业以及社会总体就业造成任何影响。凯恩斯随后在信中说(信是写给琼·罗宾逊的,但是奥斯丁·罗宾逊对这个"寡妇之坛"[①]的谬论,也就是前面那个论点首先产生了兴趣),他们"[对他]有点过于苛求了",因为那只是一个条件假设,在更加完整、全面和实际的分析展开之前,作者有权在前进过程中作出这样的假设,以便把那些在特定条件下发挥作用的主导力量观察得更清楚,理解得更透彻。"只是在一个特别的点上,他才作出了产量恒定不变的假设……[他把这一点]解释得绝对清楚……在论证的某个特殊阶段,要允许人们作一些简化的假设"(凯恩斯,$C.W.$,vol. XIII,1973a,第 270 页)。

当《货币论》出版的时候,哈耶克在《经济学杂志》上发表评论文章(哈耶克,1931b,1932a),和凯恩斯直接交火(哈耶克,1931c;凯恩斯,1931a),成了批评凯恩斯的主要人物。凯恩斯的回复(1931a)则不知不觉演变成了他自己对哈耶克《价格与生产》一书(1931a)的批评。与此相呼应的还有斯拉法,他就《价格和生产》一书在《经济学杂志》上发表了书评(斯拉法,1932a),随后斯拉法和哈耶克针对这篇书评展开了辩论(斯拉法,1932b;哈耶克,1932b)。[②]

1931 年,琼·罗宾逊写了一篇关于哈耶克与凯恩斯的论战的

---

① 意思是取之不尽的资源。——译者注
② 当然,凯恩斯作为《经济学杂志》的编辑曾经要求斯拉法撰写这篇书评,自此之后,他的这篇书评就成了有效的战斧式评论的样本。

第3章 琼·罗宾逊和她的学术圈子:《通论》出版前后

文章,但直到1933年文章才得以发表在《经济学杂志》上。那篇文章的题目叫"一个关于储蓄和投资的寓言"。作者在文章中自称对《货币论》的术语、定义和方法非常熟悉,其中包括关于"寡妇之坛"和"戴纳德之罐"①的知识。文章面向的是那些"头脑简单的读者",她把自己也包括在这一读者群中。她为自己设定目标,要解释为什么凯恩斯认为(而且只是作为理论命题)当充分就业得以维持的时候也可能会出现萧条,而在产量没有增加的情况下也可能会出现进一步的商业繁荣。这种说法在《货币论》的构架中很大程度上还未成定论,而《货币论》是由一个在数量论方法中长大的人写的。也就是说,凯恩斯受到的马歇尔式的训练,注定了他在其两本巨著中只能采用马歇尔的三种时期:一种是供给确定的市场期;一种是资本品和有技能的劳动力存量固定不变,短期流量受到限制的短期;还有一种是资本和劳动力皆可变的长期(但分析一旦开始,就会假设其他条件不变,生产技术不允许有任何改变)。这三个时期都被凯恩斯适当地改写到了宏观经济的场景之中。凯恩斯在《货币论》的序言中把自己心中所作的主要分析清楚地告诉了我们:就现有的商品总存量而言,其市场出清价格是在市场期中确立的,市场出清价格在短期中引起产量(和价格)的变化,而随着"时间"的推移,短期的均衡点随即收敛于长期的位置上,形成了存量和流量的完全均衡,而我们从这里所得到的就是正常利润和正常工资。所有这一切,构成了琼·罗宾逊讨论的背景材料。

然而,她的文章也包含了一些具有胚胎性质的想法,对于理解凯恩斯和他的继承者们后来的思想发展及其贡献有着非常重要的意义。具体地讲,她关注了:第一,在流量大于存量的市场中的价格形成过程;第二,在存量大于流量的市场中的价格形成过程;

---

① 正像罗伯特·斯基德尔斯基(1992,第447页)所说的那样,"不论先知以利亚喝了多少,上帝总是让这个寡妇之坛装满水;与此不同,希腊传说中的戴纳德却必须用漏水的水罐把水运到阿哥斯城"。他接着说,"对凯恩斯来说,这些故事和他的累积过程惊人地相似,它可能随时准备好了让意外利润和意外损失发生"。

第三，猜测市场价格未来变动方向的投机商而不是关心自身利益的生产者在价格形成过程中的重大作用。① 在哈耶克和凯恩斯的论战中，消费品贸易是第一类市场的典型，资本品贸易是第二类市场的典型，证券市场则是第三类市场的典型。

凯恩斯和琼·罗宾逊对第二类市场的讨论，或多或少都被现有证券存量（它们是由以前生产的资本品的实际存量所支持的）主导了证券和新旧资本品价格形成过程这一事实掩盖了。这在《通论》之后似乎令人费解。在《通论》中，凯恩斯明确地假设了自由竞争通常是各类商品市场的特征。由此，正如保罗·戴维德森在《货币和实际世界》（1972）中明确指出的那样，在一个既定的短期环境中，如果所有资本品服务的需求和现有资本品的供给都是给定了的，那么生产的边际成本就决定了新的资本品的价格。

对于证券市场，琼·罗宾逊指出，假如人们对证券价格未来变动方向的看法没有分歧，那么在任何时候，每一个市场参与者或潜在的市场参与者就会都是多头，或都是空头，证券的价格就会相应地在无穷大和零之间波动。看法不同的时候，确立的均衡价格至少会让前文所说的那些多头和空头投机分子以及商人处于暂时的休战状态。在这里，我们可以看到《通论》中的流动性偏好理论的萌芽。

1933年，琼·罗宾逊发表了另外一篇经常被重印的文章，② 它

---

① 这些观点在卡尔多最伟大的理论文章"投机与经济稳定"（卡尔多，1939）中达到顶峰。
② 在她为自己的第一本经济学论文集写的介绍中，她说这篇文章

（是为第一期《经济学研究评论》而作的，那本杂志是由伦敦经济学院和剑桥经济系的一些年轻人，躲在那些严阵以待的前辈们的背后一起创办的）……文章对早至1933年的凯恩斯的理论作了概括说明。

她继续说道，她在《经济学杂志》上的文章写于"1931年夏……目的是要解释凯恩斯对'井桶理论'的回应，也就是……当财富增加的时候，资本品的需求……等量增加"。她认为这篇文章"有些乏味"，故从未重新发表，在我们看来这是不对的。

她说她从来不知道这篇文章为什么直到1933年才得以发表，仅比《经济学研究评论》上的文章早了几个月，让保罗·萨缪尔森和劳伦斯·克莱因"把《通论》的诞生记在了1933年2月到10月之间。［她讲这个故事］是要给历史学家一个严重的警告"。

（罗宾逊，C.E.P., vol. I, 1951, 第 viii～ix 页）

的题目带有一些预言的性质,叫做"货币理论和产量分析"(罗宾逊,1933c)。琼·罗宾逊在这篇文章中和凯恩斯一样,似乎仍然悬在两个世界之间。她告诉我们,凯恩斯在一个本来是为了在货币理论中分析总体价格水平的形成而设立的环境中,不动声色地为我们提供了一种关于总产量和总就业的长期理论。凯恩斯"[在撰写《货币论》的时候]没有注意到,他已于不经意间演绎了一种对产量进行长期分析的新理论"(1933c;$C.E.P.$, vol. I, 1951, 第 56 页)。此外,"他也完全忽视了[这一理论的]意义,[没有停下来]说他证明了任何一种产出水平都可能是均衡的产出水平,证明了[在长期内]储蓄和投资趋于均衡是一种自然趋势,但生产要素并没有趋于充分就业的自然趋势"(罗宾逊,1933c;$C.E.P.$, vol. I, 1951, 第 56 页)。

琼·罗宾逊还指明了凯恩斯和其他数量论学者一样,被数学等式能做什么、不能做什么的问题所困扰。她论证说,"空谈超常利润造成……新投资没有用处,[因为它们只是]预示了新投资……即将发生的新环境"。把它们看成是产量增加的直接原因,会使人误入歧途。此外,由于在长期均衡(特别是根据《货币论》中的定义)中不存在超常利润,"把[实际]利润看做是行为的主导原因的理论,就不能用于处理长期的经济分析"(罗宾逊,1933c;$C.E.P.$, vol. I, 1951, 第 57~58 页)

凯恩斯觉得,撰写研究货币的论著,需要他把注意力集中在和总体价格水平相关的问题上,应该把失衡和均衡状态下的产出以及产出的变化放到一边。琼·罗宾逊也注意到了这点,认为凯恩斯被他自己的这种想法束缚住了。当然,凯恩斯本人也充分意识到了这点。《货币论》出版之后,凯恩斯在 1930 年 11 月 28 日写信给拉尔夫·霍特里,回应后者对自己书中的论证所作的评论。他在信中的说法很有代表性,"产量减少了多少的问题……很重要……但严格说来并不是一个货币问题。[凯恩斯根本]没想去解决……[他]所关心的主要问题是什么控制着价格"。他还说,他"不是在研究决定产量的所有原因……这必然会[把他]引上一条看不到头的长路上去,去研究短期供给理论,那是一条远离了货币理论的漫漫长路……[他同意]要阻止货币理论和短期供给理论在未来融合起来将会是困难的"(凯恩斯,*C. E. P.*, vol. XIII, 1973a,第 145~146 页)。

琼·罗宾逊在文章的结论中对此表示部分认可,"货币理论,如果除去它过于繁重的任务,限定在适当的范围之内,是可以成为一种实实在在的货币理论的,而产量分析则可以继续对产量进行分析"(罗宾逊,1933c;*C. E. P.*, vol. I, 1951,第 58 页)。我们在这里使用"部分"一词,是因为她仍然接受了古典主义的实际变量和货币变量的二分法,而这正是凯恩斯想要在《通论》中推翻的。

20 世纪 30 年代初期,卡恩住在美国。赴美之前,卡恩发表了他著名的研究乘数的文章。在文章中,他仔细规定了一些限制条件,为初级就业的增加所引起的总就业的增加给出了一个具体的乘数。这清除了凯恩斯和哈伯特·汉德森在他们的小册子《劳合·乔治能行吗?》中对公共工程的影响所进行的讨论中的模糊性(凯恩斯,1931;凯恩斯,*C. E. P.*, vol. IX, 1972,第 86~125 页)。由于詹姆斯·米德的贡献,这个问题又被称为"米德先生的关系",在这里,米德对乘数的估计使用的是储蓄渗入量(米德,1933)。卡恩的文章对后来凯恩斯把消费方程规范化,以及《通论》中关于乘数的章节,都起到了至关重要的影响。

当凯恩斯开始他的《通论》(1936)之旅,当琼·罗宾逊撰写她的《不完全竞争经济学》(1933a)的时候,他们都非常想念卡恩。(他不常和他们通信,尤其是和琼·罗宾逊。)卡恩却担心自己成了凯恩斯稿件唯一的或至少说是主要的阅稿和纠错人。他敦促琼·罗宾逊也登上这条船。他在 1933 年 3 月 2 日的一封信中写道,"自然啦,你不能自己提出来。但是,如果梅纳德有意让你看稿子的话,我真的希望你接受……一想到回去后全部责任都可能压到我一人肩上,我就有点毛骨悚然"(引自罗塞利,2005,第 270 页)。她太愿意了,也真的接受了,而且不止于此。到 1934 年

9月,她写信给卡恩,询问凯恩斯是否"愿意[让她]给他的新书写序,谈谈他的观点在哪些方面出现了改变"(引自马库左和萨东尼,2005,第176页)。这可不是她唯一一次误判其他作者,尤其是凯恩斯的感受。当然,凯恩斯最终还是对她的少儿版的《通论》,也就是她写的《就业理论导论》表示了欢迎,他写信(1937年11月20日)说,"你在简化处理方面非常成功……也非常漂亮地避开了那些复杂问题",而在最初的时候,至少可以说他对罗宾逊的这个创作计划没什么反应(参见马库左和萨东尼,2005,第177页)。皮耶罗·斯拉法偶尔也会对她解释和利用自己的成果感到懊恼,可这并没有伤害他们之间互助互爱的深厚友谊(参阅哈考特,1990b;萨东尼编,1992,第300~302页)。

此外,凯恩斯对她的评论和答案逐渐欣赏起来。对凯恩斯同样重要的是她对新观点忠心耿耿,对凯恩斯曾经的支持者、合作者和朋友中那些充满敌意的"怀疑一切的托马斯分子"抱着强烈的反对态度,这些人当中当然包括罗伯特森、霍特里、庇古和哈伯特·汉德森。正如《凯恩斯著作选》第三卷所表明的那样(克里斯蒂纳·马库左的作品和安娜丽萨·罗塞利编辑的新卷(2005)可为佐证),琼·罗宾逊成了评论和支持崭露头角的《通论》的必要组成部分。尽管斯拉法在20世纪20年代和30年代从企业和行业的层面对马歇尔的方法提出了尖锐批评,可罗宾逊和卡恩还是支持凯恩斯在《通论》中使用马歇尔的研究方法。①

与此同时,琼、卡恩、米德和奥斯丁·罗宾逊正在和伦敦政治经济学院的哈耶克和罗宾斯,尤其是阿巴·勒纳这些年轻的强硬分子展开论战。勒纳一时之间即将成为凯恩斯最热情的门生;尽管凯恩斯的怀疑分子们想方设法让他循规蹈矩、安分守己,可在一次年轻人的聚会之后,他还是表现出了动摇的迹象。在伦敦和剑桥之间的一所旅馆里(位于比绍普斯特福德),米德和卡恩向伦敦政治经济学院那帮人解释了乘数,"第二天……在别人的帮助

---

① 这一点我们要感谢克里斯蒂纳·马库左。

下,勒纳准确地复述了概念的内容,看上去他也信服了。他的同伴们非常震惊,事后,人们看到他们在草坪上走来走去,想要帮他恢复学术信仰"(罗宾逊,1978d,xv)。萝丽·塔希斯是剑桥附院的学生,当时正在剑桥攻读博士学位,常与勒纳在吃完三明治午餐后讨论两位主角各自的功绩,这对勒纳的思想转变也起到了至关重要的作用。①

与卡恩和凯恩斯一样(参阅哈考特,1994,1995b),到了《通论》发表的时候,罗宾逊也强调短期本身既是卡恩的价格研究(卡恩,1929,1989),也是凯恩斯的就业研究的背景。这首先可以从被凯恩斯锁定为"假设其他条件不变"的列表(凯恩斯,1936;$C.W.$,vol.Ⅶ,1973,第245页)中得到证明,也可以从罗宾逊自己在《就业理论论文集》(罗宾逊,1937b)中对长期分析的偶尔涉及中得到证实。尽管罗宾逊那时还把自己的这本著作看做是写给经济学家的经济学,绝对不属于《通论》本身的范围(参阅她1935年6月19日写给凯恩斯的讨论长期的信,见凯恩斯,$C.W.$,vol.ⅩⅢ,1973a,第647~648页),可她的主要目的就是要考查《通论》的结论是否立得住脚。② 尽管如此,她在《导论》中对新理论的解释,在考虑那些关于长期的观点时仍然是非常保守的,"为了讨论人口、技术进步速度或左右人们节俭程度的一般社会力量的世世代代的巨大变化,可能需要把就业的波动放在次要的位置来考虑,讨论也要从系统自动调节的角度来进行"(罗宾逊,1937a,第84页)。

---

① 我们相信塔希斯实际上和所有北美人一样,从没喜欢过马蜜特酱(或维吉麦酱),因此只好离开勒纳在三一学院的房间,一直到他吃完(参见哈考特,1982a,1982b)。
② 在评论《通论》第219页为什么会是那样时,她写道,"如果投资一直在继续,那怎么能说有一个'长期的均衡'呢?你已经非常突然地停止了[原文如此]……从机器设备固定不变的短期中出来了,而这些是本书其他部分讨论的内容"。她在进一步评论之后得出结论,"我一直在研究这个长期的事情……我需要考虑几个和你们的主题没什么实际关系的因素……替代弹性是一个非常重要的因素……这一节是长期和短期之间的过渡;你们得出自己的观点的时候,不应该把长期考虑进来……如果你们考虑了长期……那么给'均衡'一个定义就是基本的事情"。

正如我们在前面注意到的那样,她关于长期的文章才是和《通论》的发展最相关的。她使用了当时最时髦的资本和劳动替代弹性①的概念,还有薪金工人(wage-earners)和食利阶层(profit-receivers)之间不同的储蓄行为,梳理了《通论》为短期而立的许多主张。她的长期是一个非常马歇尔式的概念,被丹尼斯·罗伯特森(1956,第16页)戏称为纯粹理论的"一种不切实际的趋势永远不能达到的境地",因为如果资本品在指定的环境中达到了最佳供给水平,那么净投资就应该是零,人们也只能获得正常利润。哈罗德(1937)在他的书评中没有多说,可霍特里在他对《论文集》的评论中对这样一种详尽的分析有什么价值表示了怀疑。确实,这样的分析是一种新与旧的混合,但它也确实作出了自己可能的贡献,说明了有效需求在长期的背景下所具有的理论意义,而充分就业下的均衡并不必然就是一个长期的结果。(这在多年之后,从科林·罗杰斯的"第二个版本"的《通论》(罗杰斯,1997)的贡献中再次得到了证实。)在1983年《剑桥经济学杂志》纪念琼·罗宾逊的特刊号上,很多文章都讨论了她1937年的长期理论。② 按照珍·克雷格尔的说法,她是以正统的分配理论为基础,提出了一个长期的有效需求理论,既捕捉到了储蓄对资本存量的影响,也捕捉到了相关生产要素的价格作为自身调节机制的一部分在创造均衡时的重要意义。约翰·伊特维尔(1983)还有后来的皮兰杰罗·加雷格纳尼(1996)也把她的论证解释成是新古典学派的,而且是有纰漏的。伊特维尔解释说,为了得到非正统学派的结果,她所有的论证都是在替代弹性小于1的情况下进行的,他由此确定,她的论文本质上是非凯恩斯主义的。而特里·奥肖内斯(1988;科尔和哈考特编,vol.Ⅱ,2002,第

---

① 罗伯特·索洛在2005年弗兰克·哈恩诞辰80周年会议上的文章(索洛,2005)清楚表明,这种观点现在仍在走强。
② 如前所述,这本专辑原本是为了庆祝她80岁生日,但不幸的是她在这一年的早些时候去世了。

73~99页)则对她的"新古典主义"的推理加以发挥,得出了"非新古典主义"的结论,为伊特维尔和加雷格纳尼所说的她在解释中存在的纰漏作了辩护。

琼·罗宾逊还发展出了隐性失业的概念,这终于把她20世纪20年代末在印度的亲身观察和她对正在剑桥出现的新理论的理解和贡献结合到了一起。她1937年的《论文集》还包含了对后来的文献中称作哈里斯—托达罗模型的内部迁移理论的解说。珀威茨·塔赫尔对此作了极为详细的记录,也再次揭示了过于超前到底有多危险(塔赫尔把她称作是"被人忽视的时代先锋")。

凯恩斯曾与罗宾逊就她谈论外汇市场的章节有过大量的争论,也许当此书出版的时候,他对这一章节的最终形态仍有一些保留意见。他在评论此书的论证时认为,"大体来看,此书有点不太均衡……但其总体效果是……绚丽夺目,趣味盎然,富有新意"(1936年11月12日;$C.W.$,vol. XIV,1973b,第147页)。

关于凯恩斯对充分就业的定义,罗宾逊持有保留意见,并写了非常长的第一章专门讨论这个概念。按照我们的看法,凯恩斯对充分就业和非自愿性失业的讨论和定义正是他心中想要的,因为他当时的目的是要写一本"以经济学同行为主要对象的书……[书的]主要目的是要解决复杂的理论问题,把理论应用到实际中去只是[次要]的"(凯恩斯,1936;$C.W.$,vol. VII,1973,第v页)。众所周知,凯恩斯在《通论》的第15页对非自愿性失业给出了如下的定义:

> 如果工资品的价格相对于货币工资而言略有提高,而愿意在目前的货币工资下工作的劳动力供给总量和这一货币工资水平下的劳动力需求总量都大于现有的就业量时,我们就说有的男人(原文如此)非自愿性失业了。

他在第26页争论说,在古典经济学体系(我们现在知道他指的是庇古的体系,参阅安布罗西,2003)中,"有效需求……的取值区间无限大,且每一个值的概率都均等",因此是劳动力的边际负效用为有效需求设置了上限,一旦达到这个上限,有效需求的进一步增加就不再带来产量的提高。这就让我们得到了一个和第20页的定义一致的充分就业概念:当对产出的有效需求有所增加时,就业总量的反应缺乏弹性。

我们知道,出于理论方面的目的,凯恩斯愿意接受古典学派的第一条假设,也就是实际工资等于劳动边际产量(在自由竞争的市场结构下),但他不愿意接受其第二条关于劳动供给和实际工资的假设。这里,我们可以用图表的形式把他的想法和他对充分就业的两个等同的定义表示出来(见图3.1,假设非自愿性失业不存在)。

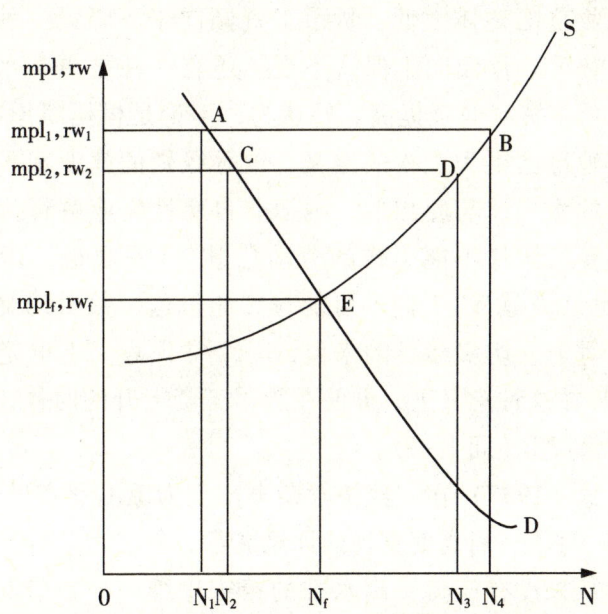

图3.1 《通论》中的充分就业和非自愿性失业

我们假设工资品和非工资品的相对价格不变,而它们的产量发生变化。我们用纵轴来衡量劳动力边际产量(mpl)和实际工资(rw),用横轴来衡量就业(N)。D曲线表示的是有效需求各个可能的点,而S曲线表示的是在每一个实际工资水平以及相应的货币工资和工资品价格水平下的自愿性劳动力供给。两条曲线的交点E

就相当于凯恩斯对充分就业的两个定义。

我们看看 D 曲线上的 A 点，mpl_1A 就是劳动的需求量，它小于劳动的供给量 rw_1B。现在假设工资品的价格相对于货币工资来说要高一些，那么 C 点就是新的有效需求，CD（$=N_2N_3$）就是非自愿性失业的数量。我们看到，在目前货币工资水平下的劳动供给总量（ON_3）和劳动需求总量（ON_2），都超过了现有的就业总量（ON_1）。

与此相比，琼·罗宾逊的分析要详细得多，也更实际。她讨论了行业工会、雇主和政府一些可能的行为。她指出有三种可能的就业范围，集中研究了特定条件下就业对货币工资的可能影响：一种是就业范围整体太低，货币工资倾向于下降；一种是就业范围中等，货币工资倾向于保持不变；还有一种是更高水平的就业范围，货币工资倾向于提高。她认为，不论是根据凯恩斯的定义，还是根据她自己更为宽松的定义，中等级别的就业水平远远低于充分就业的水平。与此相似，她把非自愿性失业解释为"现有条件下，想要工作却不能工作的劳动总量"（罗宾逊，1937b，第 7 页）。她继续说道，"人们不可能找到测量这一数量的绝对精确的方法，但对于一切实际目的来说，一个常识意义上的定义就足够了。[而]在这种意义上，即使在货币工资上升的时候，也可能存在失业的情况"（同上书）。①

哈罗德（1937）在《经济学杂志》上为琼·罗宾逊 1937 年的《论文集》写了一篇高度赞扬的评论文章，称之为"非常杰出的著作……[从来没有偏离]高水准的精密思维……她借此机会，把她精心锻造的分析工具运用到了……当时的疑难问题上……她精密的思维和当时粗制滥造的庸俗看法相映照，使得阅读本书成了一种令人愉悦的享受"（哈罗德，1937，第 326 页；科尔和哈考特编，vol. Ⅱ，2002，第 11 页）。

---

① 我们比大卫·钱伯努恩或琼·罗宾逊更加赞同凯恩斯的定义和分析。要想了解对他们的理由的全面讨论，请参阅博亚诺夫斯基（2005）。

值得注意的还有，哈罗德暗示了一个即将统治未来几年的经济学讨论的重要问题，那就是资本量（及其边际产量）在长期的情况下到底意味着什么。凯恩斯曾经提醒罗宾逊，资本及其边际产量在宏观经济分析中具有不一致性，尤其是在出现技术进步的情况下使用资本和劳动替代弹性这个概念时。她回避了这个问题，说斯拉法即将"毕其一生，投身于［资本的意义及其测量］问题的研究，我们不能期望他很快就可以给我们一个答案"（1937年9月28日；引自马库左和萨东尼，2005，第184页）。

哈罗德也暗示了他和罗宾逊随后展开的关于技术进步本质的辩论。具体来讲，节省劳动力的发明和节省资本的发明，它们的定义是什么？给它们下定义的时候，什么应该看做是不变的常量？他的意见是利率。最后，他对她摆脱静态研究方法的能力表示赞赏，也借此呼吁学界将注意力转移到动态方法上来，这预告了他即将在1939年的论文中所要明确表达的东西。

抛开这些不谈，从根本上改变了琼·罗宾逊20世纪30年代后期研究视野和研究重点的，是她从1936年开始的与迈克尔·卡莱斯基的学术友谊。她以发表在《经济学杂志》上的评论约翰·斯特雷奇的《资本主义危机的本质》的书评（罗宾逊，1936a；书评的第一部分经改写后，收入了她1937年的《论文集》中）为起点，开始介绍马克思的思想，而在随后的战争初期的几年里，她第一次系统地阅读了马克思的著作（参阅第4章）。[1]

---

[1] 克里斯蒂纳·马库左和克劳迪奥·萨东尼记载了评论斯特雷奇的书时发生的一件引人发笑的趣事。这是在一份未发表的文章中发现的："我指控［斯特雷奇］从萨伊定律的角度解释劳动价值论，忽略了凯恩斯，把哈耶克当做学院派经济学家的代表。他回答说，一个从来没读过马克思的人却在谈论马克思，这也太荒谬了。我们都觉得对方的看法有道理。于是他开始读凯恩斯，我读马克思。"

第 4 章
琼·罗宾逊论证中的马克思

> 谈话双方当然可以采用一种能够互相沟通的语言,可实际上任何一方都不想,因为每个人都害怕自己对意识形态的控制会在语言翻译的过程之中丧失,每个人都早已习惯了用自己熟悉的语言背诵信条。
>
> 罗宾逊（1973a,第247页）

4.1 简介

本章通过琼·罗宾逊和毛瑞斯·多布的一次对话,考察了她对马克思的早期看法的形成过程,以及卡莱斯基、凯恩斯和其他一些评论家当时接受她的这些观点的情况,也讨论了她对马克思的经济学的一些长久不变的看法。《论马克思的经济学》（1942b）[①]

[①] 书中提到的 *EME* 的页码指的是它的第一版,出版于 1942 年。1947 年重印时做过一些小改动,此后直到 1966 年再版时一直没有修改,1966 年再版时加了一篇新序。本书在使用后来的版本时,具体页码随文标明。

是一部重要著作。它是经济学家为了调和马克思的经济理论、正统理论以及凯恩斯的经济理论所付出的少见的一次认真努力。在过去，正统经济学家和马克思主义经济学家共同关注的主要问题是如何把价值转换为价格，而琼·罗宾逊却在书中争论说，"价值"对马克思的总体观点来说不是必需的。或许这只是她的一种策略，是要把人们的注意力引到《资本论》的其他方面，因为学院派的著名经济学家很少严肃认真地对待马克思（尽管她的一些同事，如毛瑞斯·多布和皮耶罗·斯拉法等，研究马克思的态度和保罗·斯威奇一样严肃）。琼·罗宾逊直觉地认识到，凯恩斯的就业理论和有效需求理论与马克思的危机理论存在着某种程度的共鸣，而凯恩斯对自己提出的有关问题的解释也与马克思的理论相符。[①] 促使她探究马克思的另一个因素是她想要逃离马歇尔的正统说教，因此她的书中包含了对正常利润率这一正统观念的批评。她对马克思的经济学的讲授，构成了她在1951年和1956年的两本著作中转向更为古典的研究方法的基础，因为她正在寻求一种摆脱马歇尔的方法。她对马克思的兴趣也表明，她试图把自己的经济学搞得更加"真实"一些，因而开始强调资本主义世界的不公正性。然而，此书的研究和写作仅仅用了不足6个月的时间，她没有多少时间对自己的解释进行深思熟虑的反复思考（这可能也部分解释了为什么她阅读马歇尔时非常仔细，可阅读《资本论》时却过于仓促）。琼·罗宾逊和多布的对话，以及马克思主义评论家随后对《论马克思的经济学》一书作出的盛赞，还应该放在当时英国理论辩论的环境中加以考察。当时，逻辑经验主义在人们心中是占主导地位的理论框架，此外英国也存在着一种与马克思主义的理论结构相对立的激进主义传统。在剑桥，即使是在左翼阵营内部，激进自由分子和马克思主义者之间也存在着意见分歧。属于马克思主义者的有琼·罗宾逊的同事毛瑞斯·多布和皮耶罗·斯拉法，后者还是琼·罗宾逊的密友。

---

① 她的观点证实了萨东尼对第一手资料的解释。

1935年，多布在哥本哈根经济学学会作了一次演讲（未出版），题目是"对一些现代经济理论思潮的批判"。① 在演讲中，他对正统经济学所用的抽象和逻辑关系的本质作了评论，认为它们对一些基本的社会概念和社会实情或者是作了错误的解读，或者是完全忽略不计，这意味着从这样的理论中不能得出关于物质世界、人文世界和经济世界的任何结论或意义。他认为，要把概念现实化，要把过程现实化，要把理论扩展到逻辑推理的范围之外。他的这些看法构成了他回应琼·罗宾逊对马克思的解释的理论基础。在这个时候，斯拉法正在建立他令人满意的理论所需要的标准，包括概念方面和过程方面的方法论上的现实主义。在斯拉法看来，尽管逻辑推理对科学论证来说是不可或缺的，可它自身对于分析社会和经济现实来说，对于达成一种逻辑一致而且具备解释能力的理论来说，都是不够的。因此，逻辑推理并不适合于经济学的论证，因为抽象的处理并没有立足于现实观察的基础之上。② 斯拉法的缜密思考，为多布的命题提供了一些形式上的基础。

4.2 琼·罗宾逊和多布论马克思

1939年2月，毛瑞斯·多布写信给琼·罗宾逊，说一个研究生"去年听过她的课……现在决定要找出马克思和凯恩斯之间的平行关系"（多布，CB22（1））。1940年12月，琼·罗宾逊写信给理查德·卡恩说，"我的下一个计划是给（原文如此）马克思写本字典，以便让经济学家可以读懂马克思。比如，价值＝劳动时间，剩余价值＝产量－实际工资，等等。我已经和多布谈了一些，但他真的没什么用——总是想两面讨好"（RFK/13/90/4/376－

---

① 讲义笔记已经由罗伊·罗瑟姆眷写，收入剑桥三一学院雷恩图书馆档案部多布的文献当中。
② 布兰肯伯格利用剑桥三一学院雷恩图书馆中他的文章中从未发表过的注释，对斯拉法方法论中的现实主义成分进行了追踪。

377)。1941年3月,她写信给卡恩说,"我现在正利用业余时间读《资本论》。我想,开一门《资本论》的课可能很有意思"。一个星期之后,她在写给卡恩的另一封信中再次显示了她对《资本论》的兴趣。她说,"这些用铅笔做的记号,源自和几个年轻的马克思主义者的一次讨论。马克思有很多优秀的东西,比如货币量是由价格决定的,而不是相反。可惜,那些马克思主义者似乎都没有理解他"(RFK/13/90/4/400)。5月,她在执行通常的星期一夜间消防值班任务时写道,"我用这段时间为我论马克思一书的第1章加注。本周,我会定期享受研究马克思的狂欢——研讨会[非公开的吧?]即将在今天晚上举行……我在伦敦政治经济学院发现了一个天才的马克思主义者。我想他是捷克人,或者匈牙利人。我要好好利用他一下,因为我需要知道正统的马克思主义者对我的看法会有什么反应"(RFK/13/90/4/422)。后来还是在5月,她继续写道,"我正在撰写研究马克思的书。其主要目的是要表明,除了短期分析而外,经济学——无论是马克思主义的还是我们的——没什么用处。这下子梅纳德应该高兴了吧"(RFK/13/90/4/424)。

这些信件披露了琼·罗宾逊的一些性格特征,比如她倾向于把论证缩减为一种简单的形式,喜欢把那些和自己意见相左的人以及那些不同意自己介绍马克思的方法的人说成是无知和思想混乱的。

尽管在刚刚开始研究马克思的时候她说了些蔑视多布的话,可在1941年上半年此书写作过程中,她还是与多布保持了密切的通信和交谈,与他讨论了马克思在《资本论》中的论证要点。她写作的"目的是要把马克思《资本论》中的经济分析方法,和目前流行的理论学说加以比较"(*EME*,第v页)。在她1941年关于马克思和失业的文章中,她把自己的目的说成是要将马克思的失业分析改头换面,把它换成一种理论经济学家可以理解的语言,消除隔阂。在1965年《论马克思的经济学》第二版的序言中,她说自己的目标是要把"学院式的分析模式运用到"马克思的经济著作当中,而其操作手法则是要在马克思的术语和正统理论中相应的术语之间画等号。多布对这一计划本身表示了怀疑,而在研

刚开始的时候,他们对罗宾逊的研究方法似乎也进行了讨论。1941年1月31日,他写信给她说:

> 我想,对于你那天晚上说的翻译的事,我担心的是两个部分。首先,我觉得对于那些有重要想法的作家而言,学习他们的语言要比翻译他们的著作重要得多(至少在时间先后上更重要;我当然认为"翻译"指的是一些更根本的东西,而不是简简单单随便换几个词,比如用"效用"替换"使用价值"等等);而著作越重要,翻译者自己习惯了的思维方式和表达习惯就会偏离原作者越远。除非一个人真的走到了另一个人的思想和形体之中(也就是设身处地,在另一个人看待问题的情景中触摸问题),否则几乎可以肯定要在翻译中错失甚至扭曲他们的原意;思想史学家经常就是这样做的。第二,我觉得"诗"的成分——语义中那些隐蔽的含义可以说是内在于语言的风格、构造、语气之中的——在一切经济学语言之中,也许在所有的语言之中都是非常重要的,即便是逻辑实证哲学家用最珍贵、最精密的语句也不能加以表达,而这正是把一种诗文手法翻译成另一种诗文手法所要失去的东西。我的意思是说,它的大部分内容并不只是一些不相关的"道德"说教,而是与理论对现实的带有片面性的看法相关的,是与它所提供的真实世界画面的完美或缺憾相关的,是与它所用的视角、"投射"和空间尺度相关的,是与它将哪些因素作为重要原因放在台面上、将哪些因素隐入背景之中的做法相关的。这些含义到底能不能被简化成一套命题系统,我无能为力,不敢断言。但我敢肯定,它们一般不可能由几个或十几个简单的命题表达出来。所有这些都意味着,虽然有些不方便,可除了其他事情之外,我最好还是尽可能地选用原著的语言去学习、研究马克思,而不是其现代翻译本["翻译"的原意](当然,这并不排除为了便于解释而翻译一些具体要点所起的作用)。
>
> (JVR/vii/120/11-13)

在此,多布阐述了一些琼·罗宾逊在她的研究计划中没有承认的观点。第一,人们怀疑出自某一种思想体系的术语,是否真的可以翻译成另一种某种意义上说是其对立面的术语。第二,这一体系中有一些不能压缩为少数精确概念的东西,却不能由此说它们与论证无关,它们也不是可以抛弃的"道德说教"。第三,因为一种理论包含了很多层面在内,它就不能只是被压缩为一套推理命题。然而,琼·罗宾逊还是坚持自己的看法,要把马克思"翻译"成正统的或者是凯恩斯的术语和关系;她把"理论对现实的带有片面性的看法"解释为不相关的道德内容,通过对马克思的辩证论证进行压缩,努力把它改写成一种以静态概念和逻辑推理为基础的命题系统。1941年3月11日,多布在另外一封信中重申,他对罗宾逊的做法不敢苟同,"恐怕我从来都看不出存量和流量这个问题有什么值得大惊小怪的,或者进一步说,看不出运用分析的技巧给它找个答案有什么困难"(JVR/vii/120/19 - 20)。①

---

① 马克思有时用"C"代表不变资本存量,有时又用它表示单位时间资本流量,琼·罗宾逊在文章中充分利用了这一事实(参见 EME,第8~9页)。多布捍卫马克思,他说这两种不同的含义服务于两种不同的解释目的。他在我们刚刚引用的那封信中接着说,"难道情况不就是这样吗?一切都既是资本,也是资本的流量,这取决于我们看待它的方式,取决于我们考虑的时间周期,取决于人们是认为一切都在时间的一瞬间凝结成资本,还是把它看做在时间中不断继续的一个过程。就个人来讲,我一直认为资本和收入之间的基本区别存在于资本概念和流量概念的区别之中,而资本利润率的概念则是二者的结合,是以在常规的时间段内计算出来的收入流量和资本存量之间的某种比率表现出来的"(多布原文,JVR/vii/120/20)。在他的下一封信中,他反复强调自己的要点,那就是马克思不可避免地要根据文章内容的改变而改变自己的提法,"为了解决中心问题,如果一个人的概念必须是多方面的"(JVR/vii/120/23),那么马克思的做法就是值得拥护的。在先前的一封信中,他大量引用了马克思的段落,说明马克思如何详细规定了他用"C"代表利润率的含义,以及用"C"代表资本有机组成的含义,进而指明马克思有时将周转期设定为一年,这样就可以让流量意义上的 c + v 等于资本意义上的 C。参见 JVR/vii/120/27,以及第14~16页。在第14~16页中,他把不变资本表述为"'被劳动力激活的生产资料总和的指针'([马克思]第三卷第2部分第8章)——总和,也就是说,不是在时间中磨损或消费掉的那部分",他随后也引用原文解释马克思把不变资本用作流量的意义(马克思,同上书,第61页)。把两者区别开来的一个意义,是为了说明利润余额(profit margin)和利润率(rate of profit)之间的关系。后者使用的是资本存量,而前者指的是在生产之中消耗的资本服务流量。她在1953年的书中以及1978a的书中,两次详述了马克思的这种"混淆"。

他在其他地方还说过,"也不用他费心费力去确定什么代数方程,我一下子就意识到这就是问题最直截了当的答案(而且在我看来,它实际上是正确的)"(JVR/vii/120/119)。

他回到前面的一个论点上,试图再次奉劝琼·罗宾逊,"'诗'的成分——语义中那些隐蔽的含义可以说是内在于语言的风格、构造、语气之中的——在一切经济学语言之中,都是非常重要的"(JVR/vii/120/12)。他自己的观点是,通常的论证体系只是故事的一部分,"我认为'给马克思评分'没有什么需要真正担心的:他只是根据自己看到的现象去理解问题。我强调一下,作为理解他的先决条件,也许他所使用的表达方式本身正是理解他的推理意向的根本因素"(1941年3月14日;JVR/vii/120/23)。①

> 因此对我来说,马克思对问题的具体解释(对此我和你的意见一致,在形式上得出了和你一样的看法)是反映实际社会机制的更为真实的画面。
>
> (1941年3月15日;JVR/vii/120/25-26)

他随后进一步争辩说,在理解一个论证体系其他方面的内容的时候,实际上人们可能需要演绎出一些不同的论证,以便与作为简约方法论的结果的那些论证区别开来。

"确定无疑,它们的差异就是,两种解释都有各自不同的侧重点,意味着每一种解释都是一个不同的因果故事"(1941年3月18日;JVR/vii/120/28)。

多布随后变得更加具体了。琼·罗宾逊看不出马克思的劳动价值论以及与之相关的剥削率的概念有什么意义。尽管她看到马克思"使用〔劳动价值论〕……表述他对资本主义制度的本质的某

---

① 有人提到马克思事实上是把剥削率当做一个总数来用的,他由此计算出了平均利润率;这是对琼·罗宾逊坚持认为马克思认定剥削率在各个部门之间是统一的看法的一种反应。在为《资本论》第一卷(1930)所写的介绍中,柯尔写道,"《资本论》的主题不是个体资本家对个体工人的剥削,而是一个阶级整体对另一个阶级整体的剥削。那些想要评判马克思的人,一开始就必须接受这一基本概念,或是对这一基本概念展开进攻,因为它为马克思的全部体系加上了限制条件"(柯尔,1930,第xxvii页)。

些观点",可她还是继续解释说,"这些观点是否重要,绝不取决于他所选用的用以阐明这些观点的特殊术语"(*EME*,第 20 页)。她说术语在某种意义上可以是随心所欲的,而所用概念的本质则是至关重要的。她的这种说法应该是正确的。举例而言,这些概念是排他性的还是辩证性的,它们能表达意义的变迁吗?它们是抽象的,还是要依赖于感觉?是不是只有可以整合到演绎理论中的知识才真实可靠?她在"劳动价值论"一章的总结中说,"马克思的论证中并没有什么实质的问题必须依赖于劳动价值论"(同上书,第 27 页)。但是,要把《资本论》第一卷的论证简化为一些推理命题也是非常不容易的。

多布在 1941 年 3 月 21 日写信给琼·罗宾逊说:

> 然而,就目前所知,似乎确实有一个关键的问题被忽略了。在我看来,如果不强调一下马克思的"剥削"一词的含义到底是什么,就匆匆忙忙地开始比较马克思和正统思想的理论结构,似乎很容易使人产生误解,因为剥削正是他第一卷中的问题的主要部分,也是把他和其他思想家区别开来的关键所在。你在一段文字中介绍了马克思和以前的经济学家互不相同的方法,你似乎是要说这一部分内容只是一些不相关的道德说教,和"企业奖励"没有什么不同,而现代经济学也是从类似的道德腔调中提炼出来的,如果马克思主义者同意只赋给"剩余价值"概念一个通常的含义(也就是总产量与工资之差)的话,现代经济学应该是可以和马克思主义相协调的。有鉴于此,我更觉得强调"剥削"的意义至为重要。说到这里,我认为我们又回到了我们以前口头争论过的一个问题……无论如何,我认为马克思的剩余价值和剥削理论首先绝对不是同义反复的多余陈述(勒纳的"资本家的所得,正是工人的所失"是同义反复);其二,这一附加陈述是对事实的描述,不是一种道德判断;其三,这一描述对于资本主义社会来说是正确的,而一切"禁欲"的东西(以及不能让两个不同生产要素的回报产生任何差别的"非道德的"做法)是错误的,

是用来愚民的。我不敢十分肯定你是否同意我这里说的，但我认为这显然是非常重要的。如果你不同意，那么我可以提这样的问题吗？在一个奴隶制的经济制度中，我们当然可以给奴隶主的收入来源，也就是对奴隶劳动的剥削这一陈述赋予一个非常积极的含义。它确实衍生于奴隶的劳动，但难道它不也是奴隶主的经济活动"创造"的吗？这样一种收入形式的存在是道德的还是不道德的，在当时是一个非常特殊的问题，取决于当时的一些道德行为标准。然而，作为奴隶制经济的真实特征，这样一些陈述对于任何研究奴隶社会的工作来说肯定都是至关重要的。经济学如果忽略了这一点，或者是在这一点上含混不清，那么它即使不会把人引入歧途，也必定是非常不恰当的。

(JVR/vii/120/31-32)

多布在这里所强调的是劳动价值论被马克思用于解释资本主义制度时的本质及其应用范围。马克思用剥削的概念来表示一种实际存在的关系，并用剥削的概念来发挥他对剩余价值的产生以及随之而来的对剩余价值的侵占——也就是它在工资和利润之间的分配——的分析。交换价值理论就是从这里引申出来的。这两个方面在本质上是互相联系的。然而，琼·罗宾逊是一位固执的简约分子。她在《论马克思的经济学》中声称，"不论价值这个概念对黑格尔的学生来说有什么内在的含义，对现代的英国读者来说，它纯粹就是一个定义的事情。一种商品的价值是由生产这一商品所需要的劳动时间构成的，其中包括参与这一商品生产的辅助商品所需要的劳动时间"（*EME*，第15页）。从形式上看，这种观点在有些情况下可能是正确的，但正如多布在前面所说的那样，是不完善的。从根本上看，马克思关心的不是相对价值理论,[①] 而是剩

[①] 很久之后，琼·罗宾逊写道，"我一直觉得，马克思主义者允许自己被引诱到价格理论的研究领域之内是犯了个错误……马克思主义者应该会说，不要担心价格。我们会在以后处理这个问题。与此同时，我们感兴趣的是生产方式、积累率和收入分配的问题。我们有了利润份额，也就是剥削率的理论。利润的份额远远比利润率重要得多"（罗宾逊，1977a，第288页）。

余价值的总体根源和活动方式，是剩余价值在短期和长期的演化发展，是薪金工人作为一个阶级在生产这一剩余价值时的作用，是获得了平均利润率的资产阶级，这些才是马克思最关心的内容。因此，凡是劳动价值论必须谈论的生产方面的内容，她认为都是不相关的琐碎之谈，而劳动价值论关于交换的看法，她又认为都是错误的。她努力要把价值的概念和正统理论中的价格概念等同起来，并得出结论，"从马克思自身的论证出发，劳动价值论不能为我们提供一个价格理论"（*EME*，第20页）。

让我们仔细思考下面这个实例。琼·罗宾逊看到了《资本论》第一卷与第三卷之间的分歧，认为第一卷的绝大部分内容都是不必要的。第一卷的要点是要详细阐述古典的劳动价值论，以便发展出一个关于剩余价值的生产和挪占的理论，并最终发展成关于利润的理论。而在第三卷中，马克思转而研究了交换、生产价格以及利润率均等化的问题，这些正是琼·罗宾逊可以把马克思的学说和正统经济理论的概念联系起来的东西。因此，她认为只有《资本论》第三卷才为把马克思主义和正统经济学进行比较的可能性提供了基础，那就是相对价值理论，而这正是正统经济学研究的首要目标。马克思在《资本论》第三卷中评论说，"在资本主义生产中，一般价值规律只是以一种极其错综复杂和近似的方式使自己成为一种主导趋势，这种趋势就是从不断的波动中得出的，但永远不能确定的价值平均数"（马克思，vol. Ⅲ，1909b，第190页）。琼·罗宾逊看到了调和价值和产品价格的困难，认为价值只存在于交换领域当中，她于是反过来说，"［马克思］用价值的概念表达出来的重要思想，不用这一概念都可以更好地加以表达"（*EME*，第24页）。她的替代方法是用货币价格的概念来表达这些可变因素，可在这里，她用以驳斥价值概念的那些论证，显然也适用于用货币这个术语表达出来的那些概念（同上书）。她没有看到马克思的生产和交换属于不同的分析领域，也没有看到马克思对资本流通（概括在《资本论》第二卷中）有不同的表达方式，就把她认为是可以理论化的一切经济活动都简化到了排除了生产过程的交换过程之中。马克思明确指出,生产领域而不是流通领域(不论是劳动,还是产出)才是剩余价值的来源;影响流通领域的主要是相对稀缺性等暂时情况,而不是生产领域中那些持久条件。马克思因此解释说,"如果剩余价值率已知……那么利润率所要表达的,就是剩余价值率实际所说的;也就是说,它是计算剩余价值的不同方法……但在现实中,在现象世界中,情况正好相反。剩余价值是已知的,等于商品的销售价格超出其成本价格的那部分余额。至于说这部分余额是来自生产过程中对劳动的剥削,还是在流通过程中向购物者索要了高价,抑或二者兼而有之,则始终是个谜……如果从利润率出发,那么无论我们推出这个剩余价值和用于工资支出的可变资本之间有任何特殊关系,都是没有根据的"(vol. Ⅲ, 1909b,第60~61页)。多布加上了类似的话,"在资本主义制度下,控制生产的是出于对价值的考虑,而不是为了'满足国家的需要'"(JRV/vii/120/43)。有些反常的是,琼·罗宾逊在20世纪40年代,甚至直到20世纪六七十年代,还经常把她这种略带感情色彩的看法表达出来,可她就是没办法对它作出"科学"的论证。

也许,多布对琼·罗宾逊研究马克思和资本主义活动理论的简约主义演绎方法感到有些绝望。1932年,他完成了《论今日的马克思主义》一文,并开始撰写他1937年出版的《政治经济学与资本主义》一书。在那里,他把这些看法陈述得很清楚:[1]

> 把历史进程概念化并由此得出自己看法的唯一一种方法,是不能把它看成连续的逻辑过程,只能把它看成一个辩证的过程。在这个过程的每一个阶段,书写历史的时代运动都给它带来相互矛盾的新内容,而只有当新的内容经过我们的深思变成了过去的死东西的时候,它才可以被简化成逻辑顺序……马克

---

[1] 唐纳德·哈里斯想要从彼此认同的角度把马克思和琼·罗宾逊的观点整合起来(哈里斯,1978)。参见第8章。

> 思主义的精华就在于它不能被解释为一套简单的命题，也不能被当做一个教条来学习……准确地说，因为运动只能以具体的而不是抽象的形式去体会，所以马克思主义也只能在马克思主义的运用中去理解。
>
> （多布，1932，第 21~22 页）①

然而，精确地讲，这正是琼·罗宾逊所要努力研究的东西，也就是说，她就是想从三卷本的《资本论》中找出一套概念、一套定义和一套推论命题。因为她要从这里出发，把马克思的历史唯物主义和辩证推论"翻译"成演绎逻辑，结果是马克思的很多内容被曲解或遗漏，因果关系的概念被本末倒置，理论模型被改变，它与历史的关系也消失得无影无踪。

举个例子，演绎的推理过程"遵从自身的逻辑结论"，不顾历史，因而无法容纳量变向质变转变的理论（EME，第 96 页）。这让琼·罗宾逊和马克思的论证分道扬镳，他们之间的距离也清晰可见：

> 在逻辑上，或在历史上，都没有理由说明为什么要把剥削率看得比利润率重要。从逻辑上讲，重要的是资产阶级成功获取了剩余价值总量……把这个总量除以劳动总量进而找出剥削率，并没有什么实际用处，不如除以资本总量以便得出利润率。从历史上讲，设想不同行业的发展有着非常不同的剥削率、不同的利润率以及不同的资本与劳动比，是自然而然的事情。随后，竞争的力量逐渐确立了一个普通利润率……平均剥

---

① 多布"翻译"历史进程时说，"换句话说，走向中长期均衡位置的过程产生的一些力量，把均衡位置重新拉回到不利于工资的均衡位置（至少暂时如此）。我不敢肯定第二种解释是不是比第一种解释更符合他的方法，因为他在假定均衡关系存在的同时，也想要强调历史发展过程中的间断性"（JVR/vii/120/22-23）。建立在均衡基础上的理论也许可以称作是各种相反力量和它们之间的解决办法在变化的形式中表现出来的路径依赖性，也就是被多布视为不平衡的历史发展过程的那个东西。在 EME 第 70 页，琼·罗宾逊也提到了路径依赖性的一个例子。

削率向平均利润率的运动,并不是资本主义发展的一个过程,而是经济分析理论发展的一个过程,是在原始的劳动价值论向相对需求和相对成本互动理论过渡时完成的。

(EME,第 19~20 页)

这一论述显露了她对马克思的《资本论》的解释的几个方面。首先,她的注意力又一次集中到了把生产排除在外的交换上面。① 第二,马克思研究的是一种方法论,这种方法论不仅让他发展出了一套概念去指代资本主义原始状态下的某些元素,而且可以让他在后来追踪资本主义进化到不同阶段时这些概念的形态变化。第三,在权力交接的历史进程中,社会关系、经济关系和政治关系既引发变革,也适应变革,因此它走的是一条不规则的发展道路。历史就是一连串不同的阶段,每个阶段都会发展自己的内在矛盾,从而让它产生出新的形态。与历史阶段的演进一样,用来分析的概念和分析本身也是这样演化的。琼·罗宾逊认为,马克思著作中的历史成分只是给文章的内容作注,它本身不会带来任何概念范畴,或者说不属于她的分析范围。她没有领会区分资本的有机组成部分、剥削率和利润率的做法在分析上的重要意义。因此,生产的分析揭示的是一套普遍法则,而分配和交换的分析却要视历史情形而定(夏夫,1944,第52页)。她似乎没有意识到把经济理论建立在物质基础之上有什么好处。②

与此相反,马克思在讨论利润率的均等化和生产价格的确定时说,"撇开价格和价格变动受价值规律支配不说,在这些情况下,

---

① 在"问题是什么?"(罗宾逊,1977c)中,她批评"正统经济学"正是做了这样的事情。
② 她越来越多地看到,她的分析需要历史的内容,但不能从因果关系的角度把历史进程的特征整合到自己的分析中来。比如,她论证认为最低工资理论是循环论证,她把这种循环归咎于马克思。但马克思认为,实际工资一直都处在维持生计的水平,因为劳动力储备和维持生计的工资水平是由工厂法律等条件独立限定的。罗宾逊在她 1954 年的文章中认识到了马克思的生产力和生产关系之间的区别。在她 1956 年的书中,她把矛盾的力量用在了自己的积累理论之中(见第 6 章)。

把商品价值看做不仅在理论上,而且在历史上先于生产价格,是完全恰当的"(马克思,vol. Ⅲ,1909b,第 208~209 页)。还有,好像是为了回答琼·罗宾逊上面的陈述一样,马克思继续说,"资本在不同部门的竞争所导致的生产价格,使得不同部门之间的利润率均等化。后面的这个过程同前一个过程[市场价值和市场价格均等化的过程]相比,需要资本主义的生产发展到一个更高的水平"(马克思,vol. Ⅲ,1909b,第 212 页)。①

琼·罗宾逊把马克思的分析看成是一套推理命题,其结果就是她的概念也带上了一些静态的性质(也就是说,内在特性不改变)。举例来说,她把 s/v、c/v 和 $s/c+v$ 之间的关系互换使用,这在她非历史的分析方法中就意味着,它们似乎只是几个严格的逻辑推理符号。② 她当然可以由此声称,它们表示的只是"同义反复的"逻辑关系(EME,第 42 页)。多布(1951)对此作出解释说,"举例而言,罗宾逊夫人说马克思关于利润率在'实际工资不变'的条件下可以降低的假设是'严重的前后矛盾'。但是,如果技术变化只适用于非工资品行业,这个'令人吃惊的矛盾'(也是她的说法)就会消失了"。多布接下来点明,马克思"认为只有在它影响了……工资品的生产,因而降低了工资(价值)的情况下,才与总利润的计算有关。只是在那个时候,它才能通过减少生产工

---

① 1977 年,琼·罗宾逊发表了题目相似、内容交叉的两篇文章,"劳动价值理论"和"作为分析体系的劳动价值理论"。在两篇文章中,她对马克思的解释都更加开明一些,虽然不是一直如此,但她仍然坚持认为"斯拉法的模型所说的就是它能说的,没什么更多的内容。在这一点上,米克犯了错误。他竭力要修改价值价格占统治地位的前资本主义世界向利润率统一的资本主义世界过渡的历史进程方程。看起来,把价值转形问题投射到历史当中是非常勉强的"(罗宾逊,1977b;$C. E. P.$,vol. Ⅴ,1979,第 287 页)。
② "马克思把工业净产值分成两个部分:可变资本和剩余价值。可变资本(v)是工资账单,剩余价值(s)是净产值超出工资之外的余额,它包括净利润、利息和租金。总产值和净产值之间的差是不变资本(c),它由工厂和原材料组成。正是在不变资本在生产过程中损失的意义上,由于可变资本购买了劳动力,新的价值增加了……这样,总产量……是由 $c+v+s$ 来表示的……是由价值,或者说社会必要劳动时间来计算的……马克思的论证是用三个比率进行的:剥削率 s/v、资本的有机组成 c/v 和利润率 $s/v+c$"(EME,第 7~8 页)。

资品所需的社会劳动的份额，提高他所谓的相对剩余价值……如果这个重要的比率没变，不论其他非工资品可能出现什么变化，总利润或剩余价值不可能改变"（1951，第20页）。多布反驳琼·罗宾逊，"我真的不明白你为什么会说马克思完全忘记了这个要点［工资品行业生产力的提高］，说他被一个同义反复所误导，只是简单地认定剩余价值率是不变的。要知道，他把两种'相反的运动'明确看成是同一原因的共同产品"（JVR/vii/120/36）。

与此相似，琼·罗宾逊一边承认一些相反趋势的存在会让利润率下降，一边坚定不移地说马克思坚信剥削率恒定不变，并且说这在生产力提高、工资不变的情况下是不可能的事。多布在很多地方驳斥了她对马克思的相对剩余价值的产生这一问题的解释。"他［马克思］在第274页说，'一般来说，正是提高相对剩余价值率的同一些原因，会降低所使用的劳动力的总量。但是很清楚，提高多少或降低多少，取决于相反的运动发挥自身作用的明确比例'"（JVR/vii/120/35）。在同一封信中，多布引用马克思谈论提高劳动生产力的问题的话，接着说，"他提到过，生产力的提高可以通过两个渠道把自己表现出来，表现为'提高相对剩余价值，或者是减少不变资本的价值，因此只有进入劳动力再生产或是成为不变资本要素的那些商品，才会变得便宜。二者……都和可变资本相对于不变资本的减少幅度齐头并进，都意味着利润率可以下降，也都会阻止利润率的下降'"（多布原文，引自马克思，vol. III，1909b，第291页；JVR/vii/120/35-36）。这些关系发生在具体的社会、政治和技术的发展进程之中，离开这些进程就无法对它们加以理解。把"经济的"东西和它的背景相分离，是琼·罗宾逊把"道德的"和"科学的"东西相分离的真实写照。多布试图向她指明，这些是不能用不包含历史因素在内的变量和逻辑推理进行表达的进程；而这种分离则限制了她对马克思的解释。

当她把注意力投向交换领域的时候，琼·罗宾逊对马克思的态度大度了很多。她准备对马克思加以赞扬的一个方面，是他几乎把有效需求理论发展成了卡莱斯基和凯恩斯的模式。尽管她在书中没有看清卡莱斯基使用了马克思的再生产理论的框架,但她却明确地说,使用这一框架,马克思可以清楚地解释生产实现的危机,清楚地解释生产比例失调的危机。她曾经赞扬马克思,说他认识到了不平等的收入分配以及随之而来的有效需求不足的破坏作用(罗宾逊,1941)。她赞扬卡莱斯基,认为他证实了马克思的方法如何为分析有效需求提供了基础(同上书,第240页)。① 她在"有效需求"和"一般就业理论"两章中评论说,"马克思对再生产的分析是就消费品行业和资本品行业之间的均衡而言的……特别是,马克思认为剩余价值超出资本家消费之外的余额(就是储蓄率),受制于新的资本品的开支总额(国内投资)、进出口余额(国外投资)和黄金产量"(EME,第79页)。这些纲要性的说法没有成为多布和琼·罗宾逊在信件中谈论的题目,但多布在他的《政治经济学和资本主义》(1937,1940)中对它们的用法作过评论。他写道,"这些纲要的主要目的有两个部分。第一,它们清楚说明了总产值和净产值、商品交易总量和个人收益或收入之间的区别……第二,它们一方面设定了资本品行业和消费品行业之间的关系需要保持不变,而另一方面又设定了行业需要更新设备和原材料,因而收入要在消费和投资之间进行分配。这就不知不觉地为那种粗制滥造的消费不足理论给出了一个答案:它说明了这些关系如果得到遵守,资本积累的进行可以不给交换领域制造任何困难"(同上书,第101~102页)。多布在此书第二版的修订中承认,卡莱斯基在其《波动理论论文集》(1939a)中参考了这些纲要的提法。在这些纲要的简单框架之内,生产实现未必均衡的问题就是可以理解的了。琼·罗宾逊由此解释说,马克思有了

---

① 琼·罗宾逊在她为 EME 第二版新写的序言中说,"皮耶罗·斯拉法嘲笑我,说我对待马克思像是对待一个无人知晓的卡莱斯基式的先驱。如果不看做是一个笑话,他的话还是有一定的道理的。《资本论》确实有很多东西是指向有效需求理论的"(罗宾逊,1942b,第 vi 页)。

有效需求理论的萌芽（萨东尼，1987）。

但多布也强调，这只是矛盾力的一个方面，剩余价值的生产要想实现也是有条件的。多布写信给琼·罗宾逊说，"他［马克思］明显认为，是需求问题和出于利润的考虑对投资的限制（亦即利润周期性下降的趋势）两者同时造成了危机"（JVR/vii/120/40-41）。他觉得"你说的马克思在谈论'实现'和没谈'实现'的地方存在着'矛盾'，我想马克思应该会把它们看做是存在于资本主义真实世界中的矛盾。要从这个意义去理解：资本主义政策会一直关心如何改善条件以便创造更多利润（比如降低工资以便增加剩余价值），但同时，正是这些有利于生产更多剩余价值的条件，使得实现剩余价值的问题变得更加困难"（JVR/vii/120/39-40）。也许这就是为什么琼·罗宾逊把利润率下降理解成一种绝对的趋势，没能明白其他许多力量也作用于剩余价值的生产，对利润率的下降起到了抵制作用。① 她尚未看到这一理论纲要是环形的。她对马克思作出的判断是，马克思是"矛盾的"，但正像多布点明的那样，这是因为资本主义是矛盾的。

4.3 卡莱斯基和琼·罗宾逊论马克思

正像我们看到的那样，琼·罗宾逊在她 1965 年为《论马克思的经济学》新写的序言中说，"皮耶罗·斯拉法嘲笑我，说我对待马克思像是对待一个无人知晓的卡莱斯基式的先驱"。1939 年她开了门课，讨论卡莱斯基 1939 年的著作。她把他的著作看得很重，

---

① 斯拉法在为利润率下降趋势所写的几个注释中（斯拉法，D3/12/16），设置了影响利润率的虽然简单却非常全面的一些条件和相反条件，他使用的是正统经济学理论常用的术语，没有依赖马克思的语言，那时是 1942 年 7 月。这些有可能是他在回应琼·罗宾逊的书，或者是琼·罗宾逊和斯拉法关于利润率以及她不同意马克思的利润率下降趋势的谈话。琼·罗宾逊很久之后抱怨斯拉法拒绝和她讨论她的书（在 1952 年 11 月 1 日写给卡恩的一封信中；RFK/13/90/4/370）尽管斯拉法的论文中有几处含义晦涩的注释提到了它。

在《论马克思的经济学》中也多次谈到了卡莱斯基。具体而言，她第一次谈论卡莱斯基，是对马克思和卡莱斯基关于经济高峰的拐点所作的分析进行了比较。用马克思的话说，在经济高峰拐点的位置，存在着一个绝对的资本生产过剩，新增资本只能以牺牲现有资本为代价，获取自己的一份利润份额。资本之间的竞争意味着资本使用不充分（EME，第47页）。而卡莱斯基的模型说明，投资是稳定的，利润也是稳定的，但资本存量在增加。再一次，（不完全）竞争对利润的分配，使得不同产能的不同工厂对资本的使用差异很大，从而导致平均利润率下降。这两种解释是相似的，也互相兼容，是对同一种因果关系的分析走了不同的路。在马克思的理论框架中，拐点的出现可能是由于，比如说，劳动力需求相对于劳动力储备过高，因而导致工资更高，减少了利润份额，利润率和投资就会下降。对卡莱斯基来说，利润率下降导致利润更低，反映在投资上就是投资骤减，从而导致有效需求失灵。

琼·罗宾逊论证说，马克思所说的周期要比经济周期长很多，经济周期只是对有效需求简单作出反应，"至于马克思的长周期，统计学家还没有发现它运作过，因为即使它真的存在，也被周期更为剧烈的运动淹没了，被科学进步带来的发明浪潮，以及战争、地理发现和其他大规模的偶然事件打乱了。这些事情和劳动力的多寡没有直接联系，或者说，无论如何都不能把它们压缩到与劳动力的一种简单的关系之中"（EME，第103~104页）。[1] 很明显，这就是问题的症结所在：它们的关系不能简化为一个简单的命题。

琼·罗宾逊着重研究影响剩余价值率的那些长期因素。她论证说，长期的生产力增长绝不仅仅只是抵消这些因素的影响，因此，利润率下降的唯一途径是资本的有机组成比生产力增长得更迅速。

---

[1] 讽刺的是，她用来反对长期理论的论证，正好被长期理论家用来反对短期理论。

与琼·罗宾逊从长期的角度提出对马克思的反对意见相比，卡莱斯基对马克思的分析用的是一个短周期理论。在著作稍后的地方（*EME*，第 10 章），她对这两种情况作了辨析，认为"长期的有效需求也许可以在受萨伊律支配的世界中找到，但它和短期的有效需求之间存在着混淆"（*EME*，第 104 页）。她辩论说，马克思的危机理论受到了这一"混淆"的困扰。

她在文章的另一处，也就是论证"经验主义的分配律"的时候，再次利用了卡莱斯基的研究（1939a）。所谓经验主义的分配律，是说"劳动力作为一个整体在总产值中所占的份额惊人地稳定，持久不变"。对此她认为，无论是马克思主义的方法还是"学院派"的方法，都没有作出令人满意的解释（而立足于柯布－道格拉斯生产函数之上的新古典学派的理论根本就不值一提）。①

她第三次谈到卡莱斯基，是说他注意到了工资用于消费的最大比例要比利润用于消费的最大比例高。文章的主题是货币工资的增长能否提高实际工资，以及这是否会减少就业。多布曾在一封信中试图劝告她，利润的减少会让资本家减少投资和消费，这会正好抵消甚至超过工资消费的增长："资本家因为已经节省了消费（这被薪金工人相应的消费抵消了），所以他们的收入变少了。此外，因为销售价格和工资成本之间的差额变窄，所以投资才下降了。换句话说，如果实际工资（不仅仅是货币工资）上升，资本边际效益和资本家的边际消费倾向从工资单位的角度来看都不会降低吗？如果不降低，又是为什么？"（JVR/vii/120/34）琼·罗宾逊在《论马克思的经济学》（第 109 页）中提出，对长久工程比如

---

① 卡莱斯基回复说，"在第 98 页，我认为你假定工资相对份额基本上不变是不对的。在我的《论文集》中，我强调的事实是这可能是一种历史的巧合。在《牛津经济学论文》上'工业生产长期分配理论'的文章中，我说明了它在美国制造业中不是不变的"（JVR/vii/232/11－12）。

房屋建造的投资可能会随着成本的上升而下降，但对消费品生产设备的投资则会上升，两相抵消。也许，她在文中这段简短的讨论是要对多布的反对作出回答。

此书出版不久，卡莱斯基就给琼·罗宾逊写了信，那是1942年7月30日。他的总体评价是这样的："我认为你对马克思的分析是非常有价值的，因为它证实了他以一个构思贯穿了著作的始终，使之成了一个非常连贯的理论。而那些马克思主义者们，他们虽想证明马克思的一切都是正确的，是前后一致的，却连这点都没能证明。本书虽然文笔简单，却不一定好懂；而要马克思主义者们读懂它，我也不想抱多大的希望"（JVR/vii/232/9）。卡莱斯基评论说，她在谈论资本主义的"运动规律"时，好像是把它当成了马克思的表达方式。他宣称，更准确地讲，这一表达方式是古典政治经济学的一个隐喻。（哈罗德在其1942年出版的书的一个短注中也表达了同样的看法；作为回答，她在《论坛报》（1942年10月30日；1942年11月2日；1942年11月20日（JVR）；1942年11月27日）上就这一术语的使用情况作了辩论。）卡莱斯基更具体的回应是，"根据你所讲的马克思的假设，我们可以构建一个完整的利润理论①……马克思的假设当然是错的，但是如果我们接受的话，它们确实为我们提供了一个利润理论"（JVR/vii/232/11）。

在阅读斯拉法为李嘉图的著作（斯拉法和多布编，1951）写

---

① 他继续说，"这些假设是：（1）资本设备总是全面使用的；（2）货币工资变化的时候，价格是稳定的；（3）货币工资是上升的失业百分比的函数［原文如此］。价格是根据这些假设得出的。工资水平要使得涉及资本积累的最终利润在把所用劳动力和所有资本的下降比率考虑进来之后，和人口的增长保持同步。具体来说，如果工资高于这个水平，资本积累就不足以吸收增长的人口，失业百分比就会上升，这又会造成工资下降到'均衡'水平。如果考虑时间差的因素，就像你描述的那样，长期的发展可能是与马克思的周期相伴的。确实，这个周期的特性是产量根据资本设备的生产能力成比例地变化，但不能由此得出结论说（像你在第103页所说的那样）它的周期肯定长于'经济周期'"（JVR/vii/232/11-12）。

的介绍之前，琼·罗宾逊不同意马克思以及古典经济学有合乎逻辑的利润理论。她也没有收回自己的工资占国民总产值的份额从长期来看近于不变的观点。事实上，她在1961年的新版《论马克思的经济学》的序言中重复了自己的这一看法（第xvii页），还给出数据进行解释，用以维护自己的主张。她争辩说，相对工资份额是工会和雇主之间斗争的结果。她还把这一提法进行拓展，使用到了价格和交换方面，赋予了它一些新的含义。

4.4 凯恩斯对《论马克思的经济学》一书的反应

凯恩斯对她这本书的反应也是小心谨慎的，他说，"你写的东西都很不错，这本书也是这样。尽管要给一些本来没什么意义的东西找到意义，从本质上讲难免令人厌烦，可你避开了这个问题，没有在这个方向做过多的努力"（1942年8月20日；JMK/L/42/102-103）。他接下来提出了两个比较具体的问题，一个是关于马克思的价值理论和价格的，一个是他对她引用自己的作品的反应。"在第29页，如果你能指明在假设资本并不缺乏的情况下马克思的价值体系相对可以运作得多好，是不是可以把他的价值体系理解得更为透彻呢。在这种情况下——我们期望它早晚会达到这种程度——如果抛开风险不谈，折旧就将是资本的唯一成本，很多马克思的理论难题就将随之消失了"（凯恩斯，同上书）。（资本主义也将消失的可能性被忽略了。）琼·罗宾逊对他的信作了回复，认可了凯恩斯对资本的看法（1942年8月21日；JMK/CO/8/246）。在此书1966年版的序言中，她再次承认了这点（*EME*，1966，第x页）。

凯恩斯随后纠正了她对他把工资作为产值的计算单位的误解。"你第23页的脚注和我没有任何关系。毫无疑问，我从来没想过把工资单位看做比较不同时期的实际产量的稳定的计算单位，各个期间在其他方面的差别太大了"。① 琼·罗宾逊似乎急于安抚凯恩斯,但凯恩斯仍然十分不快。他在 1942 年 8 月 27 日回信说,"你关于劳动是生产的唯一要素的脚注,我仍然认为与自己无关。我的单位要想行得通,两个条件必须得到满足,那就是劳动在某种意义上说是生产的唯一要素,以及我们正运行在短期条件之下。我对这两个条件都讲得很清楚。而你似乎是在争论只有第二个条件是必需的,又似乎是在控诉我,说我说了只有第一个条件才是必需的。我在书中已经说过,现在也仍然认为,两者都是必需的"(凯恩斯,JMK/CO/8/249 - 250)。

C. R. 费伊在他对《论马克思的经济学》的书评中对同一脚注作了说明,他为凯恩斯辩护,随后说她的书不够成熟,不值一读(费伊,1942)。这条令凯恩斯不快的注释在 1947 年重印的时候被删除了,但卡莱斯基的反对意见被忽略了。

还有其他各式各样的人也对琼·罗宾逊的书作出了反应。熊彼特在一段大意是说一个心智健全的人不会是马克思主义者的文字中说,特别是"它们实际上都试图复活马克思的纯经济理论,在这个意义上……最显著的例子莫过于 P. M. 斯威奇和琼·罗宾逊……琼·罗宾逊更加引人注目[比斯威奇还相信马克思的经济学的用处],而琼·罗宾逊的《论马克思的经济学》就是一些无法

---

① 凯恩斯继续说,"在[《通论》]第 214 页的顶部,你是从那里引用的,我清楚地说我想劳动单位'是在特定的技术、自然资源、资本设备和有效需求的环境下运作的'。对于你的控告,我还有什么更全面、更明确的办法来保护自己吗?我从来没有把工资单位和实际产量联系起来,我只是说,在前面所作的特定假设下,它是'我们的经济体系除了货币单位和时间单位之外所需要的唯一物理单位'"。琼·罗宾逊继续回复说,"至于那条关于你的脚注,你的辩护与我想要表达的观点正好完全相同,也就是说,你的单位是有效的,这是因为资本设备等等是特定的,而不是因为劳动在某种意义上是生产的唯一要素。我提出这一点并不是要故意找茬,而是因为一个年轻气盛的作者引用这段话证明你容忍了劳动价值理论。我对批评《通论》的这一类问题一直感到不快,因为我本来有很好的机会发现这些问题,因此我应该永远保持沉默,但我这样想是为了公众的好处。我同意你对马克思的总体看法。他是个了不起的直觉天才,但头脑一点也不清楚"(琼·罗宾逊,收入 JMK/CO/8/246 - 248)。

解释的心理谜团"（熊彼特，1954，第884~885页）。但他对此并没有详加解释。

他还收到了汉斯·辛格和哈罗德·拉斯基的来信。后者的来信写得很热情，他在信中说，"如果不对你的《论马克思的经济学》一书致以谢意的话，我肯定是太不近人情了。我发现，此书富有启迪，令人振奋，也许会为劳工运动和经济学学术研究之间的关系发展开辟令人振奋的新篇章。请允许我衷心地祝福你，祝你写成了这本大师级的巨著"（JVR/vii/252/1）。

《论马克思的经济学》受到了人们的广泛评论。哈罗德（在《观察家》报上）对一些比较保守的看法加以总结，认为"总体来说，我们对马克思的敬重没有因此得到提高，但对旧的正统学说的敬重却有些削弱了"（哈罗德，1942）。这句话应该特别适用于杰拉德·夏夫，他在《经济学杂志》上写下了也许是最为深思熟虑的评论文章。他反对她为马歇尔的利润理论所作的解释，热衷于替马歇尔辩护，拒绝接受她把正统经济学描述为一种和谐、持久、遵循一些"不可阻挡的自然律"的理论。她把作为资本供给价格的利息所起的作用当成是自己批判正统理论的具体目标，认为它证明"等待"是合理的。夏夫争论说，因为马歇尔没有把储蓄和投资清楚地区分开来，他处理利息和积累的方法是模糊的。他争论说，在马歇尔那里，资本需求价格（也就是资本边际生产率或投资可以获得的回报率）的下降倾向于减少资本存量；而资本供给价格（也就是可以用于投资的资金的利率）的下降则有着相反的效果。这似乎是说，利率对资本存量确实会有重要的影响，但他声明这个结论只是琼·罗宾逊自己推出来的。她在对"学术理论的现代发展趋势"进行概括时说，"尽管利率的运动指明了投资的正确方向，但它的影响过于微弱，不足以规范投资的水平"（*EME*，第83~84页）。她把凯恩斯的例子加以扩展，观察到"政府把利率定得越低，资本存量可能就会越大。这样，把利率看做是必要资本供给价格的一个因素的观点，就失去了理论基础"（*EME*，第85页）。

在批评马歇尔没能发展出一套动态的经济理论时，琼·罗宾逊争论说，为了达到均衡，资本积累率就必须是零，而这就会变成一个静止状态，即"均衡利率就是净投资为零时的利率"（EME，第72页）。夏夫则指出，"系统的扩张和'均衡'利率的维持之间不存在逻辑矛盾。只要人们对需求（或供给）的扩张水平估计正确，资本的供给和需求就会保持同步，在任何时候，起主导作用的实际利率就会和当时的既有资本存量的供给价格相等同"（夏夫，1944，第60页；引用原文，略有改动）。① 琼·罗宾逊 1951年提到这个问题时，认为这一问题仍然有待解决（罗宾逊，C. E. P., vol. II, 1960，第 23~25 页）。在她 1966 年《论马克思的经济学》的序言中，她再次提到了这个问题，责怪马歇尔对"正常利率"的解释不够清晰，但她原有的净投资为零的说法还是留在了文章之中。

一些评论家把她对不完全竞争的兴趣和她对马克思主义经济学的兴趣联系起来，他们或许认定二者之间存在着一种政治上的联系，暗示它们有着共同的理论基础，但实际上两者本身并不存在任何理论上的联系。马克思主义者不断批评琼·罗宾逊没能理解马克思的劳动价值论，批评她对利润率下降的理论作了错误的解释，总而言之就是说她没有理解马克思的论证方法。T. A. 杰克逊在《庶民》杂志上撰文说，"'在马克思寻找资本主义社会的运动规律的时候'，她完全没有弄明白他的目的是什么。对她来讲，目的是要得到某种数学公式；而对马克思来说，这最多只是表示了一种复杂的三维关系的一个方面。她的目的只是数学方面的，而对马克思来说，'只存在一种科学，那就是历史科学'"（杰克逊，1943 年）。他就此问题展开说，"琼·罗宾逊努力在马克思那里寻找可以用代数式表达的严格定义，找不到的时候就满腹牢骚。可马克思是在分析一个过程，他知道一切定义都只是临时需要的，

---

① 阿劳霍和哈考特（1993，2001a）检查了琼·罗宾逊、夏夫和多布关于这个问题的通信。信件显示，在马歇尔的体系中，维持净投资为正数的同时获得正常利润率是可能的。

充其量只是在被取代时才有用"(同上书)。琼·罗宾逊的方法是主观主义和理想主义的,而马克思的方法是现实主义、唯物主义和辩证的。用她的方法来评判马克思的方法是不恰当的,"就像是用量杯来测量电流"(同上书)。她的麻烦在于她想把马克思的思想简化成几个严格的理论范畴和一套简单的推理命题,这一点多布早就对她提出了警告。杰克逊还指出,她混淆了价值和价格。琼·罗宾逊似乎没有注意到,价格只是价值在交换过程中采用的一种形式,因而她被马克思使用价值来证明价值不等于价格的做法折磨得痛苦不堪。杰克逊说,"价格,除非像马克思所想的那样,只是一定价值量的货币名称,而价值量用马克思的话说则是'人的关系表现为物的关系',否则价格就是一个没法解释的谜团"(同上书)。

  E. M. 考素多斯基在《经济学杂志》(1943 年 11 月)上对她的做法进行了评论,认为她只是把价值"当成了'一种定义一样的东西'……[然而,]价值理论同[马克思的]阶级斗争理论结合在一起,引发了马克思其他部分的理论分析"。他还认为,她对利润率下降趋势的解释过于刻板。他尤其注意到,她解释说"当把有效需求的问题排除在思考之外时,马克思的论证不能证实利润率趋于下降这一假定"(*EME*,第 47 页)。还有,她认为有效需求的问题是由收入分配不均引起的。考素多斯基对此表示反对,认为她的论证意味着如果有效需求的问题解决了,经济周期的破坏性就会被消除。他引用多布的话说,"马克思认为,存在于生产领域的矛盾,也就是不断增长的生产力以及随之而来的资本积累与不断下降的资本利润率之间的矛盾、资本主义社会生产力和生产关系之间的矛盾,才是问题的核心所在"(多布,1937;1940,第 121 页)。琼·罗宾逊着重分析了交换过程。对于她对剥削率给出的解释,他也作了评论,认为她的解释"武断固执",口吻和多布对她的警告如出一辙。他最后提出了自己的看法,认为学院派经济学家的目的只是要解释社会,而马克思的目的则是要改造社会,"只要这些学究们还是社会舞台上的冷漠看客,他们的分析方法和马克思的分析方法的相似性就只能是形式上的，那条把他们和马克思主义者分隔开来的鸿沟就会始终无法消除"（考素多斯基，1942）。同时提出这一看法的还有佛兰德斯（1943），这种看法其实是马克思的《关于费尔巴哈的第十一篇论文》的回声。

4.5 《论马克思的经济学》之后

自此之后，琼·罗宾逊一直坚持评论马克思的经济学。1951年，她为罗萨·卢森堡《资本积累》一书的英译本写了介绍文章。也许，她对交换过程的重视，以及她对凯恩斯以有效需求来解释经济危机的理论的偏爱，引导她把卢森堡的马克思主义当做是自己的研究课题。在这里，她利用再生产理论证明，资本积累过程存在着中断的可能性。她对马克思的论证表现得相对开明，承认他的概念中的一些模糊性可以被忽略，甚至可以被澄清。如果在解释的时候能理解它们的既定目的，这些模糊之处可以看做是对资本主义经济中的各种矛盾趋势所作的清楚有效的说明。她接受了各种关系本质上互相作用的看法。1953年，她发表了《论重读马克思》的系列论文。这些论文具有论战的性质，肯定了她自己受斯拉法的李嘉图著作导论（斯拉法和多布，1951）的启发来解释"利润率"在传统理论（包括凯恩斯）中的含义。在这里，她把自己说成是一个左翼的凯恩斯主义者，因而把自己放到了必须撰写关于马克思的文章的位置上。在关于劳动价值论的文章中（1954），她承认了马克思的理论在解释剩余价值率方面的作用，但她只是集中研究了它在解释相对价值方面的作用。她一方面承认它在原则上提供了一个坚实的理论基础，另一方面却坚持认为它忽略了短期的影响，比如说生产要素的有限供给对价格的影响。还有，她争辩认为，它没有考虑货币工资在确定价格时的作用——她引入了指数的问题，同时还使用了结构不断变化的总量来解决这一问题——也没有考虑行业工会在提高劳动者分配份额方面的作用。她得出结论认为,"马克思的分析所需要的那些前提假设不能在现实社会中实现,这意味着它对资本主义运作方式的描绘是极不准确的,对计划经济体制中的投资也没有多少指导作用。然而,在其自身理论的限定之内,无论是从右翼还是左翼的角度来看,它似乎都没有什么可以反驳的地方"(罗宾逊,1954;*C. E. P.*,vol. II,1960,第58页)。无论如何,她的一些抱怨是由于她集中研究的是交换过程中的资本形式,有些人正是以她的努力为基础,对马克思的长期理论进行了短期分析。

到了《论马克思的经济学》再版的时候(1966年),斯拉法那部博大精深的著作(斯拉法,1960)已经发表,也得到了人们的热烈讨论。按照琼·罗宾逊的解释,斯拉法的贡献最初仅局限于解决价值转形问题,以及揭示新古典学派资本理论的基础概念中存在的逻辑缺陷。抱着这样的看法,她重新研究了马克思的劳动价值论。她在新版的序言中重申了自己的论点,认为"价值"对马克思的分析过程来说是不相干的。她再次得出结论认为,单用劳动价值论本身来解释分配的相对份额是不够的,相反,人们还需要注意劳动力和资本之间的相对谈判能力。她争辩说,把分配不公简单地解释成剥削是不够的。比如,对于产品在资本和劳动力之间的分配,马克思的解释认为是与历史决定的维持生计的最低工资、备用劳动力相对于现有资本积累水平的多寡,以及劳动力的需求程度相关的,而后面这层关系同时取决于技术进步的性质以及可用于投资的利润总量。琼·罗宾逊把所有这些关系全都纳入了资本和劳动力在市场上的冲突碰撞之中。重复一下,她的分析是在交换领域中进行的。也许,她的解释和马克思的是一致的,可那仅仅是马克思的说法的一部分。比如,她无法解释就业增加带来的生产力的变化,也不能解释劳动生产力提高之后工资价值的变化,因为在她的解释中,不存在生产关系和生产力的相互作用,所有一切都被纳入交换之中。当然,琼·罗宾逊在论证价值的概念时,不但没有阐明,反而不必要地模糊了马克思的理论框架,还是听从了历史事实,用历史来证实自己的观点。她的方法从经验层面开始,随后的理论抽象则逐渐带上了制度的性质。她在总体上认同马克思的目的,但没有马克思那么强烈的政治色彩。琼·罗宾逊注意到,斯拉法是把"价值"和"价格"互换使用的,他这么做实际上是在解决马克思的论证中的模糊之处,因为马克思的分析依赖的是"价值",而斯拉法的解决方案实际上立足于另外一种劳动价值论。①

有趣的是,她在这一时期几次谈到自己对《论马克思的经济学》的用处的理解。琼·罗宾逊(1977b;C. E. P. ,vol. V,1979,第289~297页;罗纳德·米克《劳动价值论论文集》述评)说道,"我并不认为自己的《论马克思的经济学》是对马克思的批评。我写这本书,是要提醒我的资产阶级的同事们,《资本论》中存在着一些深邃的重要思想,它们不该继续被忽视。(实际上,此书是'剑桥大批判'的第一轮,在皮耶罗·斯拉法的帮助下,'剑桥大批判'最终在20年后彻底摧毁了均衡经济理论)"(同上书,第280页)。她在对米克一书的评论中继续说道,"马克思提出的关于价值的种种理论是分析资本主义经济必不可少的基础,是正统学派所没有提供的……马克思提出,一种经济制度的本质特征在于控制生产的方式,以及在控制生产的过程中获取剩余价值的方式,这一想法的重要程度是史无前例的……经济学讲授的中心题目应该是生产制度的本质……而生产力和生产关系的相互作用则提供了解读历史的极为珍贵的线索"(同上书,第282~283页;引原文,有节略)。她这次对马克思的研读变得非常开明豁达,对马克思也有了更多的认同感。

在"资本的有机组成部分"一文(1978a)中,她再一次把凯恩斯的观点翻译成了马克思的分析。但与以前一样,她对"价值"这个词仍然很小心。她在文章(1978b)中说,"斯蒂德曼②指明,

---

① 1973年,杰吉·奥夏滕斯基在信中向琼·罗宾逊提议说,她太过重视马克思的价值和生产价格之间的关系,没有考虑价值法则的社会和政治方面的内容(JVR/vii/326)。
② 斯蒂德曼,《斯拉法之后的马克思》,伦敦:新左翼图书,1977。

当我们描述商品在资本主义生产中的活动过程和支付款项在资本主义分配中的流动情况时，使用价值这一术语其实并没有为我们增加新的知识（这位书评家仍然健在，他在 1942 年表明了这一看法，此后一直被那些自诩的马克思主义者当成敌人）"（罗宾逊，1978b，第 276 页）。她陈述说，"答案不应该从价值中寻找，而是应该从历史中寻找"（同上书，第 278 页），这样的说法未免过于圆滑，也反映出她对马克思的历史观抽象本质的解读是有限的。不管怎么说，按照她的解释，马克思《资本论》第一卷的抽象"模型"是关于资本主义早期的，而第三卷则是关于晚期的，这样就提出了资本主义的分期说（罗宾逊，1966b，第 ix 页），反映在抽象的"模型"之中，就是抽象发展的不同阶段。然而，她逐渐有了自己的想法，认为马克思的抽象概念可以纳入一些相近的、切实可行的理论范畴之中，这样一来，那些相应的历史内容就可以通过他自己的理论来理解了。

在"意识形态分析"一文（1973a）中，她的任务和她在《论马克思的经济学》中为自己制定的任务是相近的。"泛泛地讲，马克思对剥削率的历史发展所作的分析，为利润理论提供了背景环境。其中的一些具体问题可以利用卡莱斯基的研究成果，纳入利润理论之中……我们还可以深入研究这一理论，使之适用于长期经济分析。在长期中，资本的积累是以稳定的比率进行的。然而，这只是我们研究的第一步，不能看得太重"（罗宾逊，1973a；C.E.P., vol. V, 1979, 第 261 页）。也许，她在这里是要把自己的理论著作（罗宾逊，1951a，1956a，1962e）和马克思主义的传统联系起来，或者至少要找出它们之间兼容的地方。很显然，她这里的分析所用的理论构造，是由一种常见的方法和一些基本的前提假设联系起来的，这是她在脱离马歇尔主义传统的前进道路上迈出的一步，与此同时，这也反映出她对价值和科学的看法逐渐发生了方法论上的变化（参阅第 11 章）。她认为卡莱斯基的著作属于进步马克思主义，"迈克尔·卡莱斯基也受到了教条主义者的攻击和谩骂，他分析了剩余价值实现的过程……[并]把它同有效需求的原理和资本主义的不稳定性联系起来,同北方的阶级战争和南方的半封建主义联系起来,他还对资本主义经济和计划经济中的扩大再生产进行了分析"(罗宾逊,1978b;C. E. P.,vol. V,1979,第279页)。在这些问题上,她采用了卡莱斯基"不使用价值概念"的处理方法。琼·罗宾逊很理解马克思的分析层面,但卡莱斯基的分析却是在另一个层面上进行的,并将其论证应用到了实际生活之中。她始终不渝地反对使用"价值"的概念,并试图用价值在资本流通过程中的各种具体形式来取代"价值"的概念,因为她认识到,这样取代的结果是价值可以体现在各种不同的经验范畴和抽象范畴之中。这样一来,她就可以把马克思、卡莱斯基和斯拉法完美地整合起来,在一种普遍的方法论中体现出他们在描绘资本主义全景时各自的功绩。她仍然拒绝接受"那个"(也就是马克思的)劳动价值论,认为它妨碍了人们进行清楚的思考。然而,斯拉法的体系也还是一种劳动价值论,帕西内蒂的自然体系(见帕西内蒂,2007)也是一个劳动价值论,只不过是使用了一套不同的抽象概念而已。

在"谁是马克思主义者"一文(罗宾逊,1979;C. E. P.,vol. V,1979,第248~253页)中,她举例说明了用 P/W(P代表利润,W代表工资)替代马克思的 s/v 的方法,前者大体上可以在国家统计中观察到具体数字,后者却只能在抽象中加以辨别。在"意识形态分析"一文中,她也采用了这种论证方式(罗宾逊,1973a;C. E. P.,vol. V,1979,第254~261页)。在1979年的文章中,琼·罗宾逊回到了斯拉法的"模型"上,"斯拉法把这一论证看做是粉碎正统理论、详尽解说马克思的分配和价格理论的攻城利器"(罗宾逊,1979;C. E. P.,vol. V,1979,第250页)。

她在1977年时指出,"斯拉法提出了一个单一技术指标模型,它界定分明,清楚地解释了价值一词的含义,那就是生产一种商品所需的直接和间接劳动时间,他还揭示了价值是如何通过利润率水平与价格系统地联系起来的。这就简单地勾勒出了当资本主义经济没有危机、生产稳定时,剥削是如何运作的。附带说一下,

"淘汰把利润视为计算'资本生产力'尺度的学院派理论有很多好处"（罗宾逊，1979a；*C. E. P.*, vol. V, 1979, 第 296 页）。巴杜里和琼·罗宾逊（1980）对这一立场加以发挥，他们从马克思的抽象概念和逻辑关系出发，对斯拉法的"模型"进行了详细解说，并把"马克思的分配和卡莱斯基的剩余价值的实现"包含进来。琼·罗宾逊高兴地看到，斯拉法在忠于马克思传统的同时，解决了马克思的价值转形问题。卡莱斯基则以《资本论》第二卷为基础，利用再生产理论解决了剩余价值实现的问题。"借助斯拉法对价值理论以及卡莱斯基对剩余价值实现过程的阐释，我们可以发展出一套完整的理论体系，它不是一种新的马克思主义，而是一种清楚易懂的马克思主义，更重要的是，我们还可以运用它来分析当代资本主义、社会主义以及所谓的'发展'等各种问题"（罗宾逊，1979；*C. E. P.*, vol. V, 1979, 第 253 页）。如果说琼·罗宾逊并不接受马克思所选用的抽象概念的话，在某种程度上，斯拉法的研究工作使她以一种中立的立场接受了马克思的推理。

尽管琼·罗宾逊的著作中存在着种种误读和局限性，可她对马克思的解释并非完全没有道理。她并不是没有意识到她采用的方法和马克思的不同。"确实，马克思的大量内容在我这样的'看重经验的英国俗人'看来实在不算什么，然而他确实有着一套非常简明扼要，用以分析静态中的分配、资本积累、技术进步、经济周期等等问题的'经济模型'"（罗宾逊，1957a）。琼·罗宾逊依赖的不仅仅是演绎过程，她同时还依赖于矛盾和悖论。她知道自己所作的抽象中包含着现实意义；她把矛盾当做是推理过程的基础的做法，还有她对再生产理论的使用方法，都使得交互的或者间接的推理过程成为可能。尽管她希望自己的理论只是关于资本主义的某些特定方面的——这是人们喜欢马克思的原因之一——可通过把"学院派的分析模式"改编到马克思的理论之中，她把马克思的抽象概念和表达方式作了调整，让它带上了更加与人方便的经验主义的相应成分。她越来越多地认识到，自己的概念需要扎根在历史的土壤之中，可她后来并没有总是做到这一点。她不是像卡莱斯基在写给她的评论中所暗示的那样，在寻找一种涵盖资本主义社会方方面面的总体理论。卡莱斯基认为，资本主义的运动规律就是体现在其一切理论环节中的劳动价值论（JVR/vii/232）。她对马克思的研究为她自己的经济理论研究打开了新的理论空间，这对她后来对增长和收入分配进行后凯恩斯主义的分析以及她对国内和国际资本主义发展所作的解释，都产生了影响。她不仅撰写了有关发展尤其是中国的发展的文章，也撰写了有关经济落后的资本主义国家的文章，这些文章也许没有直接采用马克思的理论方法，却是马克思主义理论问题的继续（参阅第 5 章和第 9 章）。

艾伦·佛兰德斯是她众多的评论家之一，他曾经问过："她所说明的马克思主义的经济思维模式和现代经济思维模式之间可能存在的契合，到底在多大程度上为一种全新的、更加现实的社会主义经济计划提供了理论基础呢？"（佛兰德斯，1943）大约在她撰写《论马克思的经济学》一书的同时，她还撰写了有关战后英国社会主义经济计划的文章。在她为英国设计的方案里，垄断是必须要反对的，而统领其理论分析的核心却是有效需求理论。

第 5 章

琼·罗宾逊与理论至上年代中的经济计划

  贸易均衡的问题、提高人民生活标准的问题、解决住房的问题、解决就业的问题，所有这些国民问题都必须以集中制为基础加以解决。如果这些问题要集中得到解决，就必须由政府来执行，也就是说，它们必须被完善的民主制所管理，而不是被集中起来的少数商人所控制。

  "卡特尔是人们所期望的或者说它是必要的吗？"

  BBC 广播，琼·罗宾逊（1945a）

5.1 简介

  20 世纪 30 年代的贫困状况极为糟糕，是任何人都无法逃避的。不公正的失业现象以及财富和收入分配的不均，迫使很多人行动起来。按照伊丽莎白·杜宾的描述（1985），20 世纪 30 年代英国工党关注的，是表现为实践问题和理论问题的社会不平等和社会不公正。在理论的层面上，它必须对自己提倡的新型社会主义国家及其理论基础加以解释说明；而在实践的层面上，它必须要对以议会民主的形式把社会主义引入英国的适当政策进行详细解说。工党成员满怀激情地相信，他们有能力造就一个更加有效，也更加公正的新社会。苏联的样板为他们提供了指导。20世纪30年代的社会环境使得国家干预国内外经济的做法获得了法律的许可，而这正是工党竞选获胜时承诺要进行的事业。按照工党的社会主义观，经济生活中需要重视的有两个主要方面，一个是其分配效率，另一个是其总体表现。它关注20世纪30年代新的经济理论，从中获取解决这些问题的有用信息。琼·罗宾逊对理论问题的直接兴趣，使之成为这两个方面的分析的核心。

我们注意到，琼·罗宾逊研究经济学，是由于她对收入和财富分配不平等的社会现象以及不公正的社会贫困现象极为反感。[①] 20世纪30年代失业民众的悲惨境地以及随后战争的爆发，又把她拉入政治学研究中。她在30年代初期曾在新费边研究所工作过，是这一团体最为活跃的成员之一。她参加过很多学术研究小组，有些研究小组的活动一直持续到战争年代（参阅金，2005）。她的活动远远不止于此，她还勇挑重担，担负起了向人们传播新理论的基本论证方法及其方针政策的责任。她相信，如果人们理解了新理论的逻辑，他们就会相信它，也会把它付诸实施。她是费边社会主义者，不是马克思主义者。[②] 从根本上讲，她只是一位理论家，但道德甚至政治上的事情同样激励着她，因为她所提供的理论基础适用于任何一个包罗万象的庞大计划。

当时的经济学正处在一个令人振奋的时期。我们看到，斯拉法当时（1926）已经发表了他对马歇尔的边际理论及其局部均衡方

[①] "我多少有点希望［经济学］能帮助我理解贫困，理解如何解决贫困的问题"（罗宾逊，1978d，第 ix 页）。

[②] 正如我们在第4章所看到的那样，她这一时期成为了研究马克思的学者，对马克思的方法的方方面面进行了理解。她后来还把自己描写成了"左翼凯恩斯主义者"（1953；*C. E. P.*，vol. IV，1973，第264页）。

法的致命批评。① 他关于垄断而非竞争才是典型的市场结构的"提法虽然尚未成型",却成了琼·罗宾逊的第一次知识革命,也就是她的不完全竞争理论的诱因,也是她这次知识革命所持的基本见解。同一时间,凯恩斯重新撰写了货币理论,并把它改写进了货币生产经济中的产量理论和就业理论之中,而罗宾逊夫人则立即全神贯注地研究起了这一理论的具体意义。这一时期的英国工党致力于发展民主社会主义的方针大计,并在战争年代把凯恩斯主义当成了自己的理论基础。

20 世纪 20 年代和 30 年代初的正统理论是为自由市场资本主义辩护的理论之一,准确地说也就是马歇尔和庇古所规定的资本主义。而现在,人们已经不再相信这一理论所作的种种承诺。琼·罗宾逊的"新"理论不再从市场是一种完全竞争结构的假设出发,而是以不完全竞争为出发点。② 人们认识到,经济正越来越多地受到垄断企业和联合起来统一行动的工业家的影响。琼·罗宾逊在《不完全竞争经济学》(1933a)一书中说明了市场集中的趋势会如何降低企业的产出水平,从而减少就业人数。这似乎是说垄断至少要为大规模的失业负部分责任。庇古已经说明,即使在完全竞争的条件下,仍然有些市场情况不按马歇尔主义所描述的方式运作,那就是集体消费的商品以及存在于市场之外的商品。斯拉法对畅销商品的情况作了说明,认为畅销商品的生产以回报递增为特征,特别是以相互依赖的需求曲线和供给曲线为特征。对于为什么某些具体行业要在国有制之下运作才有效率等问题,新的理论为我们提供了一种解释。表面上看,琼·罗宾逊是采纳

---

① 斯拉法论证认为,从逻辑上看,马歇尔的行业供给曲线只在两个非常例外的情况下与局部供求分析理论相容,也就是当一种生产要素全部用于一种单一商品的生产时回报递减的情况下,以及回报递增同时出现在企业外部和行业内部的情况下(斯拉法,1926,第 539 页)。
② "把市场不完善的概念引入古典价值理论词库中的功绩,主要应该归于斯拉法教授"(卡恩,1929,第 156 页)。

了她在《不完全竞争经济学》中的结论,并试图把它扩展为一种生产和分配理论。① 可事实上她继续对垄断问题进行了分析,研究工作一直持续到20世纪30年代和40年代,而且越来越多地使用了凯恩斯和卡莱斯基的生产和就业理论中的术语,越来越少地依赖于她在《不完全竞争经济学》一书的分析中所用的局部均衡机制和边际主义理论。②

1936年,凯恩斯的《通论》一书出版了。正如我们看到的那样,琼·罗宾逊作为"剑桥竞技场"中的一员,已经吸纳了此书早期阶段的论点(罗宾逊,1933b,1933c),她还继续深入,探索了它的一些重要含义(罗宾逊,1937a,1937b)。她开始刻不容缓地为充分就业政策摇旗呐喊,尽管直到1944年英国工党才最终把充分就业采纳为自己的政治目标。正统理论只能说明短期中的失业现象,不能解释长期中的失业现象。由于卡恩关于短期和不完

---

① 她没有注意到这里涉及的逻辑谬误。她在评论《通论》的校样时提醒凯恩斯,"就雇主而言,垄断的做法把实际工资减少到特定就业人数的水平,因此,它和劣等技术或劣等自然资源一样,以同样的方式造成了'失业'。我想,把它们放在这里可能会给人造成错误印象,很多人会轻易得出一种错误看法,认为就像垄断会直接减少某种商品的生产一样,它会以完全相同的方式直接减少总产量的生产"(JMK/L/R/144)。
② 卡莱斯基在他对凯恩斯的《通论》的评论中提出的卡莱斯基式的有效需求理论和价值分配理论(卡莱斯基,1936),解决了她的理论方法的两个分支之间的不一致。他从独立于市场结构的个体企业的边际收益曲线和边际成本曲线开始,扣除原材料和设备耗用,得出了边际增值曲线和边际劳动成本曲线,进而用这两条曲线证明了投资决定生产和就业水平的命题,同时也用它们确立了产品在工资和利润之间以及在消费和投资之间的分配关系。这篇书评尽管到了1982年才译成英文,但琼·罗宾逊可能已经和卡莱斯基讨论过他和凯恩斯的理论差异。比如,我们看到她说,"卡莱斯基提出了一个逻辑更加一致的《通论》版本,这个版本把不完全竞争引入分析中来,强调了投资对利润份额的影响"(C. E. P., vol. Ⅳ, 第97页;又见1979,第viii页)。还有,我们已经看到,她在1940年开过一门研究卡莱斯基著作(1939a)的课。1958年,她在回忆《不完全竞争经济学》一书时写道,"凯恩斯对价格理论不太感兴趣,两种思潮[价值分配理论和生产就业理论]是由迈克尔·卡莱斯基合并起来的(《经济波动理论论文集》,1939a)。他说明了毛利率的确定是行业产品在工资和利润之间分配的关键,因此是和有效需求以及就业水平问题紧密相关的"(C. E. P., vol. Ⅱ, 1960, 第241页)。琼·罗宾逊读过卡莱斯基的手稿,他还对她的批评表示过谢意(参见哈考特,2006b)。

第5章 琼·罗宾逊与理论至上年代中的经济计划

全竞争的学位论文（卡恩，1929，1989）的影响（在身居要职的少数人中间），当时的理论趋势更侧重于短期研究。事后看来，琼·罗宾逊对这次凯恩斯革命作出了主要贡献。她抛弃了《不完全竞争经济学》中那种仍然是不证自明的方法论，接受了把更加"现实主义的"凯恩斯理论的假设和命题纳入其中的另一种方法。她在方法论上的这次改变，也许是由于她对斯拉法1926年的批评有了充分的认识。斯拉法认为边际主义理论缺乏现实性，琼·罗宾逊对此的第一反应是修正自己的理论结构。由于斯拉法不认为成本和产出之间存在函数关系，她于是开始解释说，它们之间的函数关系很难用语言加以描述。① 直到很久之后（斯拉法，1960），斯拉法对边际主义所作的批评的一般含义才浮现出来。她当时想象不到的是，这一批评本质上是方法论方面的，这使得她在支持一种价值理论的同时却反对与价值理论相关的生产和分配理论，与此同时，也使得她在支持另外一种生产和就业理论的同时却反对作为这一理论基础的完全竞争市场理论（尽管卡莱斯基（1936，1982，1990）争辩认为，采用什么样的市场结构对于生产理论得到的结果来说没有什么根本区别，凯恩斯（1936）也曾有过类似的说法）。她要到很久之后才能彻底抛弃长期均衡理论。

然而，这意味着从罗宾逊夫妇到休·达尔顿和詹姆斯·米德的工党中的社会主义者们，对资本主义的批评出现了两种不同的流派，一种是批评市场结构中的不完善性以及由此造成的低效和浪费，另一种则是批评有效需求不足所导致的总体层面的失业倾向。

---

① 琼·罗宾逊没有理解斯拉法的批评，这在他于 EIC 出版之前写给她的一封信中显示了出来。"总体来说，对于先验推理的问题，凡是它涉及的地方，你接受了我的批评；而对于和事实相关的问题，你还没有提供任何证据。因此，不论我会被视为什么学派，以这个学派的名义，我不能承认自己战败了"（1931年5月31日；JVR/vii/431/1-3）。

他们对资本主义经济困境的解释未必一致。① 琼·罗宾逊对资本主义的批评以及她为战后资本主义提出的选择方案,把两种不同的思想潮流融合在了一起。②

5.2 市场结构

5.2.1 自由放任

琼·罗宾逊在战争期间写了很多宣传小册子,也为报纸和流行杂志撰写了很多文章,还上电台做过广播。她所做的一切都有着一个共同的主题,那就是"利润的标准与人们所期望的社会标准不相吻合"(罗宾逊,1943a,第7页)。这就证明了放任自由的资本主义无法提供充分就业,也不能对劳动和资源进行理想的配置。尽管战争好像让每个人都实现了就业,可如果不采取审慎的行动,失业问题就会在战后再次浮现出来。人们害怕战后经济会出现衰退,尤其是害怕美国会出现衰退,这样的担心对需求极大的出口市场构成了威胁;同时也不排除通货膨胀的可能性,"成功的就业政策,只是因为它是成功的,就足以引发慢性通货膨胀的危险"(罗宾逊,1946b)。在当时的情况下,放任自由的资本主义制度需要干预和调整,甚至需要以某种形式的计划经济和另外一套不同法则的经济结构取而代之,以便确保这样的充分就业持续下去。

---

① 两个流派提出了两种不同的生产理论,这意味着他们对于收入在工资和利润之间的分配问题也有两种不同的理论。有效需求理论是建立在一种货币需求理论的基础之上的,这种货币需求理论与暗含在不完全竞争的价值理论中的货币需求理论是不同的。两个流派对就业给出了两种完全不同的解释。

② "当然,就业理论对理论分析,对实际政策,远比与个别价格理论相关的任何事情都重要得多"(C.E.P., vol. II, 1960, 第241页)。她似乎没有认识到,从一种不合适的模型中推导出政策结论的做法是无效的,尽管她对放任自由政策的批评部分是建立在这些基础上的。

那么什么是自由放任的资本主义呢?她这里所指的在理论上是哪一种完全竞争的经济体系呢?①② 她所指的是不是第一次世界大战之前的英国呢?凯恩斯(1926;C.W.,vol.Ⅸ,1972)论证认为,放任自由的原则是18世纪晚期的政治道德哲学和政治经济结构相结合的产物,从本质上讲,它出现的时机是恰到好处的。他评论说:

> 在那些认识到简化的前提假设与事实并不完全相符的人当中,有很多人都得出结论认为前提假设所代表的不是"自然而然的",因而也不是理想的。他们认为只有简化的前提假设是健康的,而由此得出的其他含义都是病态的。
>
> 凯恩斯(1926;C.W.,vol.Ⅸ,1972,第285页)

琼·罗宾逊提到,放任自由经济的理想形态在于它所具有的完全竞争市场结构,而不是其他"复杂的东西"。她的这种说法是对凯恩斯前文结束时所用的隐喻的附和:

> 在放任自由主义的哲学中,竞争机制把工业活动和公众利益调和起来。人们告诉我们,竞争保证了各行各业的效率,让生产听从于消费者需求的安排,它还规定了生产资源的流向,使之流入生产能力最强的渠道之中。通过竞争,厂家对利润的自利追求被公众福利所束缚,而个人的一切活动全都自动协调起来,构成了一个和谐的整体。
>
> 罗宾逊(1942b,第401~402页)

她对放任自由的反驳有两个方面,一个是理论方面,一个是实践方面。她反对实行放任自由的资本主义,认为它奖励的是贪婪,

---

① "马歇尔教义在道德上的普通现实含义是保护放任自由政策"(罗宾逊,1980;1985,第157页)。
② 她提到的完全竞争接近于马歇尔的"自由竞争",也就是没有完善预见能力或完善知识的竞争市场。参见琼·罗宾逊(1934),她在那篇文章里探讨了完全竞争市场的自由进入、企业数量、正常利润和摩擦等相关问题。

催生的是不平等和不公正的收入分配；在商品售出并登记入账之前，它没有办法认清人们需要什么；它效率低下，只能依靠广告招徕客户；它还是不道德的，因为当它不能满足人们的需要的时候，资源被闲置和浪费。她拒绝接受放任自由的原因有两点：第一，当代市场结构中的许多复杂问题意味着这一理论难以操作，或者是与问题毫不相关，这是这一理论的现实化问题。此外，更具"现实化意义"的不完全竞争理论的创建，证明了放任自由市场的低效无能；第二，放任自由市场存在着一个严重的漏洞，那就是人们对商品的价格很难有十全十美的鉴别能力，而放任自由的市场又不能提供可选商品的理想范围。她继续说，这只是平均成本下降，也就是处于不完全竞争中的企业的情况。由于它也描述了大多数企业和生产有关的实际情况，她由此得出结论认为，放任自由没有自己存在的正当理由（罗宾逊，1935）。[①] 就在这个时候，凯恩斯的有效需求理论出现了，它说明了放任自由的经济体系很容易造成以失业为基础的均衡。[②]

5.2.2 不完全竞争

当市场由无数的竞争企业组成，每个企业都永远面对有弹性的需求曲线时，杂乱不堪的放任自由情况就不存在了。与此相反，这时的经济特征体现为各种各样的行业组织和商业联合会。这些垄断寡头联合起来统一行动，目的是要扩大自己所在群体的特殊利益。她批评的主要对象是英国行业联合会（罗宾逊，1942b，1943c，1943d）。

在一篇题为"垄断的统治"（1943年3月15日；JVR/iv/6）的未发表的手稿中，琼·罗宾逊对垄断的含义进行了一些思考，

[①] 她对放任自由的蔑视，是由于她不加批判地以为建立在"合理"计划之上的生产和分配从某种角度来说会"更好"。她使用"效率"的概念，是想把建立在特定收入分配总量基础上的最佳资源分配，转变为建立在需求基础上的最佳产品分配。

[②] 哈考特进一步提出，她在 *EIC* 中对均衡分析的方法以及暗示出来的路径依赖性问题作了含蓄的批评（金和哈考特，1995，第35~36页）。

其中的观点让我们确信她仍然坚持着她在 20 世纪 30 年代得出的结论。"大体上讲,与垄断相关的具体罪恶有五种"。第一,它倾向于维持高额利润。有时它这样做的目的是为了保护行业联合会中效率最差的成员,另一些时候它的存在则是要心照不宣地阻止降价。但这并不必然意味着利润率真的很高,因为行业可能存在产能过剩,也就是资本供给过度的情况。高额利润的结果是把工资和物价的比率一直维持在较低的水平,使得一些效率低下的企业在市场中存活下来。她的这种解释采用的是一种价格加成理论,表明她开始从 1933 年的新古典主义分析方法中走了出来。更为顺理成章的是,她推导出了高额利润的引申含义,认为它是与工资份额之外的收入分配相关的。她还推出了高额利润对有效需求的影响。

第二,垄断分子或行业联合会想要阻止新的资本进入本行业,从而限制了投资。垄断行业同时还想限制行业产量,使得问题进一步恶化。第三,已经投放了资本的资本所有者本能地抵制新的商品或新的生产方式。垄断不太愿意对新技术进行投资,因为这需要新的成本来维持劳动,并且承担风险;垄断者更喜欢待在已经投放了资本的安全市场上。她争辩说,在垄断者那里,指导科学研究的方法是不要做出任何可能有用的发现,或者是要把这样的发现压制下来。第四,行业联合会的出现使它可以为了私有资本的自身利益而滥用政治权力。她在其他地方也提到了商业具有限制充分就业的能力,她很清楚它们在政治上是有所偏袒的。[①] 第五,价格过高意味着英国的出口缺乏竞争力。

她把企业的墨守成规与垄断联系在一起,认为企业和员工之间存在的协议使得问题更加严重。当工人的既有技术受到威胁而有可能变得多余的时候,为了保住自己的工作岗位,他们默认了较低的工资要求。工资分享协议阻止了工人在企业提高价格的时候要求追加工资,而当工资品价格的增长幅度与他们生产的产品的价格增长幅度保持同步,或低于产品的价格增长幅度时,工人们

---

① 卡莱斯基的"充分就业的政治内容"(1943)大约在同一时间发表。

就心满意足了。这种做法的通常结果是把收入重新分配到了利润之中，而这会再一次影响消费和投资的总体水平。同时，这样的做法也会妨碍工人的流动和技术的创新。

她接下来问，我们是不是可以回到一种竞争市场结构中去，这样的市场结构是不是人们所期望的呢？也就是说，即使自由竞争的市场状态是可以实现的，是不是说自由竞争理论就可以为我们带来理想的结果呢？她把自己以前对放任自由的批评加以发挥，指明了非价格竞争所造成的低效率，而竞争也会导致工资下降。还有，在竞争的经济体系中，企业不清楚对手的策略，导致大量资源被投放到错误的地方。她提议采取措施，恢复竞争的公平性，具体的做法包括改革专利法，改革诽谤法（用以防止误导性广告），实施最低工资制，建立严格的劳动法以鼓励"优秀员工"，控制某些生产领域以便其他领域可以竞争。很显然，她所赞赏的市场至少在某种程度上是一种规范了的市场，在这一市场上，那些有竞争力的企业可以自由运转，而那些缺乏竞争力的企业也可以得到妥善管理。这其实是一种无奈的理论妥协。

琼·罗宾逊承认，"私营企业的利润系统对技术发展的巨大成就功不可没"（罗宾逊，1943a，第20页）。但我们还是可以发展出一套能充分利用所有知识的新的经济体系。"既然我们已经取得了进步，那么一种不同的经济体制或许……可以为我们带来更好的前景"（同上书，第8页）。这是可以做到的，又"不会牺牲资本主义创造的复杂技术"（同上书，第9页）。她论证说，对投资实行国家投资委员会领导下的集中管理，由于克服了垄断对技术变革所起的抑制作用，可以为科学研究和技术创新创造更好的环境。她还向人们传达了这样的看法，即天才的个人发明家的时代过去了，现今的科学进步更多是集体研究的结果，譬如说可以在国家投资委员会的监控之下进行（罗宾逊，1943a）。[①] "聪明点子

[①] "建立社会主义制度——取消利润原则——发明家就会放开手脚。世界的运动机制，虽然已经足够迅速，就会或者说无论如何都会大力加速"（乔治·奥威尔，1937，第192页）。

的时代过去了。现在的科学家是以团队形式在价值昂贵的实验室里工作的……利用适当的科研设备,科学家和技术人员可以在研究计划的指导下为我们提供大量的科学新发现"(罗宾逊,1934f,第23页)。有时她也未免理想化了一些,在说了上面的话后又补充说,"从来就没有人说过,科学家需要用利润作为维持他们心智活动的动机"(同上书,第24页)。

要想建立和维持充分就业,就需要对投资加以管制,而对大型行业组织加以指导是可以为国家带来这样的管制的。为了对垄断行业实行控制,她支持实行国有化政策,尤其是由于规模经济的技术原因而存在垄断的地方更应当实行国有化。收归国有的企业的业主可以从一种通用基金中得到补偿,这个通用基金可以利用对所有财富征收的税款建立起来。

很有意思的是,大约在同一时间,加尔布雷思发展出了一套全然不同并且更为复杂的思想体系,用于理解垄断以及垄断对经济动态的含义(具体参见加尔布雷思,1948;又可参见罗斯柴尔德,1947)。琼·罗宾逊的世界似乎被迫切的战争需要所包围,她把思想停滞不前的原因与垄断联系在一起,而加尔布雷思则提醒人们,垄断是他们提高自身竞争能力的一种力量。

5.3 凯恩斯和卡莱斯基

琼·罗宾逊认为,资本主义经济就业不足的另一个原因是不平等的收入分配,这一观点构成了她解释凯恩斯的有效需求理论的基础(她写过一本小册子(罗宾逊,1943h)介绍凯恩斯的经济学)。购买力的分布情况和需求的分布情况之间没有任何关系。她论证说,这是因为在垄断工业结构中,收入分配向利润倾斜,而不是工资。也就是说,越来越多的收入被储蓄起来,而不是用于消费。尽管如此,她还是看到了投资需求不足的情况,这对经济的繁荣昌盛构成了严重的威胁。首先,收入分配不均导致有效需求水平过低,从而妨碍了投资。其次,投资既有创造生产能力的作用,也有降低未来投资的趋势,两者结合起来就意味着大规模的投资支出之后应该会有利润的下降,以及随之而来的生产和就业的大幅滑坡。她认为自己提出的这一机制既是对放任自由政策的批评,也是对放任自由经济体系的批评(罗宾逊,1943a,1943h)。在写给卡尔多的一封信中,她还把自己的理论同哈罗德的理论作了区分:

> 你似乎接受了哈罗德的观点,认为乘数数值的下降〔由于收入的长期性增长以及随后的再分配向利润倾斜〕很重要,但你却忽略了问题的关键所在。问题的关键是,单位资本利润率是随着既有有形资本总量的增加而下降的。我的看法是,第一,乘数在其正常的波动空间中实际上几乎没有什么变化……第二,即使乘数真的出现了明显下降,也没有太大意义。我觉得,忽略了资本积累导致利润率下降这一极为简单的基本事实,会误导人们高估……乘数数值下降这类观点的重要性。
>
> (1937 年 9 月 22 日;NK 3/30/177/12)

确实,是哈罗德把"乘数"和"关系"结合起来的,这是凯恩斯没能注意到的,① 它代表了哈罗德的贡献。但在为哈罗德的《经济周期》撰写的评论文章中(罗宾逊,1936b),她得出结论认为,"对于资本积累在限制投资动机方面所起到的基本作用,哈罗德的分析没有突出出来"。这种说法和她的利润率随着资本积累而下降的看法一起,暗示了卡莱斯基对她产生的影响。她从 1936 年开始接触卡莱斯基,阅读了他的著作的英文译本,② 她清楚地看到了卡莱斯基的著作是如何补充和发展了凯恩斯的理论的。在垄断

---

① 也许凯恩斯真的理解了哈罗德,因为他在高尔顿演讲中提议降低储蓄心理趋向,提高资本对生产的比率,用以扭转就业下降的局面(参见哈考特,2002)。
② 卡莱斯基的"经济周期理论"发表于 1936~1937 年。1938 年,罗宾逊读了《经济波动理论论文集》一书的校样。

理论领域，卡莱斯基既提供了企业和行业层面的分配与定价理论的基础，也提供了总体层面的生产、就业和分配理论的基础。他发展出了加成定价理论，认为简单的利润最大化不足以解释市场的定价行为。他还回应了斯拉法对马歇尔的理论所作的根本批评，[①] 想要发展出一套与20世纪30年代的各种"新"理论不同的分析结构，反对单方面使用均衡理论。卡莱斯基的研究显示了一种新的理论可能性，即非充分就业均衡下的生产和就业理论以及不完全竞争市场结构下的分配理论。正如我们看到的那样，琼·罗宾逊后来承认，"不是我，是迈克尔·卡莱斯基把不完全竞争和就业理论联系了起来"（罗宾逊，1969（1933a），序言，第viii页）。

5.4 计划

"在自由市场的资本主义制度下，资本主义机构及个体执行的功能很多。他们设计方案，决定采用什么样的资本设备，生产什么样的产品；他们管理行业的日常活动；他们提供资本积累所需的储蓄，经营金融业务，建立借贷双方之间的联系。在后来的资本主义制度下，这些功能反而没有得到很好的执行"（罗宾逊，1943c）。如果想要实现充分就业的目标，资本主义需要计划。她反对放任自由的资本主义，一方面是因为它的市场结构效率低、不平等，另一方面是因为它会造成有效需求不足。计划为解决这两个方面的问题给出了答案。"社会主义制度必须发展出这样一套管理方法，使得它能够在总体的计划框架之内，允许个人责任感和创造性在大量具体的事情上发挥作用。当然，社会主义要求指导经济生活的重大决策应当由社会主体有意识地制定"（同上书）。

凯恩斯的经济政策要想成功，就必须进行重大的机构改革，比

[①] 卡莱斯基（1939a）。参见塞罗斯·莱比尼（1985，第61~62页）以及萨东尼（1984，第460页）。

如说建立国家投资委员会。早在1933年,琼·罗宾逊就参加了由克林·克拉克为社会主义宣传会和新费边研究所组织成立的研究小组,在资本供给和投资委员会的形式和权力等问题上作出了自己的研究贡献。① 投资委员会应当成为总体经济计划的核心。她论证说(罗宾逊,1943g),资本品的供给渠道不必收归国有,应该规范的是资本品的需求。投资委员会可以制订长期计划,调动现有的资本资源,保证资源有效地分配到真正需要的地方。它还可以发放和征募贷款。费边主义者提议说,对燃料和能源、金融、外贸以及交通运输部门实行国有化,会让国家得到必要的财力以便处理投资需求不足的问题(罗宾逊,1942a,1943g)。国家对投资的大体基数有了控制,留给私人投资扰乱经济计划的余地就很小了。然而,她在其他文章(罗宾逊,1943a)中也支持过生产部门全部国有化,并指出,"只要经济生活的基本格局仍然被私有财产所摆布,像打补丁那样来点零零碎碎的国家控制就不会在经济计划的设计中取得长足进步"(同上书,第19页)。按照她的想法,那些边缘的消费品应该由私人企业生产,以便让消费者得到一些选择空间。从理想主义出发,她毫无保留地把苏联看做是计划经济合理性的成功典范(罗宾逊,1943g,第15页)。苏维埃的样板激励着社会主义者,罗宾逊也一直为斯大林辩护,她的辩护一直持续到20世纪50年代和60年代。②

"人们一致同意,在一种缺乏管制的经济体中,大规模失业的根本原因在于消费能力不能与生产能力保持同步"(罗宾逊,1943d),以此为基础,她提出了一种(经她改编的)贝弗里奇式的计划方案。这一方案可以把收入重新分配给薪金工人,同时又

---

① 克拉克还建议把资本出口的管理权交给NIB,对新发明提供帮助计划,要求借方支付工会会费、遵守工会条件,由保险公司和储蓄银行对投资基金进行监督等等。NIB是把资本和土地的所有权和管理权转交给公共机构的计划的一部分。
② 在以"计划理论"为题,为多布《1917年以来苏维埃的经济发展》(1948)一书所作的评论(1949b)中,琼·罗宾逊对苏维埃30年的发展成果印象很深,认为它的"伟大寓意"是属于所有不发达国家的(C.E.P., vol. I, 1951,第181页)。

可以让国家实现"对相当大一部分新资本设备需求的管制"(同上书)。

5.5 预算:"财政赤字是改革的政策,不是革命的政策"

为了把计划具体化,她对预算的内容进行了概括,认为预算将会实现计划的最佳目标。她论证说,预算表达的是人们对政府和其他经济成分,也就是行业、商业和个人之间的关系的看法。凯恩斯(1933a)曾经提议说,"下一次预算应当分成两个部分,其中一个部分应当把目前情况下最好当做贷款消费的那些开支项目包括进来"。几年之后,他提出应该另设国家账目,把公众贷款和私营部门的贷款区别开来,而当时预算和开支的基础是要把生产建立在充分就业的水平之上,"这样做的目的是要表明,作为刺激消费的手段,税收应少于国家现有的非资本支出,而作为刺激投资的手段,财政部门可以影响公共资本支出,这两种政策之间存在着明显的区别。有些时候,有些场合,两种政策中的任何一种都是需要的;从根本上讲,它们是互不相同的,但在适用范围之内,任何一种都可以作为另一种的替代政策"(凯恩斯,1945,第406页),而"公共资本预算的主要目的之一,就是要维持投资预算在作为一个整体的国民经济中的均衡和稳定"(同上书,第409页)。这也正是琼·罗宾逊的看法。她还和凯恩斯(1945)想得一样,认为"公共投资资金的投放途径远远没有达到饱和的程度,而且……至少在目前,我们更加关心的是提高国家的资本设备,而不是提高眼下私人的消费水准"(同上书,第409～410页)。当然,在资源可以使用的范围之内,公共投资会制造出更高水平的私人消费。

琼·罗宾逊(1944a)提倡的预算系统与此相似,它由三个独立的账目组成,也就是一个普通预算账目、一个社会保险预算或者说"贝弗里奇预算"账目,以及一个资本或借贷预算账目。前面的两种预算应当在充分就业的水平上保持平衡,后一种预算的目的则是要维持充分就业。国家发展部的部长应当以经济总体为视野,而其工作职责包括管理私人和国家在社会基础设施建设、消费、行政和国防等方面的投资。他应当从资本预算账目中为国家机关部门、地方政府和私营部门发放贷款。部长的决定应当使用有实际意义的术语来表达,"要表述为人力、产能和进口物资,因为正是这些东西给国民生产设置了实际限制"(罗宾逊,1944a;参阅奥斯丁·罗宾逊(1967),他在追溯往事时对人们以牺牲结构性的协调为代价,过分关心总体经济情况的做法发出过警告)。当存在失业的时候,普通预算和社会保险预算都倾向于出现赤字,这有助于抵消经济萧条的影响;反之,经济繁荣时期这两个账目上出现的盈余会对通货膨胀起到刹车的作用。通货膨胀和经济衰退一样,可能也需要附加的预算政策,如消费税来治理。消费税的使用必须要有选择性,不能让它们出现实际上的倒退。

5.6 定价与分配

计划的另一个内容是物价的确定。定价系统是资本主义的基本特征之一。价格管制是保护或提高工人在国民收入中所占份额的一个手段。由于人们对正统经济理论的逻辑批判得不够,对于如何定价的问题,社会主义者的政策当中存在着一些异常。包括琼·罗宾逊在内的大批经济学家都相信,某种形式的边际成本定价法是在保护消费者自由选择的同时确保资源有效配置的办法。她在"社会主义国家的经济体系"一文的注释中说,"如果私营企业被废除了,一切生产都在中央计划的管理下进行,就有可能通过人为手段重新制造出理想的竞争市场运行环境,实现真正的市场体系不能产生的一些结果。但是实际上,理想的竞争体系到底又能为社会主义制度提供多少运行模式呢"(罗宾逊,1937c)。她似乎接受了正统价值理论的有效性,而对其相关性则有所怀疑,她的结论是其应用范围是非常有限的。但她在其他地方却说,"如果所有的商人都按照教科书中的假设行事,总是以利润最大化为目的,总是以现有的最有效的方式进行生产,私人投资就会自我规范,生产能力就会以社会需要的步伐自动扩张"(罗宾逊,1945b;*C.E.P.*,vol.I,1951,第100页)。当时,定价机制的作用在社会主义者中间是个有分歧的问题。① 勒纳通过对一般均衡的分析说明,价格和边际成本相等会让资源的配置从生产和消费两个角度来看都是有效率的。这一体系承认消费者的消费自由,也让他们在民主政体中享有的政治自由更加完美。有些人对根据这种正统理论制定出的社会主义政策表示怀疑,他们更欣赏通过中央计划进行价格管制。琼·罗宾逊拥护某种程度的价格管制,尤其是战后需要对生活必需品实行定量供给和价格补贴的时候(罗宾逊,1943c,1943d)。对于可有可无的商品,她支持边际成本定价,而对于奢侈品,她的主张是要征收消费税。设定的价格应该让利润率对企业形成恰到好处的压力,促使它们在接近全部产能的状态下进行生产,这样就可以在维持企业总体利润的同时,清除那些效益低下的企业。她也没有给私人的消费意向留下多少空间。她论证说,它是人们受广告和大众文化的影响而形成的消费心理倾向,而这些东西和社会主义国家对基本生活用品实行分配一样,都是带有很大随意性的。"在一些微小的事情上,定价系统应当得到维持"(同上书)。在一篇文章(1942b)中,琼·罗宾逊论证了定价需要体现出边际价值。多布(1941)曾向她指明过,"[马克思]是在把价格形式与社会本质进行对比,是说在社会主义制度下,即使价格形式保持不变,社会本质也可能是不同的"(JVR/vii/120/42)。

解决再分配问题的直接政策,可以通过最低工资法、教育改革、社会保障制度和直接累进税等措施发挥作用,需要记住的还

---

① 参阅兰格(1936)、多布(1941)对这一问题的不同观点。

有激励效应、以奢侈品为对象的间接税、价格管制和利润率管制等等,她甚至建议把战争时期分配日常用品的做法加以扩展,用以阻止广告和不必要的商品差异化造成的浪费(罗宾逊,1943b;1943g,第 19~20 页)。总的来说,她对战争时期引进定量供给制以抵抗通货膨胀、充分利用资源的办法取得的成就印象深刻,认为把这些措施用于战后重新调整的过程,从道理上讲是可以接受的,从政治上看也是切实可行的(罗宾逊,1943c)。当然,她也在战争临近尾声的时候机敏地注意到,英国人民仍在渴望他们的黄油面包(罗宾逊,2004)。她似乎并没有被与此相关的官僚主义,或者人们是否会遵守这些限制等问题所吓倒。

5.7 货币政策

琼·罗宾逊在这一时期提出了一种低息贷款的货币政策。她论证说,人们现在很清楚利率或多或少是由财政部和英国银行随意制定的,它不再是一个经济工具,而是一个政治工具(罗宾逊,1943g,第 22~23 页)。要想在战后实行一种低息贷款的货币政策,当局就必须放弃把利率当做抵制通货膨胀的手段的做法。她论证说,利率在这个方面没有效果,因此她提倡为消费资本开支和私人投资提供低息贷款,而低利率也是政府降低债务负担的一种手段(罗宾逊,同上书;还可参阅罗宾逊,1944b;豪森,1988)。低利率还会把食利阶层的财富降低到最小程度(同上书,第 22~23 页)。她有一篇写于战争年代的手稿,题目就叫做"利率"(JVR/ii/4/1-4)。她在这篇文章中支持把低息贷款当做长期发展策略来使用。利率之所以能维持在较低水平上,是因为国家可以借到的货币总量没有限制。[①] 如果民众对债券的价格能否维持表示担心,政府可以从银行贷款,用于确保债券价格的稳定。长

---

① 她似乎是假定了一个不存在国际资金流动的内因性的货币供给市场。

期的低利率会激励人们对电气化铁路或工业发展等长期项目进行投资，同时也会减少食利阶层的收入。创收资产增加的价值可以通过适当的税收加以抵消。我们是要选择短期使用利率来控制开支，还是长期使用低息贷款来刺激经济发展，很明显，选择后者才有实际效果。①

5.8 失业的作用

通过经济计划和以再分配为目的的财政预算解决失业和不平等问题之后，经济就会由于持续性的充分就业产生另一个问题，因为"[失业]是经济体系的基本机制之一，有着它本身要实现的具体功能……失业的第一个功能……是它维护了雇主对工人的权威"（罗宾逊，1943e；又见1943b；卡莱斯基，1943）。而持续性充分就业改变了这种平衡关系。再者，失业减少了货币工资的压力，从而使得价格保持相对稳定。持续性充分就业推动货币工资不断上涨，实业家相应的反应就是提高价格。随后，在工资和利润之间，在不同组别的薪金工人之间，就会出现利益随意重新分配的情况。对于这种压力，她建议采用各种各样的应付办法，比如说控制利润率，或者根据价格的增长水平提高工资（参见罗宾逊，1943c）。如果失业或工资压力是由结构问题引起的，她又主张采取措施，促使劳工市场更加灵活。她反对利用不同工资级别的办法把劳动者从一个行业吸引到另一个更加繁荣的行业中去，认为这样一来工人就会被吸引到似乎是全新的工作岗位上。"我相信，利用相对工资级别的办法迫使劳动者对商品供求关系的变化作出自己的反应，不是放任自由主义的标准教义，在实际中有什么好处也非常值得怀疑"（见她写给詹姆斯·米德的信，1947；米德，第3~5页）。如果一个行业需要解雇一些工人，就降低行业工资，

---

① 卡尔多在他的马提奥利演讲中（卡尔多，1984），还有卡莱斯基都得到了相似的结论（参见卡莱斯基，1991，第143页之后）。

那么那些留下来的工人难道就应该失去他们从初始工资中得到的租房补贴吗？或者说，如果这个行业想要招收工人，就必须把现在所有工人的工资提高到新工人的工资水平吗？她论证说：

> 我认为工资级别是否能够以及是否应当成为调节劳动力流动方向的定价体系的一部分，是非常值得怀疑的。确实，古典理论是说，从长期发展的眼光来看，工资应当与净利润相等，而利润应当反映商品供求关系的长期变化。利润高于平均数的时候，行业在扩张，就需要招收扩张所需的工人。如果工人在现实生活中的流动性不够，企业招收不到所需的工人，就要想办法让他们更有流动性，而正是这个问题需要我们去寻找合适的补救办法。
>
> （同上书）①

这封信写得很有意思，因为她对古典学派长期理论的提法很特别。她在这里的论证逻辑是，从长远的角度来看，工资的多少反映的是工作的具体特点，劳动力的流动则是对盈利能力的大小作出的反应，新兴市场就业机会的膨胀也是如此。她与索尔特（1960）的看法略有不同。她认为，如果工资与行业或企业生产力或生产力的变化有关，生产力下滑（和生产力低）的行业就会因为成本低而持续存在下去；相反的情况是，生产力高（和生产力上升）的行业就不会扩张，或者说就会因为成本上升、价格过高而被挤出市场（哈考特，1997b；2001b，第17章）。这样一来，工资要求和行业挂钩的做法对经济的总体效果就会是减缓投资，减缓生产力的变化和增长。然而她仍然坚持认为，"一个理性的社会不应该过多地包含资本主义和封建主义国家中存在的不平等现象，也不能仅仅把财产所有权看做收入的唯一来源。它必须利用

---

① 詹姆斯·米德的回答是，只需要对相对工资进行非常小的调整，就会把劳动力从衰退行业转移到新兴领域。他同意，为了使劳动力移动而进行巨大的收入分配调整是不明智的。还可参见雷德韦（1959）。

收入分级的办法,鼓励人们工作,鼓励人们获取知识和技能,因此,完完全全的平等是不可能实现的"(罗宾逊,1943g,第16页)。她论证说,在决定工资级别的时候有一点需要加以折中(同上书)。工资支付有两种互不相同的原则,一个是按生活需要支付,另一个是按工作的努力程度支付。她认为,某些工资合同应该成为市场改革计划的一部分,比如说工资按劳动成果支付、利润分享、扩大工作委员会,让员工了解行业运作情况。① 这些策略可以在保障"充分"就业的同时,维持利润分配的相对份额和物价的稳定。当然,还需要有一个最低净工资的安全下限。

5.9 收支平衡

在一次英国广播电台的广播中(罗宾逊,1943h),以及在1945年与英国文化协会的谈话中(罗宾逊,2004),罗宾逊对自己的论点作了进一步发挥,把英国在战争时期对收支平衡的极度期盼也考虑了进来。那时,英国不仅欠下美国大量的战争贷款,对自己的前哨部队也欠了很多。它已经卖掉了大多数盈利的国外资产,国内的生产能力也下降了很多。出于对失去出口市场的担心,英国呼吁世界主要国家执行充分就业政策,这样每个国家都可以扩大自己的市场,并为其他国家提供市场。还有一种潜在的担心认为,美国在这件事情上不会合作,战后经济实际上会经历一次大滑坡,而这会进一步伤害英国的出口前景(罗宾逊,1944b;写给凯恩斯的信,JVR/vii/240/25-26)。战后经济将会由于国内外的市场变化而体现出不同的特征,英国将需要一支机动灵活的劳动大军,也需要"一些权威机构从全球着眼,把劳动用在真正需要的地方"(罗宾逊,1943h,2004)。她提醒人们,战后的进口开支必须加以限制,英国将会动员一切资源用于和平生产和出口,

---

① 对于这些政策的限制条件,参阅金(2001)。

但其出口市场未必可靠，因为美国决定了战后国际贸易协定中的商业政策。实行充分就业政策将会提高进口需求。她提议当局在战争时期对外汇、原材料进口以及进口替代行业的国内投资进行管理，这样可以为英国提供一个基础，在此基础上，英国可以建立一套既能调节贸易均衡，又能保证充分就业的经济体系。她援引 1931 年货币崩溃的情况论证说，最终结论就是要对资本的流动加以控制，防止资本出逃。20 世纪 30 年代，几乎所有的币种都是完全自由活动的，热钱摧毁了当时的支付系统，[①] 而为了防止类似的情况再次发生，就需要新的支付系统拿出适当的应对策略（罗宾逊，1944b，第 247 页）。她在写给米德的几封信中探索自由货币市场的含义（米德 2/4，第 107~108 页），担心国家会由于金融机构相对不成熟而陷入贫困状态。

商业计划和货币计划是国际政策的左膀右臂。如果英国失去商业政策的控制权，也就是说放弃其帝国优先的贸易体制，转而采取一种一视同仁的贸易政策，它就必须拥有决定自己的货币政策的自由。"大英帝国的主要问题在于，它是否能够在一视同仁的多边贸易体系中达到收支平衡，还是说它只能依靠双边谈判，从那些愿意为英国商品付款的国家购买进口产品"（同上书，第 249~250 页）。不论长期的解决方法是什么，这一短期策略是至关重要的。国家垄断对外贸易应该是有必要的，但这就需要由国家制定商品价格。

美英两国提议建立一个稳定的国际支付制度，琼·罗宾逊对此进行了考察。她论证认为，这样的提议首先需要控制资本流动。

第二个要求是采取保护措施，防止与主要贸易对象国家的收支差额出现长期失衡。她从细微处入手，对这一情况作了实例说明。按照她的描述，如果一个大国持续出现贸易盈余，其贸易伙伴就只能通过在国内实行通货紧缩、收紧银根的办法保护自己，与之抗衡。所有贸易伙伴国家共同实施充分就业政策也是有必要的。

---

① 苏联、纳粹德国和日本被排除在这个网络之外，它们是世界经济活动相当大的一部分。

她在这里所谈的基本上就是班柯制度。① 班柯制度的运作方式是建立一个共同基金,这个基金在每个国家的中央银行都设有存款。长期拥有外贸盈余的国家会发现,其他国家也拥有自己的货币储备,虽然数量不多。到了那个时候,共同基金就会限量供应那个国家的货币,于是同这个国家的贸易就会被削减,而其他国家之间的外贸交易却不会因此减少。这就避免了世界范围内出现通货紧缩和银根收紧的情况。而要避免自己的货币被限量供应,长期外贸盈余国可以增加国际放债,抵消其出口盈余。

第三个要求是汇率稳定。如果让每一个国家都独立自主地确定自己的汇率,就会导致竞争性贬值的发生。这项计划要求共同基金和各成员国确定汇率,然后要求各个国家把汇率的变动维持在一定限度之内。如果各个国家都认为自己还没有从战争的阴影中走出来,这项计划就不会生效。她因此沉重地说,对这个问题的讨论其实只是学术上的。

米德在一封信(1948年4月7日)中提醒人们,英国不应当依赖稀有货币条款来遏制贸易赤字,他还建议利用价格机制对美国的进出口实行监控。琼·罗宾逊则坚持认为进口控制在当前的情况下是合理的,美国不会因此实行贸易报复。米德反对说,"我们可能永远做不到长期地科学使用进口控制",因为各国会不断采用保护措施,对其他国家的行为作出反应(米德3/6,第59页)。

琼·罗宾逊考察了充分就业前提下古典贸易理论的调节机制。她证明,如果没有充分就业的假设,就永远不会出现任何结构调整的要求,结果就很容易变成长期贸易失衡,进而对贸易制度本身造成影响。再者,贸易机制自身不会自动运行,它们可能会被限制在一定的值域之内,也可能会由于各种原因反应迟钝。"我们应该认识到,古典理论中的贸易机制以建立均衡为目的,它并不

---

① 战争结束的时候,凯恩斯怀疑提倡美元在国际清算体系中的核心作用是否明智,与此相对,他提出了一个中性货币单位,这就是班柯。琼·罗宾逊也怀疑,美国会利用对外援助抵消其预见到的长期贸易余额。

排除人们挨饿的可能"（罗宾逊，1946a；*C.E.P.*，vol. I，1951，第189页）。她的结论是，除非贸易政策是人们刻意制定的，而且除非所有贸易伙伴都在国内采用充分就业政策，调节才有可能有效果。经济计划对国内外贸易平衡来说都是有必要的。

5.10 总结

琼·罗宾逊和其他许多社会主义经济学家一样，把新的正统经济学理论和凯恩斯的理论作为支持国家干预、维护充分就业的理论基础，同时使用微观经济学的论点支持国家对市场失灵的行业或经济活动进行干预。这种把新的正统理论和凯恩斯的分析并列安排的做法在米德（1936）和勒纳（1944）那里表现得最为突出。杜宾（1985，第276页）指出，这一原理是战后新古典学派综合分析的前身。琼·罗宾逊在这一时期仍然坚信理论和政治是可以分开的（罗宾逊，1932a，1933c）。她首先选择政治目标或道德目标，然后对自己的理论进行"科学"发挥，从而得出可以实现这些目标的政策。她对斯拉法的回应（1926）是，要发展出她认为更加切合实际的不完全竞争理论，随后再从这一理论中找到政策。她的理论有两个分支，用于解决两个不同的问题：一个是不完全竞争理论，用于解决垄断造成的种种问题；另一个是凯恩斯式的理论，用于解决失业问题。社会主义运动当时正处于鼎盛时期，她对社会主义经济计划的看法支持了当时的一些普遍观点。她对总体经济计划的看法，零零散散地出现在她撰写的很多宣传小册子和论文陈述之中。她设想的经济计划结合了国家投资政策、国有化、社会保障、工资政策、预算和对外控制。它带有理想主义的色彩，对当时人们关于计划经济和苏联情况的辩论不太熟悉；她也没有留心多布关于理解经济进程应该摆脱先验推理、注重历史沿革的建议（多布，1941）。战后，她回到了对抽象理论的研究上。她在后来意识到，她自己的"新"理论以及她对斯拉法的回应，与她最初的理解是不一样的。她对边际主义的批评本身也成了一种边际主义，而她也渐渐放弃了自己处理问题的二元论方法，开始认为理论和意识形态在经济学家的方法中基本上是混合在一起的（参见第11章）。

第 6 章
《资本积累》的构成

6.1

《资本积累》(1956) 本来就是琼·罗宾逊的杰作。这本书是她以自己二战期间和二战之后在很多方面取得的进展为基础完成的。① 对她这本书产生影响的有凯恩斯（这是必然的）、她本人对马克思的学术研究以及她对卡莱斯基的方法的研究,② 还有哈罗德在战前 (1939) 和战后 (1948) 对动态理论所作的影响深远的研究。她在书中孜孜以求，努力解决与战后欧洲的重建以及发达国家经济学界开始意识到的与不发达国家的发展相关的种种现实问题。

凯恩斯的新理论正在逐渐被学界和政界接受，人们的研究重心

---

① 确实，对于分析技术进步的种类来说，她在战前就打下了后来和罗伊·哈罗德辩论的基础（参见罗宾逊，1938；1949b；*C. E. P.*，vol. Ⅰ，1951，第 155~174 页）。
② 我们看到，皮耶罗·斯拉法嘲笑她似乎是把 "马克思看成了无人知晓的卡莱斯基式的先驱"（参见罗宾逊，1942b，1966）。

也正在从资本积累创造就业的效果向它创造生产能力的效果转移。还有,凯恩斯从宏观经济角度出发对短期经济研究取得的成功——至少他当时在剑桥的同事和学生是这么认为的——再加上其他一些事情的影响,使得他们自然而然地把注意力转移到了长期经济上面,也就是要"把《通论》推广到长期经济中去"。

实际上,就连皮耶罗·斯拉法最亲密的同事和朋友都不太清楚,他正在开创经济理论研究的革命性新路。他在恢复古典学派和马克思的政治经济学的同时,批判了各种形式的供求理论的概念和逻辑基础。① 在 1960 年《商品生产》一书出版之前,普通读者并没有充分认识到他的影响,但在与多布合编的大卫·李嘉图著作和通信集的"导论"中,他即将出现的新观点已经初现端倪。确实,对琼·罗宾逊而言,李嘉图作品集的"导论"让她眼前一亮,瞬间看清了利润在发达资本主义经济中的性质和作用。1973年,当她 1953 年的论文在其《经济论文选》的第四卷中重印的时候(最初由剑桥学生书局出版,见 C. E. P. , vol. Ⅳ, 1973b, 第 v 页),她写道:

> 这些论文是我在读了皮耶罗·斯拉法的"导论"之后,怀着一种激动的心情写成的……正是它让我认识到了资本利润率的概念在李嘉图、马克思、马歇尔和凯恩斯那里基本上是相同的。这帮人与瓦尔拉斯、庇古和后来的教科书作者等人士的根本区别在于,前一帮人描写的是资本积累在变化的世界中的历史过程,而后一帮人则停留在均衡的房子里,没有时间概念,不分过去和未来。
>
> (C. E. P. , vol. Ⅳ, 1973b, 第 247 页)②

---

① 在这些努力中,他反过来受到了葛兰西的影响。
② 显而易见,这本小书是"对马克思主义者和瓦尔拉斯主义者的……极大冒犯"。琼·罗宾逊"认为这些冒犯不是由书中的错误造成的"(第 248 页;当她在 1937b, 第 247~248 页中介绍这些论文时,她请读者对这一问题予以注意)。

第6章 《资本积累》的构成

除了这些理论建设方面的积极成果之外,哈罗德想要用动态分析取代静态分析,或者至少要让动态分析成为学界日渐复苏的对分配和增长的兴趣的自然补充,要让它变得与静态分析同样重要。受哈罗德这一想法的激发,学界对方法论问题也给予了足够的重视。他们希望利用凯恩斯的理论——对琼·罗宾逊来说是卡莱斯基的理论——对方法论问题进行重新解释。哈罗德认为,这种理解和研究经济学的令人振奋的新方法,会让"表述问题的旧的静态方法显得陈旧、乏味、缺乏建树"(哈罗德,1939,第15页)。当然,这些重要问题最初都属于古典政治经济学和马克思的研究领域,但由于新古典经济学集中研究的是完全竞争条件下,通常也是静态条件下的价格形成和资源配置问题,这些问题就被抑制了。对此,琼·罗宾逊的说法很直接。她在《经济学论文选》1956年卷(第四卷)的序言中写道:

> 经济学分析花了两个世纪的时间才赢得了对《国富论》的理解,却被另一个新娘,也就是价值理论欺骗了。价值理论……代之而起,有着它根深蒂固的政治原因……也有着纯粹技术的原因……那就是对经济活动在时间上的变化进行总体分析实在是太难了,它牵涉到人口、资本积累和技术革新等多方面的变化,同时也需要对特定商品的产量和价格的具体关系作出分析……一百年来,经济学家牺牲了动态分析的方法,就是想对相对价格进行讨论……不幸的是,[由于]它和现实严重分离,[使得]人们无法对它的研究成果进行验证,也排除了人们对绝大多数更具现实意义的问题进行讨论的可能性,这宣判经济学家犯了……形式主义的毛病。

按照琼·罗宾逊的看法,这迫使她对均衡在短期和长期,尤其是宏观背景中的含义进行重新评估。她对自己看到的新古典主义的概念和方法,尤其是分配理论中的概念和方法日益不满,对新古典主义在分析增长过程时将经济视为一个整体的技术选择越发不敢苟同。重新评估的结果,不仅是对新古典主义和非新古典主义研究结论和操作方法作出了持续不断的批判，也是在古典主义、马克思、卡莱斯基和凯恩斯的背景下对分配和增长理论的一次发展。这些发展从效果上看可以说是革命性的创新，它们的作用是如此惊人，以至于在第一代大师谢世之后，大多数接受过良好经济学训练的学界人士倾向于认为，第一代大师和他们的观点当初根本就没有存在过。

有了这样的背景，当我们发现琼·罗宾逊等到凯恩斯发表《通论》的年纪才出版《资本积累》，就大可不必感到吃惊了。还有，正像她撰写《就业理论导论》来解释凯恩斯的新理论一样，她撰写了《经济增长理论论文集》（1962e）向那些被她1956年的文集折磨的人解释《资本积累》。当然，1962年的这本文集可以很好地帮助读者提取出一些在她的"巨著"中被掩盖的或不够明确的信息（尽管这些论文也同样不是那么容易读懂）。

上面提到的这些题目可以在《资本积累》出版之前的很多论文和著作章节中见到，比如在《利率和其他问题论文集》（1952a）中，她就这样告诉我们：

> 这些论文的主题是对动态经济进行分析，[动态分析的意思是]如果不参照过去的历史，就不能对经济在特定条件下的活动方式作出解释……静态分析则自称是要对经济即将达到的均衡位置进行描述……前提是那些给定条件要长期保持不变，不管它们的起点到底在哪里。

她接着说：

> 短期分析考虑的是经济体系在资本存量给定的情况下……在人们对未来的预期保持不变时的均衡问题，也就是说过去的历史被纳入最初的条件当中，因此分析本身是静态的……但也包括了一些动态理论的成分。[因此]凯恩斯的《通论》[虽然]在形式上是严格的静态分析，却也为动态分析开辟了道路。
>
> （罗宾逊，1952a，第 v 页）

在介绍性的文章之后，我们看到的是"技术进步的经济学短评"、"《通论》概论"和"鸣谢与声明"等题目，其中提到了马克思、马歇尔、罗萨·卢森堡以及同一时期的卡莱斯基和哈罗德等人，也提到了技术进步的加速原理和一般原理。这本文集的开头是她为罗萨·卢森堡 1951 年的《资本积累》一书的英译本撰写的长篇引论（罗宾逊，1951a）。跟在后面的是她极为重要的 1953 年版《论重读马克思》中的几篇论文，这些文章我们已经提到过，其中包括她以剑桥经济学家身份访问牛津时的一篇文章。在那篇文章里，她以令人信服的严格态度，从方法论的角度对经济分析中的时间和空间概念提出了批评（事后读来就更觉得如此）。当然，书中还包括了《1953～1954 年度经济研究述评》一文，这篇文章第一次把剑桥学派内部的资本理论大辩论公之于众。

此外，这本文集还收录了她发表在《经济学杂志》上的"经济扩张的模型"（1952b），也收录了她在德里经济学院发表的"马克思、马歇尔和凯恩斯"的演讲。这些都再次收入《经济学论文选》第二卷（1960）中，书中的序言写于 1959 年 12 月。意味深长的是，作者说自己这些论文属于"有时被称为后凯恩斯经济学的学术领域"。此外，必须加上的还有她那些晦涩难懂、玄奥艰深的论文，包括"价格哲学"、"经济发展理论短评"等。这本文集的第二部分"非常学究气……包含了许多［她］从《资本积累》一书中切割下来的零星片断"。

因此，我们看到她实际上是同时战斗在很多不同的学术阵地上，这是非常超乎寻常的事情。（仔细数数，仅仅在这同一本文集中，她就重印了两篇关于不完全竞争的综述文章，三篇文章讨论货币问题，两篇文章研究利率，一篇文章研究充分就业和通货膨胀。）在她自己的心中，她在所有这些问题之间建立的内在联系是非常清楚的，但当她盘点自己各式各样的观点时，她仍会感到自己并没有总是做到表述清晰、重点突出、篇幅匀称、认识深刻。正如我们注意到的，她对《资本积累》的感觉尤其如此，这促使她发表了 1962 年的《论文集》，目的就是要帮助读者得到更为清

楚的认识。她在文集的序言中写道:

> 这些论文……应该看做《资本积累》一书的介绍……而不是一种补充……人们发现《资本积累》一书太难读了。其主要缺点在于,它对主要观点的解释过于简练……也没有把它与杂乱无章、数目繁多的传统教义之间的重大区别足够清楚地表示出来……而这正是[采用]凯恩斯研究长期经济问题的方法时……必须注意的。在此,把此书[献]给读者,并向那些被前书搞得焦头烂额的读者表示歉意。
>
> （第 v 页）

但和以前一样,这是有商量余地的,也许是她对自己的要求太严了。如果我们读过蒂博尔·巴纳对她1956年的文集所作的评论（巴纳,1957;科尔和哈考特编,vol. Ⅲ,2002,第30~33页），可以说就会很清楚。认真的读者不但可以领会此书的总体意向,也会理解她在书中提到的具体细节。巴纳写道:

> 罗宾逊夫人所作的分析,目的在于清楚解释资本积累率的不同变化造成的结果及其最为接近的原因……罗宾逊夫人运用了两个部门的线性动态模型,而且她在……第二编中没有使用数学和图表,而是从这一模型中得出了问题的全部答案……[她的]成就在于,她充分利用有效的动态理论,写成了一本应该是战后最为重要的学科的内容全面的教科书。
>
> （巴纳,1957）

与此相对,我们还可以看到困惑不堪的阿巴·勒纳（勒纳,1957;科尔和哈考特编,vol. Ⅲ,2002,第34~40页）对此书所作的评论。对他来讲,这本文集就像是"一粒珍珠,它最为璀璨夺目的成就是让人烦恼"（科尔和哈考特编,vol. Ⅲ,2002,第34页）。按照他的判断,"这本书最有用的地方是,读者可以从中找到很多错误以及很多新颖独创的混淆之处,对于那些既可以对付艰苦的学术训练,又能忍受罗宾逊夫人那种强作可爱的学术风格的研究生（和教授）来说,它提供了最好的经济学锻炼的机会"

(勒纳，1957）。他为自己打掩护，懊悔地提到了自己与琼·罗宾逊（和她的朋友们）之间关于《通论》的不快经历，他曾经因为《通论》对他们冷嘲热讽，也一直为他们祈祷，"……在琼·罗宾逊和她的朋友们耐心地为他讲解凯恩斯的革命性理论之前，他对剑桥正在发生的怪事同样目空一切……想到这些就会让他心绪不安"（勒纳，1957，参见第 2 章）。

即便如此，那些热情洋溢地认同琼·罗宾逊的读者认为，要想理解和确立她对现代资本主义经济的动态过程所作的实证分析的贡献，这本《论文集》是最合适的阅读材料。这种看法在阿塔纳修斯·阿西马科普洛斯的文章里（1969，1970）表现得很清楚，这篇文章收入科尔和哈考特编辑的经济学文集（2002）第三卷，而他在琼·罗宾逊去世之后所写的，不幸也是他自己的最后一篇评论文章（1991），也同样收入了科尔和哈考特编的同一卷中。他的结论是，"她把凯恩斯的《通论》扩展到了长期经济当中，她的发展是忠于凯恩斯理论的根本特点的"（阿西马科普洛斯，1991；科尔和哈考特编，vol. Ⅲ，2002，第 160 页）。

让我们再看看哈维·格拉姆和维维安·沃尔什在 1983 年的《经济学文献杂志》上发表的评论文章，这篇评论文章收入科尔和哈考特编辑的《经济学论文集》（2002）的第四卷，主要是对五卷本的《经济学论文选》的综述。我们发现，他们对琼·罗宾逊的研究方法和科研成果作出了精湛的解说，但他们的证据多是从《资本积累》以外的其他论著中找来的（当然，《资本积累》经常是研究琼·罗宾逊提出的各种问题以及这些问题之间的相互联系的重要起点）。[1]

---

[1] 20 世纪 50 年代，当 1956 年文集出版的时候，我（哈考特）是在剑桥读书的研究生。我闭门研究这本文集一个学期，结果是连续两周在研究生研讨会（由皮耶罗·斯拉法和罗宾·马里斯主持）上宣读一篇研究这本文集的论文，第三次的时候琼·罗宾逊来回答了一些质疑。她责备我们忽视了问题的总体画面，而去关心技术分析的问题。不幸的是，我在随后一次搬家时不知道把这篇文章放哪了。我热切希望找到这篇文章，想在 50 多年后的现在看看自己对这篇文章的评价。（据说琼·罗宾逊听了别人对这篇文章的汇报后，她本人对这篇文章也形成了很好的看法。）

6.2

正如我们在前文中看到的那样,琼·罗宾逊在《资本积累》一书的序言中审视了经济学从亚当·斯密到凯恩斯革命之后的发展。她认为古典经济学家和马克思之所以关心分配、积累和增长问题,主要是出于构建价值理论的需要。她提到,新古典主义统治了经济学一百余年的时间,它的基本命题是为了解释价格以及有限资源如何在互相竞争的用途之间进行分配,条件通常是静态的,因此忽视了经济增长和技术进步的问题,但它没有忽视社会福利。经济周期和其他一些问题经常被忽略,只是一些偶然的历史事件和凯恩斯革命才把这些问题重新带进人们的视野,而凯恩斯最终不仅热衷于解释经济周期性的发展过程,对于如何解释资本主义经济中的持续性失业问题也表示了同样的兴趣。

到了现在,琼·罗宾逊的目的就是要把新古典主义关心的那些问题推下历史舞台,并借用凯恩斯和卡莱斯基取得的研究成果(对她来讲,卡莱斯基的成就比凯恩斯的成就更大一些,因为卡莱斯基与马克思以及马克思的再生产理论有直接联系),把经济学研究拉回到古典主义的问题上去。在她稍后撰写的一本从未发表的著作的序言中,她清楚地解释了自己所关心的四个主要问题。

她考虑的是一种没有管制的自由企业经济模型,在这一经济模型中,企业在"财力限制的范围内"自行决定资本积累率,其他公众成员则根据"他们的购买力,自由决定自己喜欢的消费水平……这个模型……从最基本的角度来看并不是不现实的"。

这个模型通过对"四组不同的问题"进行思考,"分析经济在时间进程中的机会和变化":

(1)我们要对不同的情况加以比较,每一种情况都有自己的过去,都会发展出在某些方面与其他情况不同的未来(比如说出现在各种情况下的资本积累率),比较是为了看清不同的假设会带来哪些具体结果。

（2）我们要在技术条件（包括其变化率）、消费与投资倾向保持不变的情况下，追踪单一经济体的发展路径。

（3）我们要追踪上述任何条件出现的变化对未来经济发展造成的结果。

（4）我们要考察经济对突发事件的短期反应。

自然，第一组问题更多地是通过比较各种稳定状态（包括静止状态）来处理的。要想让经济达到稳定状态，需要确定一些条件，但这并不是说决策者未受管制的行为就可以让这些条件产生出来。

第二组问题关心的是当经济稳定增长所需的条件不能得到满足时所发生的情况。第三组讨论的是经济一直处于稳定发展的状态，但在简单的变化——比如"垄断势力的增强造成利润率上升"——发生时经济将要走上的道路。

第四组问题关心的是在变动不居的世界中，经济对引发投资的临时事件的反应，它涉及经济从一种状态过渡到另一种状态时出现震荡的可能性，甚至涉及基本条件没有任何变化，"只是不确定性"本身所引发的经济周期。作者宣称，原则上"这类分析可以让我们处理发展中的经济可能出现的一切变化，为公共政策的讨论铺平道路"。

目标确立得很明确，但可能让我们的目标变得模糊的是，经济稳定增长的条件同时出现了集中发展，特别是不断发生的技术进步，这些是琼·罗宾逊和主流经济学家日夜思考的问题。尽管她和卡恩清楚地认为对黄金时代的分析是探索真实的历史动态过程的起点，可她在《资本积累》一书中的分析方式经常脱离"现实"，看上去是模糊了二者之间的分析界线。只有当我们读了她那本《论文集》，了解了她在这些论文中所作的理论发展之后，才能明白她对短期经济状况的先后变化情况进行的中期分析是其分析的中心阶段。可话说回来，古德温和卡莱斯基在这方面取得的成就要比琼·罗宾逊的重大得多,而阿西马科普洛斯也不见得比这两个人落后多少。阿西马科普洛斯采用了她的分析方法,但在一个方面有明显的不同。琼·罗宾逊逐渐倾向于把短期看做一个时间点,它只是一个形容词,不是名词,不是一个轮廓分明的时间段,这一点遭到了阿西马科普洛斯最为严厉的批评。在他本人的著作中,他总是把短期当成一个有限的时间段,他相信这既忠实于凯恩斯的传统,也是琼·罗宾逊发挥自己的见识和猜想的正确环境。

如果我们把这篇未经发表的序言作为地图,我们就会更加清楚地看出这本书以及此书出版前后的诸篇论文在组织结构上的本质和目的。

对于必要的基础分析和描述性的过程分析之间的区别,卡恩的认识可能要比琼·罗宾逊清楚很多。在他1959年《牛津经济学论文集》中的论文里,他对相关原则作了极为清楚的陈述。这篇文章以简单明了的笔触,清楚地解释了黄金时代分析在其自身限定的范围之内可以解释和处理的一切问题。黄金时代分析使用了一些大胆的假设,因为"对[他]来说,[他希望]自己在开跑之前要先学会走"(卡恩,1959;1972,第195页)。卡恩特别清楚同义词滥用——比如说储蓄和投资相等——的情况,对于不同阶级的定义所代表的不同收入,他也有着非常清楚的认识。他还圆满地解释了利润率和积累率之间的双重关系,让他的分析带上了(卡莱斯基的)特色。他解释了利润率的正确定义是表示期望值的变量;解释了技术进步的本质,以及在这一理论框架内解决技术进步的方法的问题;也解释了伪冒的黄金时代和"真正的"黄金时代之间的区别,即在伪冒黄金时代中可能会存在失业,而且失业会随着"时间"进一步恶化,而"真正的"黄金时代则是一个真正的奇迹,劳动力和资本品存量随着"时间"的推移得到了全面使用。(用哈罗德的话来说,前者意味着 g_w 小于 g_n,后者是说它们相等。)卡恩强调,分析应该完全限制在不同之处(比较)上,它和变化(进程)是没有关系的。因此:

当我们说人们和［其他东西相比］更喜欢黄金时代的时候，就意味着人们更喜欢处在黄金时代当中。而要想处在黄金时代当中，就必须长时间地处在它的过去之中，享受过去积累起来的资本和机制。事物的运动变化是否可取，以及它平稳经历这一变化所采用的方式，是……［一个］重要的，同时也是困难的［问题］……这篇文章……只是解决现实问题的一个引子而已。

卡恩（1959；1972，第 206~207 页）

6.3

琼·罗宾逊正在寻找维持增长过程的一些简单的根本法则。具体来讲，她探究了以劳动工资的形式在消费品领域创造的剩余在投资品领域中的使用情况，集中精力研究了在潜在剩余给定的情况下，是什么决定了我们可以得到多少积累。剩余本身取决于可以使用的劳动人数，也取决于消费品领域的就业和劳动生产力以及实际工资。这些情况结合起来，决定了消费品领域的劳动购买力潜能相对于投资品领域的高低。至于说这一潜能到底可以带来多少积累，则取决于当时正在使用的生产技术。在她第一次统稿的时候，她假设在任何一个时刻人们只知道一种生产方式，要想解决技术进步的问题，就需要问一下随着时间的推移，这种占主导地位的生产方式会发生怎样的变化。这是解决在哪些时间点上进行技术选择这一问题的简单方法（本书稍后将更加详细地分析这个问题）。

使用这种方法，我们可以把实际储蓄和实际投资之间的联系淋漓尽致地表现出来。凯恩斯和卡莱斯基还分析了计划投资支出、计划储蓄和收入分配的决定过程，以及它们对生产和就业总体水平的影响。实际储蓄和实际投资在资本主义经济中的相互影响可以借此进入我们的讨论中。这可以帮助我们建立剩余潜能的创造和实现之间的联系,让我们可以在分析分配、积累和增长的过程中,而不是在对某一时间段内的就业和失业的分析中,谈论剩余潜能及其实现之间的关系。①

在本书的第 84 页之前,她分析了只有一种生产技术,并且没有技术进步的情况下的积累过程。② 50 多年后的今天再来阅读这些章节,我们很容易就会看到卡莱斯基对她的方法产生的影响,也会看到她想要对整个项目的第二个方面,也就是在历史框架下对积累进行分析的急切心情。这导致她对增长模型中的均衡的本质的看法有时不尽相同,对经济进入均衡时的叙述有时漫无边际(尽管她在某种程度上为自己作了掩护,认为有些稳定的经济状态可以创造出与真正的黄金时代均衡所需的环境非常接近的环境,她对这些稳定状态的本质进行了讨论,认为在均衡状态下,人们的期望应该总是可以实现的,因此目前既有的资本品存量在刚开始的时候是和期望值一致的)。可我们还是认为,她当时还没有充分意识到过去的投资与今天的状况并不相宜的问题,也没有完全解释清楚过去的投资是如何在时间的进程中被从资本存量中废弃出去,却没有摧毁取代黄金时代的那些稳定的经济状态的。

带着这些附加条件,她在第 83~84 页对她曾经论证过的四个命题作了简明的陈述。她总结认为,尽管她的许多"结论都不得不进行大刀阔斧的调整,因为她的单一技术和不存在食利阶层消费的假设有些随意……[然而]它们的论证从一切基本方面来看都是言之有理的,勾勒出了资本积累在资本主义游戏规则下的基本特征"。(第 84 页)她的命题是:

---

① 把这个方法略加改动,可以用来解释民主社会主义计划经济的运行机制。对于这一方面,卡莱斯基的发展比琼·罗宾逊的发展更多。
② 根据目录,这本书包括七编:"导论"、"长期积累"、"短期"、"资金"、"食利阶层"、"土地"、"相对价格"和"国际贸易"。第二编"长期积累"也包括了三个部分:"单一技术情况下的积累"、"技术前沿"和"技术进步情况下的积累"。全书共计 37 章,然后是"论题注释"、"图表"和大卫·钱伯努恩与理查德·卡恩撰写的"投资资本的价值"。到了本书第 3 版的时候,全书有 444 页的篇幅。

在一个只有一种技术的经济体中，假如人们不消费任何利润，那么当劳动力供给从任何一种（过去历史造成的）给定的情况出发，根据劳动力需求的情况作出自我调节时，未来的资本积累率就会受到下面四种因素的限制：

（1）超出就业工人维生工资的那部分可用剩余。

（2）在此限度内……超出工人愿意接受并且能够强制执行（通过建立通货膨胀屏障，防止实际工资下降）的实际工资的那部分剩余。

（3）在此限度内……企业家的执行能力。

（4）当劳动人口总数独立于……工人需求总数时，资本积累率的最大数值由劳动人数的增长率决定。当资本积累率下降到这一比率时，就会出现长期性失业率上升的情况。

琼·罗宾逊由衷地赞赏维尔弗雷德·索尔特的著作（1960，1965），他在著作中说明了技术进步如何做到不必废弃旧的存量，仅仅通过资本积累就可以变成资本品存量，因而澄清了马歇尔分析中的模糊之处。只要旧的资本存量预计可以收回可变成本，就应该用于当前的生产；新的投入则只有在预期收入足以支付包括正常利润在内的全部预期成本时，才能变成资本存量。随着技术进步在不同时间点上的一次次爆发，生产能力会不断提高。当产能达到了产品价格只能让最新投资获得正常利润率的时候，经济就达到了（竞争条件下的）暂时均衡状态。索尔特也把技术选择以及企业、行业和经济整体如何确定投资支出总量的问题纳入了自己的分析范围之中。

琼·罗宾逊在第9章（"技术进步"）对技术扩散的分析中含蓄地说明了索尔特对她的影响，但与索尔特不同，她首先分析的是一种产品可能只有一种生产方式"在任何工资水平下都优于全部旧有方式"的情况（第85页）。但是，"在知识发展的特定阶段，[由于]劳动力与资本的比率不同，技术选择就呈现出一系列可能性"。我们把她对这一问题的分析留到下一章（见第7章）。

她在讨论技术扩散的时候，再次含蓄地提到了熊彼特的说法，即创新者抢得先机，落伍者则被竞争（在马克思的意义上）的力量赶了出去。这让她可以放手讨论经济活动中的蛙跳效应（leap frog effect）。这种蛙跳效应部分取决于新资本品的物理耐久性，部分取决于竞争的强度。竞争经常导致机器设备在其物理寿命耗尽之前被废弃，或至少被停止使用。她提到了发生在专利上面的矛盾情况：

> 专利是在最初的投资者收回足以诱使他们进行必要投资的利润之前防止新技术扩散的一种方法。[这一制度的合理性]在于，通过放慢新技术的传播速度，它确保了将来还能有更多的技术进步被传播。[显然，]这一制度是根植于自相矛盾的土壤中的。
>
> （第87页）

琼·罗宾逊为积累和工资在时间上的平稳运动设置了条件，目的是要保证总需求和总供给（及其组成部分）在整个经济体中保持一致。这些条件与马克思在其再生产理论中以更为正式的方式设立的那些条件基本相同，只是用普通的语言重新叙述了一遍而已。正如在马克思那里一样，她指出"想要看清在资本主义游戏规则下保持[稳定]有多么困难，就必须设立稳定[稳步发展]所需的条件"。① 她列举了"一个前进中的经济平稳发展"所需要的条件。

第一，机器设备存量（从生产能力的角度来说）的增长速度必须和正在发生的工人人均产出的增长速度相适应，同时竞争要保障价格随货币工资比率变动，从而保障机器设备在正常生产能力的水平上运转。这就是说，实际工资要随着工人人均产出的上升而提高，这样才能产生足够的消费需求，才能消化不断增加的设备存量生产出来的不断增加的产出。②

---

① 在其杰出的导论一章中——对于所有想知道这一学科的问题，想得到"一个关于经济学尤其是宏观经济学的原则的熟练表述"（克莱因，1989，第258页）的人来说，这一章是理想的阅读材料——她强调了具体的游戏规则对于确定不同生产方式的特征的重要作用。

② 罗伯特·狄克逊向我们评论说，还有一个暗含的假设，就是"利润用于储蓄的比例倾向于等于1（或者储蓄率至少是给定的）"。

第二,可用劳动力和可用设备之间如果出现任何差异,肯定会被迅速消除。如果劳动力出现剩余,实际工资的增长速度就要比人均产出的增长速度慢一些,而花费在投资品领域的开支肯定会增加,从而加快生产能力积累的步伐。如果劳动力不足,实际工资就会比人均产出上升得快,资本积累率的增长速度肯定会放缓。"当这一机制发挥作用的时候,资本品供给会根据劳动力的供给情况不断作出调整……任何过剩或不足的趋势……都会迅速得到纠正"(第89页)。

她接下来叙述了在两种不同的经济体中发生的情况。某一时间,它们在劳动力数量和技术发展阶段等方面都十分相似,但它们到达这一位置时经历了不同的历史发展过程,这让决策者对经济前景有了不同的预期。在这两个经济体中,资本积累率已经出现了不同,因而劳动力的分布情况和实际工资水平也有了不同。她随后探讨的问题是,如果一个经济体的某些条件变成了第二个经济体中的条件,则第一个经济体也会走上与第二个经济体类似的发展路径,要实现这一点应该看哪些条件。从技术的角度看,这样的逐渐过渡是可以发生的,"然而资本主义的游戏规则并没有提供一种令人信赖的机制,让经济行驶到合适的道路上去"(第92页)。

经过这样的分析之后,她在后面的章节中谈论了消费不足、积累疲弱和积累强劲,以及技术进步出现偏差等问题,最终是她对黄金时代的形成给出的解释。她认为黄金时代的时候,"技术进步是中性的,[1] 发展平稳,生产在时间进程中的模式没有任何变化,人口……按稳定的比例增长,而资本积累的前进速度足以为所有现有劳动者提供充足的生产潜能,利率趋于保持不变,实际工资

---

[1] 她在第133页对中性技术进步进行解释时认为,"两个范围之间的中性关系意味着,利用高级技术,单位生产所用的劳动力和劳动时间涉及的资本在高级技术的全部范围之内都会减少同样的比例,因此使用贝塔与其他技术组合和单独使用贝塔技术一样,它们的实际资本比率是相同的;与此相同,使用阿尔法与其他技术组合和单独使用阿尔法技术,使用伽马与其他技术组合和单独使用伽马技术也是一样的,它们的实际资本比率是相同的"。

水平随着人均产出上升……体系内部不存在矛盾……［如果］企业家对未来充满自信，愿意以和过去相同的比例进行资本积累，他们不会遇到任何障碍，［而且］经济体系发展平稳，［产出和资本存量（以商品价值计算）以劳动力增长速度和人均产出增长速度的复合速度在增长］"（第99页）。琼·罗宾逊继续说道：

> 我们可以把这些状态称为黄金时代（这种说法意味着，它所代表的是一个不可能在任何现实经济体中实现的神奇状态）。
>
> （第99页）

还有，如果技术进步和人口增长的速度是由自然决定的，黄金时代就是一种狂欢的经济状态，因为这个时候消费是以最大的可能速度在增长，而这一速度又完全可以一直保持下去。琼·罗宾逊认为，这一状态与哈罗德的分析（1939）中的 $g_n = g_w = g_a$ 相当。可这距离现实实在太远了，因为"从长期的角度看，财富增长速度的限度不是由技术的边界决定的，而是由人们对竞争的激励和对增加工资的激励变得反应迟钝时发展出来的冷漠程度决定的"（第100页）。

6.4

本书第二编第二部分的题目是"技术前沿"，我们这里开始的分析想必是读者最为熟悉的内容，因为正像我们看到的那样（见前文），琼·罗宾逊写于1953~1954年的文章"生产功能和资本理论"把日后的剑桥学派内部资本理论大辩论的内容带入了普通读者的视野。我们将在第7章详细讨论这个问题。她的著作的第10章题目是"技术的范围"，作者在这一章最后一段的结尾处加了一条注释，其中写道，"我警告读者，这里的论证……由于要与其重要程度相称而显得很难，我们应该回到上一章的结论上去，它们从根本上是相同的"（第101页注释）。她还告诉我们应当参考第416页上的图表（我们去找的时候，发现实际是第411页）。在1969年出版的此书第三版中，她加上了一条附言，其中说道，"也许，前边提到的图表以另一种形式表现的话，会更容易理解一些，［而这种］替代形式已经由皮耶罗·斯拉法在《以商品手段进行的商品生产》的分析中发展出来"（第426页）。

现在我们可以动手分析整个经济中的技术选择问题。我们对这个问题的分析受到了克努特·威克塞尔的启发，使用的是涵盖了各种已知的消费品生产方式的一种方法，这种方法后来被视为范本。琼·罗宾逊讨论了某种单一技术在工资率（w）或者利润率（r）的可能取值区间内是如何和为什么处于主导地位的；其次，由于技术和技术之间的分离性，w和r为什么存在能让相近技术获得相等利润的唯一取值（换句话说，无论利率的值确定为多少，只要它与整个经济中的r值相等，就应该支付相等的w）。在此书的第109~110页，琼·罗宾逊解释了鲁斯·科恩的旧提法（资本逆转）。琼·罗宾逊把资本逆转称作是"一种任性的关系"，她在一个脚注中写道，鲁斯·科恩小姐指出她对资本逆转问题"……的分析有些错综复杂，但却没有什么重要意义"（第190页注释1）。

这些问题我们将在下一章中讨论。不必多言，只要记住琼·罗宾逊这里解释的主要是差别——哪一种技术会根据某一生产要素的假想价格在可能的黄金时代中占主导地位——就足够了。她解释的不是变化，不是事物在历史时间中的发展过程，尽管她的某些文章似乎也考虑了后面这个问题。我们注意到，当她后来把技术进步运用到分析当中的时候，她就放弃了在讨论投资决策时以这种方式看待技术选择问题。这就是说，她最终放弃了新古典主义把生产要素相对价格的不同数值导致的沿着生产函数的移动，同技术变化导致的生产函数本身的移动（新的蓝本）加以区别的传统做法（罗宾逊，1971，第103~104页）。卡尔多也进行了这方面的研究，他在1957~1962年间制定了许多版本的技术进步函数

(卡尔多,1957,1959a,1959b,1961),此外还有卡尔多和莫利斯的合著(1962)。卡尔多明显是在解决(他期望的)历史时间内的进程问题,在这一进程里,新的知识以及人们已知的可以选择的投入与产出比例,都同时体现在处于积累和增长过程中的资本品存量当中,并对收入分配以及目前的生产活动水平和收入水平产生了附带影响(哈考特,2006b,第114~119页)。这是我们对卡尔多的研究方法作出的评价。

琼·罗宾逊对商人行为的描述,是对现实世界的实际情况和纯粹理论的奇妙结合,我们不敢说她这里的理论就是新古典主义的理论。在一个地方,她近似于是在建议以收益或回报为标准决定对哪种技术进行投资(同时也是为了躲避那些难以回避的不确定性)。在另一个地方,她又像是一个聪明的名牌商学院毕业生,只是把教授在课堂上讲的发生在现金流折现过程中的情况描述了出来。

这一章的结尾,是她对有可能"阻止 [企业家] 在占主导地位的工资水平上选用可以为资本带来最高利润率的技术"(第110页)的某些特殊情况所作的切合实际的评论。这些特殊情况包括财政、管理、垄断和买方垄断。她总是把人们在静态世界中最相宜的行为方式,同他们在充满了不确定性和危机的更加现实的世界中的行为方式进行对比。在后者中,灵活性是难能可贵的,它和其他一些事情一起,解释了"为什么许多使用简单技术的小企业能在同高度机械化的巨型企业竞争时取得成功"(第113页)。

6.5

琼·罗宾逊着手处理的下一个主要问题是技术进步的问题(第16~18章)。她从预先发展的角度孤立地——似乎真是这样——考察了哪种类型的技术进步至少在原则上与达到和维持黄金时代的状况相一致。她同时也警告读者,她的分析和分析结果是远不能在不断增长的实际经济当中观察到的。尽管她的书比索尔特1960年发表的著作写得早（后者同时考虑了生产要素价格的变化导致的沿着生产函数的移动和技术进步造成的生产函数本身的变动，对技术选择和技术进步问题作了分析），可我们还是看得出来，琼·罗宾逊对他在企业和行业层面上对这一过程所作的早期分析是比较熟悉的。①

公平地讲，琼·罗宾逊在她1956年的著作中并没能成功地把她对这些孤立问题的分析整合起来，而且当她在第18章"长期资本积累理论概要"中对自己的发现进行汇总的时候，她本该把这些分析整合起来。不过，正如我们看到的那样，她觉得她的这些发现只是锦上添花，和她在本书第一部分中的主要论点没有什么实质性差异。她汇总起来的发现共有20种，她还指明了在哪一章中可以找到得出这20种命题的分析。从事后的角度阅读她的概要，我们会相对容易地看出著作的前一部分对她的研究步骤产生的重大影响。

首先是马克思的生产和再生产理论，同时还有每个阶段所有领域（部门）的生产潜能得以实现以及它们的组成成分得以吸收所必须满足的条件。这就是说，要让总需求和总供给相等，它们的内部组成成分也要互相匹配。当然，马克思的看法是，如果个体决策者的行为加总在一起就可以让这些自成一体的条件得到满足的话，那纯粹是一种巧合；如果这些条件得不到满足，就会在竞争的经济活动中造成不稳定和危机。克劳迪奥·萨东尼讲得好，马克思的理论框架不是在稳定状态下持续发展的现代经济模型的前身，因为在马克思的分析中，在总需求和总供给及其组成成分互相匹配的条件下，增长率会随着时间段的不同发生变化。琼·罗宾逊没有明确提到这一点，这可能是因为尽管她也意识到黄金时代这样的结果可能不会出现，但她还是想确定达到和维持黄金

---

① 虽然索尔特讨论这些问题的著作直到1960年才发表，但是作为此书基础的学位论文在1955年就接受了审核，当时其成果在剑桥已经流传开来。

时代所需要的条件。黄金时代不会出现,因为她已经清楚地认识到资本主义社会中的资本积累计划可能存在着波动。因此,把技术和阶级斗争造成的剩余潜能和让这种剩余潜能在分配和交换领域实现的可能性加以区分,才是她的思想中最为清晰的地方。

此外,她试图解决哈罗德在其影响深远的著作中提出的两个问题,这对她的分析研究也起到了支撑作用。第一个问题是可以确切得到的增长率(g_w)是否稳定。这就是说,如果增长率达到这个值,它就会告诉商人,他们对积累和生产作出了正确决定,因而应该在未来继续保持同样的资本积累速度。我们知道,如果他们的决策加在一起仍不能把经济置于g_w的水平上,经济就极可能发出错误的信号,让人作出错误的决策,让经济距离g_w的实现越来越远(哈考特,2006b,第102~109页)。

第二,哈考特区分了经济潜在的增长率,也就是由劳动力的增长幅度以及代表性工人提高自身生产能力的速度共同限定的自然增长率,与人们预期的确实可以得到的实际增长率(g_w)。哈罗德本人的著作,与随后索洛、斯旺和米德等人的新古典主义著作,以及卡尔多、卡恩和琼·罗宾逊的后凯恩斯主义著作,全都考察了经济中是否存在着一些潜在力量,可以让g_w(和g_a)向g_n的方向发展。在新古典主义那里,(用一种简单的模型来说)这是通过资本-产出比率(v)的变化得到的;而对后凯恩斯主义来讲,尤其是在卡尔多1955~1956年的文章中,这是通过储蓄比率s($g_w = s/v$)的变化得到的。

所有这些分析都有一个弱点,这个弱点琼·罗宾逊也遇到了,我们认为她也没有给出令人满意的答案。这个弱点就是哈罗德关于g_n的值独立于g_w和g_a的值的假设。一旦人们认识到劳动生产力的提高是技术进步通过实际积累率转化为资本品存量的直接结果,认识到劳动力的增加是在内部而不是外部发生的,哈罗德的这一假设就不能维持了(哈考特,2006b,第109~113页)。

她也吸收了古典主义和马克思的利润率的概念以及他们对利润率从哪里来、什么决定了利润率的大小等问题所作的解释。总的来说，她的吸收是通过斯拉法对古典主义和马克思的研究方法的复兴而进行的。当她撰写《资本积累》一书的时候，她早就说过自己受到了斯拉法为李嘉图的文集所写的导论的启发，这一点我们在前面已经提到过。

最后是卡莱斯基的影响。当琼·罗宾逊思考总供给和总需求在增长过程和黄金时代中如何互相匹配的时候，尤其是当她把资本积累率在时间上的变化以及宏观经济发展对收入在边际消费倾向不同的利润和工资之间进行分配的影响考虑进来时，卡莱斯基对她的影响非常明显。这样看来，琼·罗宾逊的分析实际上是以黄金时代的情况和黄金时代失效造成的影响为背景，对所有这些思想脉络进行的一次包罗万象的创造性综合。

6.6

现在我们再看看此书包括第三编"短期经济"在内的其他六编（第19～37章）。她以更为提纲挈领的方式处理了这些不太相关的问题。正像我们期待的那样，这些章节包含着一些敏锐的见解和说法，但在本质上它们更像是对她的主要任务的一些细微补充和整理。当她撰写下一卷（1962）的时候，她对这本"巨著"中的各种思想脉络作了更为成功的整合。我们看到，那些用心去看、用心去听而且意见相投的读者很容易看出她正在努力研究的内容是什么，也会为她已经取得的优异成绩欢欣鼓舞。

第19章讨论了价格和利润的问题。在这里，作者以长期和短期为起点，讨论了非黄金时代的经济状况。对她而言，从分析的意义来看，短期不是一个确定的时间段，它只是为了方便分析所作的一种抽象，意思是说在这段时间之内资本品存量的变化可以忽略不计（第179页）。从这个意义上看，我们认为阿西马科普洛斯应该不会对她的这种看法有什么异议，可实际上他就是持有异议（阿西马科普洛斯，1984；科尔和哈考特编，vol. V，2002，第

448页)。"尽管她在这里没有为短期加上确定的长度,但很明显,她的短期涵盖了某个时间段……它足够长,可以让人们作出决策,执行决策,从而改变相对稳定的生产能力的使用程度"(第448页)。仅仅当她改变了马歇尔的短期的含义,用以指代一个时间点,指代"时间流动中的某一时刻……事物的一种状态",是"形容词而不是名词"的时候,她才从时间段的分析中走了出来,阿西马科普洛斯和琼·罗宾逊也就此分道扬镳了。到了这里,"生产能力的使用情况来不及对变化不定的短期预期作出反应,因此也就不允许变化发生了"(第448页)。

琼·罗宾逊解释得很清楚,"经济中发生的一切,都是在短期的状态下发生的,因为一个事件的出现,一个决策的制定,都是在有形资本存量已经确定的某个特定时间点上发生的"(第180页)。所有的事情除了有其短期的一面外,也有其长期的一面。例如,资本积累短期的一面是它必将成为决定总需求的主要因素,而其长期的一面则是说它影响着生产能力的增长速度,也就是资本积累率,以及生产技术。再者,长期的效果造成了经济从一个短期向另一个短期的转变。

黄金时代和准黄金时代是"一些想象出来的经济状态……是分析的工具,不是对现实的描述。在现实中,今天是时间的一个断点。昨天存在于过去……昨天的经验只能为人们预测即将发生的下个事件添添色彩,与今天发生的事件已经没有关系了。明天存在于未来,是不可知的。短期的经济状况……就像是一个地理断层,过去的发展和未来的发展不在一条直线上。只有……在黄金时代,地层才在一条水平线上,从昨天通向明天,没有在今天作片刻停留"(第181页)。

对可能发生的事情进行了简短描述之后,她接下来说,"当我们从黄金时代——价格总是占统治地位——的清新空气中落入历史时间的迷雾中的时候,我们的分析就只能是模糊和不准确的"(第190页)。

"在短期的经济状况下,资本利润率与特定设备获得的利润相比，是个更加迷雾重重的概念，因为要想把利润表述为一个比率，我们就必须知道资本的价值……而在现实中，要找到控制投资决策的预期回报，就像是……在一个一团漆黑的屋子里寻找一只……根本不在那里的黑猫；要对实现的回报进行准确的解释，则像是……在色彩斑斓的毛毯上寻找一条变色龙。[然而，]长期的那些影响……正在穿透短期经济状况制造的变幻迷雾，把自己的作用发挥出来，[但是]……它们细微难辨，很难看得非常清楚"（第190~192页）。

在第20章"工资和价格"中，琼·罗宾逊考虑了短期中一些可能的经济状况和对这些短期起着支撑作用的长期经济状况之间的交互作用。这里，她讨论了几种不同的市场结构，包括竞争、垄断和寡头垄断的市场结构，也考察了买方市场和卖方市场对价格和工资运动轨道、短期有效需求，以及短期资本积累计划产生的影响。在某些场合，经济是以接近全产能甚至是超过全产能的状态运转的，而在另外一些场合，却存在着产能过剩的情况。还有，经济中可能会存在劳动力供给过剩的长期趋势，强加在这种趋势之上的有时是由于短期经济震荡造成的更多失业，有时则是相对于这种长期趋势而言的暂时的就业增加。在这一框架内，她考虑了消费品和资本品的买方市场和卖方市场的情况，并特别注意到了相对于长期正常价格预期的短期价格如何确定的问题。① 这样，她的分析也许可以看做是亚当·斯密对市场价格以及市场价格围绕自然价格变动的讨论的升级换代。

她分析了价格和工资的变动在不同情况下对有效需求产生的总体影响，并把有效需求对资本积累计划的反馈、对劳资双方在特定阶级斗争环境下的力量对比的反馈加入了自己的思考当中。与过去一样，她要找出这些关系中的不对称性。比如，在讨论产能根据可用劳动力进行调整的那一节中，她在作了三个自然段的分

---

① 在她的世界里，即使是竞争者也是一起行动的价格制定者，但这只是因为他们知道对手也在经历着同样的情况，比如说成本上升。

析之后写道,"这有力地支持了我们的结论,那就是劳动力需求小于劳动力供给的情况,不会像劳动力供给小于劳动力需求时那样进行自我纠正"(第197页)。

第21章的开篇"投资率的波动"纯粹是卡莱斯基的想法。"长期资本积累的发生,是人们在一系列短期情况下作出的投资决策的结果……每一天太阳升起的时候,资本品在人们手中的分布情况都是特别的……人们在过往经验和对当前趋势的诊断的基础上对未来作出的预期也是特别的。在……卖方市场,如果当时的经验表明生产者可以使用更多的生产能力,而且可以盈利,就很可能引发投资决策……投资领域高水平的就业意味着消费领域的准租金也高……高利润造成利润攀高……在生产能力过剩的买方市场……进行投资的念头就被打消了。低利润则造成利润下滑。

"投资和利润之间这种双重的相互作用,是资本主义游戏规则中最折磨人的一个特征,无论是在必须参加游戏的企业家的眼里,还是在必须对它进行描述的经济学家眼里,都是如此"(第198页)。

她描述了投资因技术创新而激增的情况,并得出结论说,"投资激增的基本特征(与黄金时代的积累相反)是,它是建立在一种矛盾的基础之上的。投资是在卖方市场的影响下进行的,而卖方市场又是由投资……创造的……投资引发了高水平的需求(相对于生产能力而言),由此也出现了更多的额外投资。只有在投资率(还有商品需求率)……与生产能力的提高成比例持续发展的条件下,卖方市场[才能]继续下去……既然投资增长率不能随着生产能力的不断提高无限保持下去……那么,卖方市场就不会一直持续下去。由卖方市场引发的投资就像是正在锯掉自己身下的树枝一样结束了卖方市场"(第201页)。

作者随后对典型的经济周期进行了描述,并在结尾的地方对经济周期为什么不断重复自己的两种观点进行了比较。一种看法认为完全是内部力量引导着经济周期经历了四个阶段,而另一种看法则认为它需要外部事件来克服内部力量的不足,"内部的修复力量……过于微弱，难以克服经济萧条造成的冲击……周期明显的规律性是种偶然……总是有某些事情发生，从而引发经济周期"（第212页）。这种看法在多年之后被称为真实经济周期观。

本书最后一章的题目是"周期与趋势"。她论证认为，"经济周期运行起来之后出现的趋势，与黄金时代的增长率不是同一个东西，是对它的不完善性的反映"（第213页）。在这里，她又让我们想起了卡莱斯基最初所说的经济周期是一种无趋势的周期，也就是说趋势是由另一套完全独立的因素引发的，这证明了统计学中那种取消趋势的时间序列分析是合理的。然而，他在去世之前已经抛弃了这种观点，发展出了一种趋势和周期牢不可破地融合在一起的周期增长理论（这和古德温独立研究的结果是一样的）。对此，卡莱斯基的经典说法是，"长期趋势［只是］一连串短期经济状况的一个慢慢变化着的组成部分……［不是一个］独立的实体"（卡莱斯基，1968；1971，第165页）。他后来的这种看法和琼·罗宾逊1962年的说法是一致的。她指出，"短期是关于此时此刻的……经济状况的差异性将会决定下一次发生的是什么。长期均衡不会出现在未来的某一天，它只是一种想象中的状态，那里的情况与此时此刻存在的经济状况是不一致的"（罗宾逊，1962a，第690页）。然而，在《资本积累》一书中，她尚未形成这样的观点。在这本书里，黄金时代只是各种可能的设计方案的一个参考点，它部分取决于市场结构的竞争水平，取决于正在发生的技术进步的性质，也取决于劳动力供给和增长率方面的情况，而至于增长率，她在多数情况下都认为是由外部引发的。

通货膨胀屏障的概念，与资本品存量在两个领域中的最佳结构的作用相似。所谓的通货膨胀屏障就是说，薪金工人不再接受与现有的投资品生产水平相一致的工资品消费水平，他们想方设法要让工资价格急剧上升。她在这一章中的分析大多受到了卡尔多一篇不太有名的文章"经济增长与周期震荡的关系"（1954）的影响，这是她自己承认过的。

她最具有想象力的一个场景被冠名为"走向幸福"（是国家，

而不是经济学家）。按照她在别处的说法，这里讨论的内容是要让一个运转良好的生产函数以降低投资率和利润率的方式向下移动，直到消费品领域的总体就业水平达到一个指定的值。在这个就业水平上，这一领域使用的资本品存量是个常量，只能更新置换，无法增加。在投资波动不定的情况下，投资激增之后很少会再次出现投资激增，而萧条之后的消费则会变得越来越多。总体就业从长期看是恒常不变的，也就是说，平均来看，一切都存在"逻辑上的可能性……极有可能在资本主义的游戏规则下实现"（第219页）。利润率下降的趋势，"与周期波动一起……削弱了人们积累的欲望，助长了自卫性质的垄断。因此，经济永远不可能在孤立无援的情况下顺利通过停滞萧条的泥泽，进入幸福无边的状态"（第219页）。

6.7

这部文集的主体部分由另外五编组成。她提前给出的结论是：

> 读者必须得出自己的结论。在开始之前，我请读者回去看看第2章，并且记住……可销售商品的产量……［不是］和经济财富同时扩张的，不用说，它也不是和人类基本福利同时扩张的。

（第386页）

这实际上是马歇尔和庇古的精神在闪光。

第四编讨论"金融"的问题，是她在很高的抽象水平上撰写成的。她在那里讨论了一种运作良好却没有中央银行的银行系统。这个系统里存在着钞票（由声誉优良的银行发行），其目的是为了交易，可以用来购买消费品，也可以用来支付工资，此外还有短期汇票和长期债券。在任何时候，企业家都可以分成不同的两组：一组人热心积累，甚至超出他们的经营活动收入所许可的范围；

另一组人则在储蓄,因为他们当时的资本积累计划不能完全吸收他们当时的全部收入。通过银行和债券市场,金融财力被从第二组人的手中重新分配到了第一组人的手中,当然这并不是说永远没有任何障碍。

一般说来,即使在这个抽象的世界里,资金的供应对于资本积累来说也更多是一种牵制,而不是刺激。这部分是因为人们要考虑资产的变现能力,部分是因为银行系统总是在亢奋和抑郁之间来回摇摆,让具有"动物本能"的企业家更加犹豫不决(这为后来的海曼·明斯基的著作埋下了伏笔)。

经过翔实认真的分析,她得出了更加令人沮丧的结论:"就长期而言,资本积累率可能该是什么就是什么"(第244页)。

把食利阶层带入分析当中,让问题变得更加复杂了一些,但基本上没有改变她对资本积累的分析。卡莱斯基认为,当前利润等于资本净投资加上食利者的开销。他的命题引出了一些令人愉快的矛盾悖论,比如说"企业家和食利者的双面关系"。"单个企业家可以少支付工人的工资,可与此相同,如果其他企业家也少支付工人的工资,他就会因为失去市场而遭受损失。因此,每个企业家都希望自己的妻子和股东小富即安,这样他就可以把利润的绝大部分用于投资(或储存下来,为未来投资提供资金),与此同时,他又从别人的妻子和股东的消费中获得利益,这让商品市场处于起伏不定的状态之中"(第256页)。

食利者也让她对经济周期的叙述变得复杂了一些,但也没有影响她以前的主要论证。食利阶层的消费在经济萧条时期也许是一个重要的缓冲器,因为货币利率的变动和食利阶层消费水平自身的变动都是有惰性的。琼·罗宾逊提到了罗宾·马修斯1954~1955年谈论储蓄函数与趋势和周期问题的文章。在这篇文章里,马修斯把杜森伯里模型中的棘轮效应和失业水平联系在一起,而不是像杜森伯里那样把它和人均产量以及人均收入水平联系在一起,也就是说马修斯把生产能力逐步提高的效果也考虑了进来。琼·罗宾逊指明,"把利润消费掉一些,可以在一种经济机制中起到重要作用，通过这一机制，资本积累的长期趋势就会从经济周期中显露出来。每一次繁荣留下的，都是食利阶层财富的上升以及繁荣时的……储蓄……造成的消费能力的上升……而每一次萧条造成的经济下滑，都会停在对消费品更高的需求水平上，只要是……食利阶层额外增加的财富［没有被破产清除干净］，在每一次经济复苏的起点，其生产水平都会比以前高"（第269页）。

食利阶层影响着金融的性质，因为很大一部分财富"不在企业家的直接控制之下，而通过发挥它在控制金融方面的作用，［它影响了］资本的积累"（第274页）。

6.8

第四编的题目是"土地"。作者论证认为，从历史的角度来看，土地应该放在资本前面进行讨论，因为它"作为生产的要素之一有着最为重要的意义，而技术带来的剩余食物的增加是资本积累的首要条件"（第283页）。再者，土地租赁和继承的"游戏规则"，还有土地所有者的习惯和传统，对人们后来在行业领域和整个社会中的行为方式都产生了影响。

在讨论了劳动和土地的边际回报递减的历史原因，以及地主改良土地的活动对回报的提升作用之后，琼·罗宾逊讨论了剩余农产品在资本积累过程中的至关重要的作用。

第30章讨论了生产要素之间的各种比率和生产技术的问题，因此与讨论技术选择的下一章的联系更大一些。在这两章里，琼·罗宾逊分别讨论了生产要素的可能价格和所用技术之间的关系，然后讨论了在生产要素价格保持不变的情况下技术进步的多样性，最后则是试图把这两种分析结合起来，以便给出一个全面的看法。为了让自己的分析有迹可寻（如果不是对所有读者，至少对她自己是如此），她使用了简化的假设，而她对这些简化假设所作的解释很清楚，也很小心谨慎。令人痛苦的是她很坦诚，她承认哪怕是最为详尽的叙述也与现实世界发生的事情相差得很远。为了把边际产量在对劳动和土地的分析中的含义解释得更准确一些,她使用了一种稳定不变的静止状态,找出了"当总产出完全由商品构成时的不同机械化程度和土地与劳动比"。对她来讲,"每一种投资和消费的比例,都对应着一种立体的关系。随着技术知识的改变,这一相互关联的整体也在时间的进程中发生着改变"(第306页)。

她接着说,"从原则上讲,这种形式的分析全都可以利用这个办法〔重新进行〕,但这是'一项令人恐惧的任务',必须把动荡世界的不确定性遮盖之下的所有复杂的短期情况考虑进来"(第306页)。她没有着手研究这一题目,只是想举两个例子来说明应该如何处理。

不用说,当读者读完这本书的时候,还需要消化的东西会非常多,很多问题明显并不在这本书的研究范围之内。琼·罗宾逊对这本书还有一些后续的说明。首先是在1959年的一次研讨会上,她继续谈论了此书,文章发表在《牛津经济学论文集》中。在这次研讨会上,大卫·沃斯维克指出她的这本书采用了一个存量统领一切的模式(这篇文章让她不怎么高兴),而卡恩则像我们看到的那样提交了他那篇脉络清晰、极有裨益的"增长分析实例"一文。索洛在1963年"资本理论和回报率"的讲演中认为,沃斯维克的理解是有价值的。哈考特在为哈里·约翰森1962年的文章撰写评论时,不知不觉地①再现了沃斯维克的某些分析,认为他的文章就是"琼·罗宾逊的单一技术条件下的简单资本积累模型"(哈考特,1963;哈考特,2006b,第16~20页)。琼·罗宾逊说,她在1956年论文集的第二编中使用的模型,可以让其分析中最为根本的前提假设得以成立,上面提到的这些文章证实了她的这种说

---

① 所谓不知不觉,是说哈考特在研究出了他的结论之后,才意识到他们的观点看起来相似。因此,他重新阅读了沃斯维克的文章,发现了其中两段说法相同。

法。话说回来，正像我们知道的那样，琼·罗宾逊觉得有必要为她的这本书提供一本"少儿版"导读（其实绝对只适合于成人），结果就是她在 1962 年出版了《经济增长理论论文集》。这是我们将在第 8 章中讨论的主要题目，而在接下来的第 7 章中，我们将要讨论技术选择以及剑桥内部资本理论争鸣的问题。

第 7 章
技术选择与资本理论大辩论

7.1

1936 年 10 月 27 日，皮耶罗·斯拉法给琼·罗宾逊写了一封信：

英皇学院

剑桥

1936 年 10 月 27 日

亲爱的琼：

　　非常感谢你的来信［可惜，在他们现存的信件中找不到这封信了］……它为我的博物馆增加了一件宝贵的展品……我应该把它挂在西季威克语录的边上。在讲完了李嘉图关于谈论劳动量完全没有意义的观点之后，我就可以兴高采烈地……谈论效用量了。

　　如果我们用人头数去测量劳动，用亩数去测量土地，虽然有可能存在误差，但得到的结果是有确定意义的……但是，如果我们用吨位去测量资本,其结果就绝对是一种胡说八道。例如,一条铁路隧道值多少吨啊?

如果你还不相信,那么请找一个……还没有被经济学迷惑的人试验一下。比如说你的园丁,你跟他说一个农场主雇用了 10 个人,对于这块土地的大小和劳动的多少,他难道不会有一个非常准确的认识吗?现在你跟他说,这个农场主使用了 500 吨资本,他就会想你这人有点疯癫(当然了,不会比西季威克和马歇尔更疯癫)。

你的

P. S.

(科尔和哈考特编,vol. Ⅲ, 2002, 第 292 页)

1968 年 8 月,哈考特写信给琼·罗宾逊,告诉她说,他受马克·坡门(新创刊的《经济学文献杂志》的创办人和编辑)的委托,要为期刊的第二期写一篇关于资本理论的综述文章(哈考特,1969)。他请她把她认为是她与剑桥学派之间的争论的中心要点记录下来(哈考特已经决定把她的记录作为这篇综述文章的组织结构)。她在 1968 年 8 月 13 日回了信,还给哈考特寄去了阿密特·巴杜里的一篇杰出论文,"论当前资本理论争鸣的意义:马克思主义的观点"(这篇文章发表在 1969 年的《经济学杂志》上,是对这次争论的核心问题最有见识的解释文章之一)。

琼·罗宾逊在信中写道:

主要问题可以这样解释……资本有两方面的作用,一个是作为用以提高劳动生产力的生产工具,另一个是作为让资本家赚取利润的资本。第一种意义上的资本存在于合作经济或者说社会主义经济当中,但在这些社会中,劳动收入和财产收入被结合在了一起,没有出现工资和利润之间的区别……资本和利润存在于资本主义经济之中。在……新古典主义经济理论中,资本的两个方面被简化成了一个……资本在物理意义上似乎被视为完全相同的东西。面对[她的]挑战,新古典主义者设计了许多方案予以回应……比如斯旺的组合玩具和米德的钢铁……可他们并没有解决问题,因为即使只有两种商品,这两种商品的价格比率也会影响资本的价值……会随着利润率的每一次变化而发生变化……而把资本视为物质存在、把资本总价值视为单一的量的经济模型,需要的是一个只有一种商品的世界。比如黄油,它的产出是流动的,其中的一部分……被消费了,另一部分则作为生产工具被保存起来。保存起来的这部分随后又凝结为持久耐用的有形资本。如果我们为劳动和这些凝结起来的黄油加上一个连续的生产函数,我们就可以……界定资本的边际产量[产品?]……人们一直想从单一商品的世界中走出来,去探讨多种商品的世界……但在这场可以通向两个不同方向的争论中,这些做法最终还是没有得到认可。

现在我们已经把论证的逻辑完全建立起来了……确实,这样的逻辑对于新古典主义者来说太难了……他们是不会接受的。

既然边际生产力理论不能解释利润率,我们就不得不去寻找新的理论。[她]最新的想法……出现在……[她的《经济学论文选》]第三卷"关于价值理论的重新思考"之中……[她]在这里把价值理论加以简化,把斯拉法的标准商品剔除了出去……因为没有斯拉法的标准商品,我们也可以把价值理论分析得尽善尽美。

她建议哈考特向路易吉·帕西内蒂要一份他正在撰写的文章(大概是帕西内蒂1969年的文章),再向皮兰杰罗·加雷格纳尼要一份"他研究萨缪尔森的果冻的文章"(加雷格纳尼,1970;萨缪尔森,1962)。

在20世纪70年代初,她给罗威尔·盖洛威和威仕瓦·舒克拉写了一封"措辞委婉、含义隐晦的警告信"。当时,他们正准备撰写文章,为新古典主义的生产函数进行辩护,反对人们利用资本逆转和重新转换的结果对它作出批评。他们的这篇文章很快被人驳倒了。① 琼·罗宾逊对他们说,"不用费力不讨好了。即使没有重新转换,新古典主义理论的处境也不见得会好一些"(盖洛威和舒克拉,1974;科尔和哈考特编,vol. Ⅳ, 2002, 第 328 页)。至此为止,她从方法论的角度出发,一再强调通过比较均衡位置去分析经济过程是错误的。

1975 年,琼·罗宾逊在《经济学季刊》上发表了一篇名为"重新转换无足轻重"的文章,这是她在这次争论中最后写的几篇主要文章之一(罗宾逊,1975c),获得了萨缪尔森(1975)和索洛(1975)的评论。

此后,她还为 1977 年的学术争鸣研讨会提交了论文(法文),文章发表在阿诺德·希尔金编辑的《政治经济学评论》上(罗宾逊,1977e)。这篇文章的英译本题目叫"资本的意义",发表在她的《对现代经济学的贡献》一书当中(1978d),也收录在她的《经济学论文选》第四卷中(1979)。《对现代经济学的贡献》一书是以"回忆录"开始的,她在其中(第 xix 页)重新叙述了自己所经历的那次争论的历史情况。她得出结论,"尽管她的'剑桥批评'从来没有得到答复,经济学的主流教义……也似乎和以前一样,仍然因循守旧,可[她]还是高兴地在字典里看到了'知过不改'这个词,它的意思是顽固地坚持别人已经指出的错误(第 xix 页)"。②

在《经济学论文选》(vol. Ⅳ, 1979)中,她重新印刷了自己 1975 年的论文,同时还附上了萨缪尔森回信的一部分。对于萨缪尔森的回信,她也回过头来作过答复。在这篇文章里,她简单地回顾了自己是如何发现重新转换问题的,很明显,她是在卡尔多

---

① 是被加雷格纳尼(1976a)、佐藤(1976)以及雷伯曼和尼尔(1977)驳倒的。
② 她在为《评论》研讨会撰写的文章的英译本结尾引用诗文说:
    He who is convinced against his will(被迫放弃自己的观点)
    Is of the same opinion still(就是仍在坚持原来的观点)
    她接着说,"[现在]该是放弃主流思想,跃入真正的动态分析洪流之中的关键时刻了"(罗宾逊,1977a;1978d,第 125 页)。

的建议下发现的。卡尔多劝告她，她"应该考虑一下在技术知识水平给定的情况下资本存量深化……的概念"（第78页）。她在文章中争论说，"技术转换的争论源于后凯恩斯主义者试图继续发挥他们对长期资本积累的分析，可他们得出的结论和根据前凯恩斯主义的假设得出的论点互相冲突"（第76页）。她论证道，"想要找到证据证明技术转换在实际生活中'可能'出现，实在是很无聊的事情"。伪生产函数不仅不存在于"现实"当中，就是想沿着它移动到技术转换点都是不可能的。

[因为]实际生活中资本积累并不会在给定的知识水平上发生。经济理论引入这一观点……是为了给边际生产率的概念找到一些含义……而这一伪生产函数的建立，就是要说明它没有意义。

（第82~83页）

从上面的叙述中我们可以看出，她的研究重心和论证方法发生了一次根本性的转变。这构成了我们考察相关问题，特别是她对这些问题的解释的背景。

7.2

显然，琼·罗宾逊从20世纪30年代起就在反复思考这些问题，按照她自己的看法，是她1953~1954年的文章把这些问题带入了公众的视野。[①] 阿维·科尔和哈考特在他们2003年发表在《经济学观点杂志》上的对这次资本理论大辩论进行回顾的文章中，筛选出了"仍待解决"并预计"不可避免会在未来再度引起争议"的"三个深刻问题"（第200页）。

---

① 阿巴·勒纳1953年的文章没有得到足够的重视，这篇文章以奥地利理论、奈特理论和凯恩斯理论为背景，对这些问题作了极其清楚的讨论。

第一个问题是,资本概念对分析工业化资本主义社会的意义,以及必然会随之出现的资本计算问题。第二个问题是,琼·罗宾逊抱怨均衡不是经济发展过程的结果,因而用来分析资本积累和增长过程是不合适的。第三个问题是,当各种简单经济模型的分析结果不够可靠时,意识形态会在争论中起到助燃作用。

(第 200 页)

对于前两个问题,琼·罗宾逊在她 1953~1954 年的文章中解释得很清楚。她对第三个问题的看法散见于几十年来的很多文章之中,典型的例子(1973a;*C. E. P.*,vol. Ⅴ,1979,第 254~256 页)是,她认为"利用意识形态来进行分析没有什么意思,因为我们早就知道答案会是什么了"(*C. E. P.*,vol. Ⅴ,1979,第 261 页;还可参见第 11 章)。

对于在总生产函数中使用什么单位来计算资本的问题,她说了下面这段在经济学界非常有名的话:

生产函数一直是误人子弟的有力手段。老师告诉学习经济理论的学生,要把这一函数写成 $O = f(L, C)$,这里 L 代表的是劳动量,C 代表的是资本量,而 O 代表的是商品产出率。老师还教他,要把所有工人都看做是一样的,要用劳动的人工小时来计算 L;在选用产量单位时存在着指数问题;随后,他就被匆匆忙忙地推到了下一个问题面前,来不及问一问计算 C 要用什么单位。而就在他提出这个问题之前,他自己也已经混成教授了。就这样,这种马虎草率的思维习惯一代接一代地传递下来。

当然,这绝不是一个容易回答的问题。

(*C. E. P.*,vol. Ⅱ,1960,第 114 页)

我们同样清楚地看到,她充分理解了为什么必须要有这样一个单位的问题。如果资本量是决定国民生产总值中的资本回报（以及资本回报率本身）的重要因素，在分析开始之前，它就必须可以用类似人工小时和土地亩数那样的单位加以计算。对于这个问题，斯拉法在很多地方都评论过。他在 1962 年回应哈罗德对他 1960 年一书的评论时，把这个问题说得尤其清楚："既然资本量取决于利率，不能用于传统目的……也就是确定利率，那么它还有什么用呢？"但是，如果把资本相对于劳动力的缺乏看做是利润率之所以如此的外部原因，那么在分析开始之前，就必须有这样一个计算单位（即使在高度抽象的理想情况下依然如此）。

琼·罗宾逊提出了一种计算资本的方法，就是真实资本，也就是用劳动时间计算的资本量。这种方法虽然未能从分配和价格中独立出来，却让新古典主义把资本视为生产要素的提法获得了一定的意义。不过，它没有得到新古典主义那种竞争条件下边际产量等于生产要素价格的均衡结果（在总生产函数的框架内）。大卫·钱伯努恩使用了环比指数的方法计算资本，想要找到它们之间的这种相等关系。然而，这种计算方法也没有与分配和价格分开；再者，要想得到顺理成章的结论，边际产量的概念还需要加以细微改动，可这在经济学的传统说法中是不存在的。按照传统的说法，相对于资本的（递增）变化而发生的产量的（递增）变化，是由利润率的（递增）变化所引起的。钱伯努恩的计算方法则是说，产量的递增是相对于资本的递增而言的，而资本的递增是它在两种获利相同的生产方式同时使用时的递增变化（帕西内蒂，1969，第 529~531 页；哈考特，1972，第 33~45 页）。

她认为反对意见犯了"严重的"方法论错误，对于这种错误，如果她的解释不像丹尼斯·罗伯特森所说的那样清楚明了、切中要害的话，她至少明明白白地表达了自己的立场。琼·罗宾逊写道：

> 新古典主义经济学家把均衡视为经济的前进目标。但是，经济体不可能到达均衡点……均衡的真正本质是经济已经处在

均衡之中，而且是在过去足够长的时间里……一直处在均衡之中。①

（罗宾逊，1953~1954，第 85 页）

对于琼·罗宾逊上文的第二句话，罗伯特森

实在是佩服得无以复加。在认认真真研究了哲学之后，[发现它是]绝对的胡说八道……不论是谁，如果他拒绝承认经济可以朝向均衡前进，不过实际上也许永远不会达到均衡，[他就没有真正理解马歇尔，而且使得]……对现实事物发展轨道的解释变得极端困难。

琼·罗宾逊承认（*C. E. P.*，vol. Ⅱ，1960，第 130~131 页）自己的说法有些"措辞不当"。她的要点是，在均衡状态下，没人觉得改变自己的行为会让自己的处境变得更好。应用到耐用资本品存量方面，这就意味着今天存在的资本存量是本来就应该存在的。

如果相关的人早在以前就知道他们现在对未来的期望……受不同均衡点影响的经济周期就会重叠……相关的过去就会无限期地延伸回去。这就是说，经济除非已经在均衡的路上走了一段时间，才会在均衡的路上继续前进。

但是，直到 1966 年《经济学季刊》关于资本逆转和重新转换的研讨会举行过后，她才开始强调这种批评是最为根本的批评方法，并开始贬低资本逆转和重新转换结果的重要性（她并没有把不可能找到一种独立于分配和价格的资本计算单位的论证当成是

---

① "时间和空间在两个……方面惊人地不同。在空间那里，物体从 A 走向 B，可能会遇到从 B 走向 A 的物体，但在时间那里……一直生效的是单方面运动……在空间中，A 与 B 的距离在级别上……和 B 与 A 的距离是一样的；而在时间中，今天到明天的距离是 24 小时……今天到昨天的距离是无穷大"（琼·罗宾逊，1953~1954，第 85 页；*C. E. P.*，vol. Ⅱ．，1960，第 120 页）。

最根本的方法)。

在1953~1954年的文章和1956年的著作中,她在新古典主义的理论框架内讨论了短期和长期、均衡和失衡状态下资本计算的各种可能办法。其实,她是在同时寻找与自己的书中提出的理论框架相适应的计算方法及其意义。如同我们看到的那样,她集中研究了她称之为真实资本的计算方法,也就是用劳动时间来计算资本。[1] 她认为这种计算方法最适合于在新古典主义的理论框架内赋予资本这一生产要素一定的意义。每一种设备组合的生产能力是已知的,当它们和劳动结合起来的时候,资本的价值就可以用生产它们所需的劳动时间来计算,同时也要把准备期的各种已知利率计算进来(这些利率在没有风险的均衡状态下等于它们相应的利润率)。那么,在已知的均衡状态下,企业到底应该使用哪一组设备呢?我们可以假设工资水平是已知的,看看哪组设备可以让我们在这种工资水平下获得最高的利润率,这组设备就是我们应该使用的设备。竞争的力量让我们必须选用这设备。这种计算方法的魅力是直观的:

> 当我们考虑给定的资本积累能够增加多少生产资源时……增加多少……取决于创造这些资本用了多少劳动[和花了多少时间],而不是取决于成本,同时所用的劳动要以最终产品的形式表现出来,体现为单位小时的劳动量。
>
> (C. E. P., vol. II, 1960, 第116页)

真实资本只有在经济整体均衡的条件下才能成为一种严格意义上的计算方法。在那个时候,人们的全部预期已经实现或即将实现,因此不论我们是把资本视为在准备期积累起来的生产投入,还是把它视为尚未实现的毛利流,我们肯定都会得到相同的答案。这一结果基本上是威克塞尔式的,从这一结果出发,我们可以对

---

[1] 这个单位除了适合于她当时的目的之外,她在早些时候和凯恩斯的通信中已经和他取得了一致意见,认为把它当做经济分析中的计算单位总体来说是合适的。

真实资本的计算方法和琼·罗宾逊的生产函数进行推导。我们设想，一件消费品的生产在完全竞争的环境中要经历一系列可能相当稳定的状态，在这样的环境中，生产回报不断上升，生产分工全部完成，生产机器可以永远使用下去。

根据这样的均衡定义，我们可以写出下面的公式：

$$K = wL_g\,(1+r)^t = \frac{(Q - wL_c)}{r} \tag{1}$$

这里的 K 表示的是用这种消费品计算的资本量；w 是用这种消费品计算的工资率；r 是利润率（利率）；L_g 是 t 个时间段之前生产单位设备所需的劳动量，而 t 表示的是投资的准备期；Q 则是 L_c 个工人利用单位设备进行生产所得到的消费品产量。

因此，用劳动时间表述的资本量就可以写成下面的公式：

$$K_L = \frac{K}{W} = L_g\,(1+r)^t \tag{2}$$

这时我们可以把一切已知技术，按照它们生产这种消费品的人均产量进行排列。与每一种技术相对应的人均产量就会体现为下面的关系：

$$Q = wL_c + rwL_g\,(1+r)^t \tag{3}$$

因此，

$$w = \frac{Q}{L_c + rL_g\,(1+r)^t} \tag{4}①$$

如果我们把一切已知技术的"生产成本加起来"，然后把人均产量和人均真实资本联系起来，我们就得到了琼·罗宾逊的总生产函数方程，也就是那个最终被称为伪生产函数的方程（见图7.1）。当时的人们都知道（现在应该不会这样了），它是一个锯齿

---

① 方程（4）也暗含在方程（1）中。

状图形。那些改变方向的拐点所反映的是在 w 的值给定的情况下盈利能力相等的各种技术组合;而那些(横向的)转弯则显示出在 w 和 r 的一定取值范围内,某种特定的技术占据了主导地位。这些锯齿的斜率无法简单地衡量出与之相关的均衡资本回报。锯齿上的点代表了所有可能的经济均衡点,要想对锯齿上的任意两点进行比较,就只能把不同的 w 值和 r 值所引发的发展过程排除在考虑之外,以期得出一种技术可以在积累过程中取代另一种技术的结论。

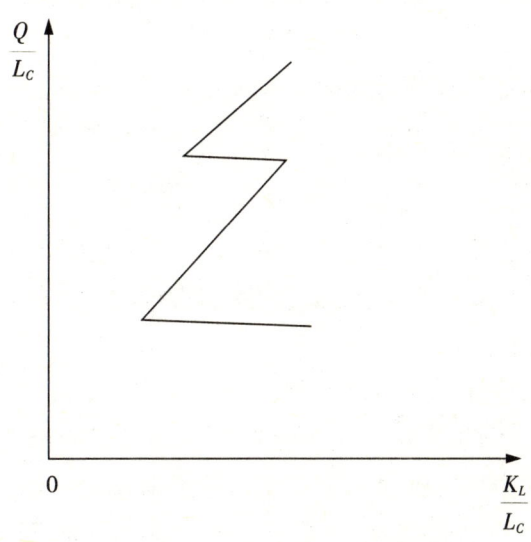

图 7.1 琼·罗宾逊的伪生产函数方程

再者,尽管琼·罗宾逊把它称为"一种任性的关系",是一件古玩(鲁斯·科恩的说法;参见第 6 章),但她也确实注意到了较低水平的利润率是可以归因于较少的人均资本价值以及较低的人均产量的。这反过来可能意味着,在一种利润率水平上最能盈利的生产技术,在另一种利润率水平上可能还会变得最能盈利。当然,这些是资本逆转和重新转换造成的现象。

她把这些现象运用到了对威克塞尔效应以及威克塞尔关于资本的看法的讨论之中(罗宾逊,1956a,第 396~397 页)。威克塞尔指出，单是生产周期的长度（它代表了琼·罗宾逊所说的机械化程度）并不能决定资本和劳动的比率，因为某种特定的生产方式所需要的资本量取决于实际工资率。对斯旺来讲，这只是价格方面的威克塞尔效应，它"什么都不能说明，只是重新估算库存价值的一种方法"（斯旺，1956，第355页）。但对琼·罗宾逊来说，这是对庞巴维克的理论作出的根本批评，同时也是

> 整个积累理论以及工资和利润理论的关键……威克塞尔在分析中表现出来的主要难点［在于］，他把静态比较……和在时间中进行的积累过程放在一起进行了［讨论］……他的基本命题在这两个方面的论证中都是同等重要的，但是如果不把它们分离开来，他的命题就不能被很好地理解。
>
> （罗宾逊，1956a，第397页）

真正的威克塞尔效应是与采用不同的生产方式相关的，因为对于 r 或 w 的值，我们要考虑到它们既包含了物理上的变化，也包含了数值上的变化。

钱伯努恩和索洛对她的文章作出了回应，而斯旺则在他1956年的"关于资本的注释"一文的附录中撰写了一篇评论，对她的文章和著作的诸多方面进行了概括。钱伯努恩的"评论"（几乎和她的文章一样长）发表在了同一期《经济学研究评论》上，他的目的是要维护边际产量等于生产要素价格的传统结论，同时也想让对"缓慢的"资本积累过程进行分析成为可能。为了这个目的，他发展出了用环比指数计算资本的方法，以便在分离开不同的 r 值和 w 值对价值的影响之后，计算资本在"量"的方面出现的变化。他把 w 和 r 的关系同每一种已知的生产方式联系起来使用，构造了一条特征明显的外围边线，意思是说在这条边线的不同点上，各种生产方式的盈利能力都是完全相等的。由于它们估算价值的程序相同，因此它们在价值上的不同就反映了量的不同。他从这里构建出来的那些相对关系，使得他能够创建用以计算资本量的环比指数。当他举例说明这种方法的具体用法的时候，他想当然地

把资本逆转和重新转换排除在外了。①

在斯旺的经济增长模型中,资本与劳动比、资本与产量比会随着积累的进行而发生相当大的变化。如果某个主要参数比如说储蓄率的值出现了变化,经济就会随之达到一个新的均衡位置。因此,斯旺在文章中所用的分析"采用了新古典主义的形式",也分享了"新古典主义和李嘉图的缺点"。

他在书末的附录中讲得非常明白,按照"回到最初"那种研究程序,那些确保这一方法得以成立的假设就像是麦田里的稻草人,它吓跑了"那些指数之鸟,也包括琼·罗宾逊本人"(第343~344页)。一个关键的假设是说,资本的组成就像是组合玩具,它们可以不受成本和时间的限制,随意转换成各种合意的形式,最新的教科书就是这样解释的(琼·罗宾逊的范本,只是她把技术进步也考虑了进去)。这一假设,连同人们熟知的生产函数形式(科布-道格拉斯函数)、经济预期和市场结构假设一起,使得传统的边际生产率理论"以一种不蒙人的形式"(第344页)得以维持。它们并不想在历史时间中分析资本积累的问题,或者进一步说没有考虑把自己的发现运用到历史时间进程中去。对于这两个问题,斯旺的认识是非常清楚的(斯旺,1956,第350~351页)。②

什么样的条件才能让社会资本成为一种纯粹的量而得到处理呢?索洛(1956a)对这个问题展开了研究。后来,他似乎没有像琼·罗宾逊那样只是喋喋不休地抱怨,而是更多地想着如何进行他的计量经济学研究。对他来说,"把资本看做一个数量并不是什

---

① 要想了解对钱伯努恩的文章的更为全面的讨论和评价,请参阅哈考特(1972,第29~34页)。
② 要想了解对斯旺的比较全面的讨论和评价,请参阅哈考特(1972,第34~39页)。还可参考彼得·斯旺关于特雷弗·温彻斯特·斯旺的澳洲国立大学就职演说,以及琼·罗宾逊和斯旺就他这篇文章和1964年论文"论黄金时代和生产函数"的通信内容。她觉得到了他的第二篇文章的时候,他们的观点已经"非常接近了"。可是,我们知道,斯旺本人还是绝望了,放弃了对这些问题的继续研究。

么原则问题……但严格有效的结果［却只能来自］资本品模式……把产量想当然地看做是劳动和资本价值的函数，这种做法从来没有过任何正当理由。不是它，而是它的偏导数，才能为我们带来正确的结果"。而在经验主义的研究中，"人们却想躲开这个可能是最小的维度问题"（哈考特，1972，第46页）。

7.3

20世纪60年代，以斯拉法于1960年发表其经典著作为起点，辩论开始变得热烈起来。斯拉法在很多地方提到了自己的研究成果，并含蓄地批评了新古典主义把作为资源缺乏指数的价格当做价格形成背后和分配理论中的组织原则的直觉说法。与此同时，他还论证了资本计算不能独立于分配和价格。他在其"劳动量如何向过去折算"一章中明确指出，"在生产方式没有发生变化的情况下，相对价格运动方向的逆转，与把资本当做是一种可以计算的、独立于分配和价格的量的任何想法都是不相符合的"（第38页；又见"固定资本"一章，尤其是在第70~72页，斯拉法分析了不同的利润率对均衡状态下的资本品存量价值产生的"显著"影响）。在书中的第三部分，他对技术选择的问题进行了分析，并举例证明了资本逆转和重新转换的可能性。

> 从这种观点出发……我们并不能从总体上说（这与人们可能已经作出的预期相反），在两种可以互相替代的生产方式之中，与标准系统相对应的、可以带来更高的产量与生产资料比的那种方式，在利润率相对较高的时候就是最能盈利的生产方式，在利润率相对较低的时候就是最不盈利的生产方式。
>
> （第84页）

1962年，萨缪尔森在《经济学研究评论》举办的一次研讨会上发表了他关于代用生产函数的文章。这篇文章只是把索洛1956

年（索洛，1956b）的增长模型和他自己 1957 年的数量经济学著作进行了合理化而已。在他 1957 年的著作里，他把 J. B. 克拉克的果冻模型运用到了麻省理工学院更为复杂的 n 种商品的智慧模型当中。为了让自己的研究结果更加可靠，他研究了技术在时间中的深化和进步对提高生产力的相对作用。在这篇文章的注释中，他认可了加雷格纳尼的研究成果（这篇文章直到 1970 年才得以发表），这在很大程度上降低了他自己的研究成果的可靠性。随后，大卫·列夫哈里（1965）称他证明了斯拉法第三部分的研究成果可能只对行业成立，不能由此推导出一个适用于整体经济的模型。正是这篇文章促成了 1966 年《经济学季刊》研讨会的举行。帕西内蒂（1966）是第一个指出列夫哈里的错误的人，其他许多作者也起来响应，最后是萨缪尔森撰写了非常优秀的文章进行"总结"（他也注意到了列夫哈里的错误）。萨缪尔森在文章中总结道：

> 如果所有这些都让眷恋新古典主义著作中的老旧寓言的人感到头痛的话，我们就必须提醒自己，学者生来就不是为了过一种安逸生活的。对于生活的真谛，我们只能去尊重，去欣赏。
>
> （第 583 页）

琼·罗宾逊和 K. A. 纳克维 1967 年的文章也谈论了 1966 年研讨会上的那些题目。

与此同时，索洛在 1963 年的达富力演讲中提到了欧文·费雪的投资社会回报率的概念，认为这一概念对于分析资本理论问题来说更为贴切一些，也不会受到资本及其边际产量理论所受到的那些批评。但是，他对理论的论证和对数量经济的规范并没有完全成功地避开资本和边际产量，而这正是琼·罗宾逊（1946a）对他严加批评的地方。帕西内蒂（1969）采用了这些新的研究成果，考察了它们对费雪的分析和索洛的成果产生了什么样的影响。

琼·罗宾逊写过一篇关于索洛的评论文章（1963），文章的核心是她希望在数量经济的规范之内论证，使用生产函数在时间序列上的可用数值来估算一些主要参数,会牵涉一个不正确的程序,那就是它把经济的长期挤缩到了短期当中。她以黄油经济为例,对这个问题进行了说明。黄油既是投入,也是产出,这两个方面可以通过运作健全的生产函数方程联系起来。在这个函数方程里,黄油与劳动的比率以及黄油投入与黄油产出的比率可以采用相关的经济激励所需要的任意值。这样,不管经济是由于短期内使用了太多或太少的黄油投入而沿着生产函数方程上下移动,还是由于长期内积累(深化)造成黄油投入相对于劳动力供给不断上升,这些主要参数都可以取同样的值。这样,我们通过使用观察产量和资本的短期值所得到的时间序列数据,就可以估算出深化造成的影响。当然,后来有人对索洛的著作展开研究(哈考特,1972,第3章;2006b,附录2),研究表明技术进步虽然会让这一论证变得复杂,但是作为基础的那些规定和假设却依然成立。

帕西内蒂对于人均资本和资本回报之间的负相关关系也表示了关注。在费雪那里(或者说是索洛在费雪的基础上提出的看法①),当我们考虑的是不同质的资本品的时候,这一关系只有在隐含地假设了不允许资本逆转存在的时候才站得住脚。索洛(1970)全力以赴地否认了这种看法,他仔细地区分了严格的经济理论所需要的工具,以及数量经济的规定所需要的,也就是"解读数据所需要的廉价工具(它的表现似乎真是这样的)"(第424页)。②

7.4

琼·罗宾逊和纳克维1967年的文章是她从分析技术问题的角

---

① 克里斯多夫·多尔蒂论证认为,帕西内蒂不是在攻击费雪的回报率理论,而是在批评"认为费雪的回报率概念可以用来复活约翰·贝茨·克拉克确定利润率的寓言的任何提法"(第1324页)。索洛尽管声明自己想要摆脱克拉克,只用费雪的投资社会回报率的概念,但他的分析中还是隐含了克拉克的寓意。
② 要想了解对多尔蒂、帕西内蒂和索洛之间的三方辩论的全面讨论,请参考哈考特(1976)和萨东尼(1992,第151~156页)。

度出发,最后一次介入关于重新转换和资本逆转的讨论。自此之后,她越来越重视另外一种批判论证的潮流,也就是利用差异来分析变化(与她同时进行这方面研究的是一些新古典主义阵营中的经济学家,特别是克里斯多夫·毕利斯和富兰克林·费雪)。在她 1974 年的文章"历史与均衡"中,她把自己的这种看法非常有力地表达了出来,这篇文章后来收入《经济学论文选》第四卷中。

引述第四卷序言中的说法,第四卷中的第一篇论文"问题是什么?"(罗宾逊,1977c)最初发表在 1977 年的《经济学文献杂志》上,是她"应邀对当时的经济理论研究状况进行的综述"。她告诉我们,收录在第一部分中的理论文章详述了这篇论文的许多要点,它们"可以运用在两个层面上,一个是把严格规范的经济模型中的逻辑解释清楚,另一个是放松对逻辑的要求,从而以一种近似的形式对现实中的实际问题进行有益的探讨"。①

> 在逻辑的层面上,[她]不停地借题发挥,抱怨新新古典主义学者没有能力把均衡模型中参数的差异同某一时间发生的变化的影响区分开来。[她]想当然地认为,要让读者相信经济学界的大腕也会犯这样的错误是很难的。
>
> (第 vii 页)

就此而论,她认为自己和萨缪尔森就"重新转换无足轻重"展开的交流是"恰当的"。她在第一篇论文(罗宾逊,1932a)中提到,她"已经意识到了理论辩论中存在的陷阱"(第 vii 页)。

在"历史与均衡"一文中,她引用梅纳德·凯恩斯的说法,把均衡理论(凯恩斯称之为"古典经济理论")描述为一种"温文尔雅的[技巧],它从我们所知甚少的未来情况中提取知识,用以处理现在的问题"(凯恩斯,1937;C. W., vol. XIV, 1937b,第 115 页)。她自己的看法正是建立在这一认识的基础上。

---

① 这是她 1956 年一书遵循的叙述策略(参见本书第 6 章)。

只要承认指导人们经济活动的是经济预期，而经济预期存在着不确定性，我们就可以把均衡问题从论证中剔除，用历史来取代它的位置……后凯恩斯主义理论跳过了 1870 年到大萧条期间 60 多年的新古典主义教条的统治，回到从前，与李嘉图和马克思握手。这就能说明后凯恩斯主义的分析为什么会有两种截然不同的思想源泉，一种是皮耶罗·斯拉法对李嘉图的解释，另一种是迈克尔·卡莱斯基对就业理论的解释。

（罗宾逊，1974；C. E. P., vol. V, 1979，第 48 页）

她总结认为，尤其是"对发展中国家来说，技术选择问题是一个非常重要的问题"。但它牵涉的不是"'资本'与劳动或产量的比率"的问题，而是"投资资源合理分配"的问题。具体投资带来的生产率的提高或许可以称作投资回报，但它与"先前存在的资本品总存量，或者说从过去继承得来的财富"的利润率（或利率）没有任何联系。

如何计算资本，在她的批评中只是"一件小事"。"问题的核心在于，[新新古典主义]……提出的用以替代……后凯恩斯主义积累理论的东西……是一个方法论上的错误，它混淆了想象出来的均衡和历史进程中的资本积累之间的区别"。

如果没有"正确理解和处理历史时间"，没有对"讨论中的经济体系的游戏规则"加以限制说明，他们的"理论武器""对于分析当前……微观领域和宏观领域的问题来说就是毫无用处的"（罗宾逊，1974；C. E. P., vol. V, 1979，第 58 页）。

在她提出这一破坏性极大的诉状的过程中，她也指出他们没能区分开作为金融资产回报的利息和作为资本品物质积累回报（收到的，而不是挣得的）的利润。由于他们没能区分所有权应得利息和产生未来储蓄所需要的利息，他们在论证利息的合理性时就只能含糊其辞，推诿了事。

7.5

像我们经常看到的那样,琼·罗宾逊一直认为最重要的事情是对理论模型所代表的社会或经济给出明确定义:谁是政策制定人,游戏规则是什么,有没有任何制度。在"历史与均衡"一文中,在她为1977年关于资本理论辩论的研讨会提交的文章①中,她的讨论都体现出了一个特点,那就是她分析了不同理论和不同学者的著作在这些方面的特征,以及他们与这次辩论和辩论结果的关系。她特别分析了在资本理论辩论中左右逢源的那些相关看法以及它们与积累理论的联系,也就是在历史时间中分析分配和增长过程。

她在1974年的文章中对此作了明确说明:

> 在讨论积累之前,我们必须……处理瓦尔拉斯和庇古留给我们的悬而未决的问题,那就是资本积累是在什么样的经济体系中发生的……[它是]弗兰克·拉姆西所说的农民和工匠之间没有阶级之分的集体合作的国家呢,还是现代资本主义国家……在一个允许拥有私有财产的民主体制里……储蓄是由家庭决策来决定的。果真如此的话,那么储蓄是[如何]转化为[投资]的呢?或者如果说投资取决于各行各业企业的决策的话,那么它们是如何获得……资金……又是怎样的利润预期[指导着]它们的投资计划呢?经济体系中有没有一种机制保障经济在充分就业的同时又能持续增长呢?[如果预计利润率接下来会下降,]企业[是会]默默无语地抛弃以前使用的生产函数,还是[会]引进新的生产技术,提高投资的单位产量和[人均]产量呢?
>
> (罗宾逊,1974;C. E. P., vol. V, 1979, 第57页)

---

① 我们看到,琼·罗宾逊把文章(法文)英译本的草稿发表在了 C. E. P. (1979, 第59~70页)的第四卷中,题目是"资本的含义"。

她在文章中评论过的这个题目也出现在她与保罗·萨缪尔森1973年的一封信中（每个人的信里都暗含了一股对于对方的愤怒），甚至出现在她1978年写给罗伯特·多夫曼的一封信中。① 显然，那是因为琼·罗宾逊1978年3月在哈佛发表过一次讲演，而多夫曼对她的讲演作过评论。她发现他们之间的对话"非常令人不满意"，于是"非常"希望"把自己的要点解释清楚"。

对她来说，多夫曼所持的观点是：

> 按照瓦尔拉斯的模型，随意投入一定数量的初始资本，包括可以再生的各种"机器"，就会存在一个均衡点，在这个均衡点上每一台机器的生产成本都等于它的租金……对于所有类型的机器来说，它们的成本回报率是完全一致的。

她希望多夫曼解释他"这种观点的基础"，然后对她自己关于这个问题的看法进行了表述：

> 均衡位置上，产出的价格和投入的租金流之间存在着特定模式……如果人们在此之前正确预见到了什么时候应该生产现在正在使用的机器，那么每种类型的机器的成本回报率肯定会是完全一致的，因为人们不会节衣缩食去购买……回报率低于其他机器的机器……如果我们用回报率去折算现在使用的机器的租金流，[它们的时间模式是一样的，]就会得出每一种机器的价值都[等于]它的生产成本。
>
> 如果我们接受这一模式的全部条件……与均衡相容的既有机器数量就只能有一个特定的值。如果库存量是一个随意的值……回报率……就是不一样的。
>
> 问题在于，瓦尔拉斯想把未来带入论证当中，他认为今天的投资被未来的预期回报所指导，却完全没有考虑过去。在他的模型里，今天使用的机器是从天上掉下来的，完全没有考虑

---

① 感谢哈维·格拉姆寄给我们这些信件的副本。

人们对今天可能的情况所作的预期。

她在 1977 年讨论资本含义的文章中论证说，"主流教义"建立在三种不同形态的模型之上，却又经常把它们混在一起。

第一种是没有私有财产的全面合作模型，在这一模型里，整个社会进行储蓄投资，整个社会享受资本积累提供的收入增长。这一模型引用了弗兰克·拉姆西 1928 年的"简练方程"，同时也假定了一种通用的单一产品，而这种产品的生产和效用都服从回报递减。

第二种模型建立在瓦尔拉斯一般均衡理论的基础之上，它强调的主要是交换过程。

第三种模型起源于马歇尔，"J. B. 克拉克对它进行了通俗化处理"。按照这种说法，"资本"、土地和劳动是生产的基本要素，生产回报由这些要素的边际生产率控制。至于说"机器"，它们的边际生产率控制着食利阶层获得的利息，而利润是独立的一项，是经营管理的"回报"（参阅罗宾逊，1977e；*C. E. P.*，vol. V，1979e，第 60~61 页）。

这样看来，她的批评当中包含了预期的作用以及均衡所需要的条件。随着时间的推移，她对这些问题的看法也越来越清楚明白。格拉姆（2005）已经证明，她对均衡需要的条件作出了最为深刻的核心批评，即使把她的批评放在最为复杂的新古典主义一般均衡增长模型当中也是如此。正像人们经常谈到的那样，这些模型的缺陷是难以克服的，因为那些狡猾的投机分子会利用套利机会博取好处。从根本上讲，如果资本品存量在起点时的原始组合正好与一种经济增长模型最终走上均衡之路所需要的条件相一致，那只能是一种巧合。可如果不这样，其他的一切又会造成混乱。

第 8 章

《资本积累》之后：辩护与发展

《资本积累》出版于1956年，此后，琼·罗宾逊又出版了其他三本著作，对《资本积累》一书中的主题进行解释、说明和进一步发挥。1960年，琼·罗宾逊出版了《经济分析实例》一书。她把这本书称作是"一本异乎寻常的教科书"（1960a，第v页），一次新颖独特的创举，目的是帮助读者尤其是学生根据她的范例和指导，通过实践来学习经济分析。这本书不仅指导他们对罗宾逊1956年一书讨论的复杂问题进行详尽分析，还鼓励他们从思想观念的角度深入思考，以避开思想正统的老师们一直无法避开的种种陷阱。她提醒人们"注意［她］一直想要遵守的方法论方面的几个规则"：必须要认真对待时间。对拥有各自的未来和过去的两种不同情况进行比较，不等于追寻事物从一种状态向另一种状态运动的过程（这就像她越来越多地想到的那样，最起码是因为我们可能永远不会到达那里）。各种数量只有在"我们规定了用来计算［它们的］单位"的时候才有意义，"人和自然之间的技术关系和物理关系，必须要同人和人之间的社会关系区分开来"（第v页）。

跟在这本书之后的是《经济增长理论论文集》（1962e）。她当时感到，读者在阅读她的那本"巨著"时遇到了一些逻辑不通和困难的地方，这本书的具体目的就是要解决这些问题。这本书讨论的问题范围相对窄一些，主要集中在纯理论方面，她不愿过多陷入那些令读者非常困惑的"现实世界"问题中。她在书中为自己设定了目标，就是要把自己的主要发现以及通过这些发现所得到的结论，以一种直截了当、不得不说的形式展现出来。

随后她在1971年出版了《经济学异端：经济理论中的一些老旧问题》一书。这本书篇幅虽短，却充满了她的学术智慧的精华，也显示出她的写作风格进一步发生了变化。① 越来越多地，她提供给读者的只是冰山一角，隐没在水中的主体虽是她自己非常熟悉的内容，却会让其他读者尤其是经济学新手们更加困惑。尽管如此，就像她最刻薄的评论家弗兰克·哈恩后来也承认的那样，这本书实在是智慧与见识的宝藏。在十年之内，剑桥大学的学位论文题目都可以从这本书中抽取出来，而跟在后面的"课后讨论"②

---

① 1965年10月，她在人头攒动的米切尔大厅发表就职演讲"新重商主义"（1966a），当时她身着可能是大女儿安设计的深蓝长裙，看上去很漂亮。1965年，她接替了奥斯丁的教授职位，奥斯丁没能参加演讲，但派人送来了一束非常漂亮的花，并在演讲的时候献给了她。《经济学异端》是她"退休"后的第一个研究成果——1970年她67岁，是剑桥大学的正式退休年龄。

② 下面是"课后讨论"中的一些具体例子：

"非货币理论实际因素趋于建立均衡的看法，在货币是唯一重要的东西的教条中成为典范"（第76页）。

"《通论》，只有在与货币、信誉和金融相关的社会关系和机构制度成为与货币政策相关的'实际'经济的必要成分的意义上，才是一种'货币政策'"（第96页）。

"'需求拉动'和'成本推动'的区别运用到商品市场中是没有多大用处的……但用在劳动市场中就有重要的意义"（第92页）。

"通货膨胀经济的处境，就像是一个人抓住了老虎的尾巴"（第95页）。

"企业决定对利润重新投资以求增长，是资本主义从其开始时起就有的一个特征……如果不是这样的话，资本主义可能从来都没有发生过"（第102页）。

"当竞争非常激烈的时候，肯定会出现垄断趋势，垄断趋势经常会停止在寡头垄断阶段，少数几个大企业会选择武装中立，而不是进行抢夺最高垄断权的决战"（第102页）。

"联合企业的现代发展明确说明，是金融财力，而不是技术经济规模，保证了已经很大的企业继续成长"（第102页）。

其实就是琼·罗宾逊自己的指导意见。哈恩在评论中引用完她的话后说，他愿意"原谅并忘记"她书中的那些缺陷和错误（科尔和哈考特编，vol. V，2002，第19页）。

有些人从她对人们已经和正在做的事情所作的描述中认出了自己，对于她的批评，这些人通常都会感受到沉重的压力。实际上，她是在使用凯恩斯批评别人的著作时经常使用的方法，那就是要想逻辑一致，要想得到他们得到的结论，就必须采用他们的理论结构和目的。① 一度做过她的博士生的斯坦利·王以同样的方式对待了萨缪尔森和他的显示偏好理论，明目张胆地采用了理性重构的方法（参见王，2006）。当然，这自然不是交友和影响他人的一个好方式。

8.1

就像我们看到的那样，琼·罗宾逊设计的这三本书主要是《资本积累》一书的后续，因为那本书太难读了。难读的部分原因，就像开尔文·兰卡斯特在评论文章中（1960，第66页）抱怨的那样，是因为书中的"图片"太少了，尽管他曾经把罗宾逊夫人称作经济分析中的"语言和图片"学派的大师。他的这种说法略微显得有失公允，因为她在书中讨论技术选择的那一部分是有图表的，其中一张图表还被慎重设计成了书签。但无论如何，这一缺点在《实例》中通过一种新颖独特的形式得到了补救，她要求读者根据她的指导自己画图。这样，读完这本书的学生就可以在下面这些经济理论的分支中建立自己的重要命题，这些分支包括生产和积累、积累和分配、基本需求理论、国际贸易理论、企业理论，以及社会主义经济中的资源配置理论。

这本书不同部分之间的难易程度差别很大。第三和第四部分

---

① 迈克尔·安布罗西（2003）说明，凯恩斯对《通论》的结构和庇古1933年的著作之间的关系所作的精辟分析是非常正确的。

(也就是"交换经济"和"资本主义工业经济")可以分别作为大学一年级价值理论和企业理论的基础课。第一和第二部分(也就是"生产与积累"和"积累与分配")就像人们预料的那样,包含着本书最难读也最有新意的一些章节,更适合作为大学最后一年和研究生第一年的课程。而第五部分"合理的价格系统"实际上是勒纳的《控制经济学》(1944)的简易读本,是社会福利经济学的一本优秀的入门读物。

这本书考虑了三种形态的经济体系,也就是农民经济、社会主义经济和竞争的资本主义经济,这是我们熟悉的罗宾逊的一贯特点,也是她一直强调的重心。前两种体系的作用"主要是通过对比的方法[对第三种经济]进行清楚的解释"。资本主义经济包括消费品部门和投资品部门,它有三个不同的阶层,包括食利阶层、企业家和薪金工人。无论是在短期还是在长期,经济活动水平和收入分配都取决于企业家的积累欲望和积累能力,还取决于这三个阶层的储蓄心理倾向。在论证的每一个阶段,她都努力说明每个经济阶层的哪些行为是和她思考的具体经济体系的宏观经济关系相一致的。她使用了三种常用的分析方法:比较同一时点上的不同经济,比较同一经济的不同时点,以及分析经济在时间上的变化。这就保证时间得到了"认真对待"。

有些读者在阅读她当时的著作时发现,很难理解到底为什么她会认为"分配领域的边际生产率理论完全是一种胡思乱想"(罗宾逊,1961,第58页)。这本书的很多段落为他们理解这一问题提供了额外的线索:

> 从经济整体的角度来看,工资趋向于等于劳动的边际生产率……这种论断在经济理论中引起了很大的混乱……确实,劳动的边际净回报必须和均衡状态下的工资相等……可这只是对均衡含义的重新表述,它的意思是说,在均衡点上,没有任何雇主想要雇用比现在的实际雇用人数更多或更少的工人。它不是在说工资等于劳动的物理成品的边际价值,[而是]要让人

们注意,要想给利息和利润留出空间,工资事实上必须少于劳动边际产品的价值。

(第69页)

罗伯特·克劳尔在《美国经济评论》上的文章(1961)以及大卫·沃斯维克(1962)在《经济学杂志》上的文章都说《实例》一书给他们留下了非常好的印象。克劳尔明确指出,它并不是一本简单的"练习集",书中的内容包括了经济学理论的全部范围,"其最终成果是……一本迷人的、容易引发争论的入门读物……它的见解新颖独特,它的评论言简意赅……它对于经济学的范围和方法的看法虽然有些武断教条,却也令人赏心悦目。从技术的角度来看它基本上准确无误,但也不是那么严格呆板,不至于扼杀人们的独立思考"(科尔和哈考特编,vol. Ⅲ,2002,第164页)。

克劳尔赞扬作者有着非凡的经济学直觉,在这本《实例》中表现得非常清楚。他也对她作出了批评,不知道她为什么觉得严肃认真地对待欧洲大陆和美国学者的著作会很困难,这使得她对货币和资本理论的处理"极不恰当,因为除了凯恩斯之外,英国经济学家对于这一问题实际上没有作出什么贡献"。[克劳尔显然忽略了她对威克塞尔(和马克思)的理解和敬重,肯定也忘记了他自己在牛津的导师希克斯。]他在她的书中还看到了这样一种倾向,那就是"混淆理论和理论的应用;它的推理过程似乎是'实际情况的性质'决定了如何使用具体的理论模型描述具体的情况"(科尔和哈考特编,vol. Ⅲ,2002,第165页)。如果把"描述"这个词换成"阐释",我们就可以争辩说克劳尔的批评是无的放矢,它更多地反映了他自己的一种特殊偏爱,而不是琼·罗宾逊的研究方法的缺陷。但无论如何他都认为,这样的缺陷可以激发人们的批评能力,是有益的。

沃斯维克对《实例》缺少现实世界的案例研究表示了担心。他认为《实例》表现得"逻辑完美,结构严谨,措辞精当",只是他怀疑一个初学者能否产生和他一样的反应,因为他从事经济学教学和经济理论研究多年,充分了解经济制度及其发展的情况,这些是初学者不能企及的。他进一步感到,为了画出图表,数学方面的知识是一种必要的补充,这样的话,那些涌现出来的模型就可以变得像玩具一样,只是手段,而不是认识得到的最终结果。

英皇学院档案馆里存放着一些尚未发表的文章,它们写于 1958 年,是米德对琼·罗宾逊这部书的手稿所作的评论。(希克斯、哈里·约翰逊、米德和阿马蒂亚·森是我们在序言中明确感谢的几位作者。)米德对她没有把政府部门包括在她的现代资本主义经济模型当中(这是增长模型的更为典型的特征,不是短期经济总体活动模型的特征)的做法表示了担心。他争论认为,这些遗漏掉的部分通过一种非常重要的形式改变了经济体系的性质。政府是有盈余还是赤字,其重要程度一点也不亚于私人储蓄;政府的财政政策和税收体制是自动的经济稳定器,而国家提供社会福利则意味着个人的收入分配和生产要素的收入分配之间出现了分离。(令人吃惊的是,他没有说需要把国外部门包括进来,他自己的研究很多都是关于这一领域的。)至于说通货膨胀过程的本质,尤其是货币工资如何对价格的变化作出反应,国民总支出如何对通货膨胀过程作出反应等问题,琼·罗宾逊的看法过于专业,用处也是有限的。

8.2

在《经济增长理论论文集》出版之前,《资本积累》一书的出版激发了大量相关文章的出现,其中最有见地、与琼·罗宾逊的观点最为接近的是卡恩发表在 1959 年《牛津经济学论文》中的"增长分析实例"。卡恩把重点放在了琼·罗宾逊的黄金时代概念的本质、用法和局限性上。他提到,被比较的黄金时代之间存在着明显的不同,但在其他方面这些黄金时代又被完全相同的条件所限制。他认为,把这种比较牵涉的两种不同特征关联起来是一回事……但把一个特征视为决定另一个特征的原因则是完全不同的另一回事(科尔和哈考特编,vol. Ⅲ,2002,第46页)。他以中性技术进步为重点,考察了如何把技术进步包含到叙述中来的问题。卡恩心中不仅时刻记着琼·罗宾逊的书,也记着哈罗德的 g_w 和 g_n 的概念,特别是它们两个相等的可能性,他还记着卡尔多发表在1957年《经济学杂志》上的增长模型,以及1959年《经济学》上面讨论增长和通货膨胀的那些文章。在将理论分析运用到实际当中的时候,卡恩比卡尔多更加谨慎一些,他不像卡尔多那样总是希望立即对分配和增长的发展过程进行描述性分析。问题非常清楚,这样的发展过程不在卡恩的分析目的之内:"我所说的一切……本来就只能看做解决现实问题的引子。"(科尔和哈考特编,vol. Ⅲ,2002,第51页)

卡恩非常重视凯恩斯分析中的储蓄和投资完全相等的说法,他把这一做法保留下来,用到了他对增长理论的研究当中:

> 这篇雄文……是一个有用的侦探工具,可以用来发现那些把这篇文章轻蔑地看做"老生常谈"或卑劣地称之为"同义反复"的诋毁者们所犯的种种错误。[他]对凯恩斯的恒等式所作的绝妙解说,应该是与……资本增长率来源于利润率的思想体系相吻合的,同样也是与利润率来源于增长率的思想体系相吻合的。
>
> (科尔和哈考特编,vol. Ⅲ,2002,第42页)

这篇文章的开头对收入、利润(包括利润份额和利润率)、工资和资本的定义作了连贯的解释说明。他坚持认为,如果我们想要得出它们之间正确和一致的关系,就必须处理资本价值变动率的问题,"完全不是[处理]资本变动量的问题"。(这里,他肯定想到了斯旺对琼·罗宾逊处理威克塞尔效应的做法的批评。)尽管卡恩也关注了黄金时代问题,但他还是仔细区分了作为资产阶级收入的实际利润和讨论投资决策的相关概念时使用的预期利润。

他也讨论了利息的作用，把它看做整体"金融状况"的代表，表示了可能或实际上有多少财力可以用于投资消费。

他也讨论了伪黄金时代的概念，认为伪黄金时代"这种均衡的增长状态具备了黄金时代的一切其他特征，只是没有充分就业的特征"（科尔和哈考特编，vol. Ⅲ，2002，第47页）。它能否得到维持，取决于金融状况是否会随着货币工资的下降（因为失业工人的竞争压力）逐步改善，或者货币量的增长速度是否比货币工资快，或者信贷是否变得越来越容易。

同一期的《牛津经济学论文》上还发表了沃斯维克的"代数评论"。他的主要目的是以代数（附带经济学的解释和直觉认识）的形式复制琼·罗宾逊的单一技术模型的各种命题，因为就像我们知道的那样，单一技术模型是她这本书的核心。沃斯维克设计了一个（仁慈的）发令官，他根据手中的储备指导生产并制订资本积累计划。他可以利用各种高级生产技术，大量人口为生产提供了源源不断的劳动力资源。（这与索洛（1963）不同，索洛采纳了沃斯维克的模型，但在他那里，工人在决定实际工资水平方面起不到什么作用。）他用了很大篇幅讨论生产问题，作出了多个假设，以便得到一个用以计算消费品和机器产出的物理单位。

沃斯维克假设最初继承得来的机器存量是已知的，有时也加上了充分就业这个条件，并成功地找到了决定消费品生产和机器生产之间的就业分配的诸种条件。在文章接近结尾的时候，沃斯维克引入了一个很像利润的东西，希望找出它们是如何由支出创造（实现）的，因为它们很可能就是作为消费品领域中的消费品剩余一直存在的。

沃斯维克总结说，他自己的讨论看起来可能是在向琼·罗宾逊的单一技术积累模型不断发起进攻。他说这肯定不是他的意图，并且说他们的区别主要是表现手法方面的，只是他引入了一个制订计划的发令官而已。也许这就是琼·罗宾逊不太喜欢这篇文章的原因。沃斯维克声称，他们各自得出的结论大多数是互相重叠的，只是他的解释把"一些要点说得更加清楚一些……没有什么了不起的。我们都知道，研究李嘉图或凯恩斯的最好办法并不是去读他们的原著"（科尔和哈考特编，vol. Ⅲ，2002，第67页）。

这让沃斯维克反问自己，利用这个发令官来安排经济是否仅仅是一种解说技巧。这就是说，"如果这个发令官心智失常了，这一系统［就只有］'崩溃'了"（科尔和哈考特编，vol. Ⅲ，2002，第68页）。有鉴于此，黄金时代（就像琼·罗宾逊指明的那样，黄金时代是一种神奇的状态）的那些条件在不受管制的竞争资本主义经济中，就只能由每个人互不协调的商业行为侥幸实现（这里，我们又一次看到了马克思的生产和再生产理论的影子）。

罗纳德·芬德利（1963）利用凯尔文·兰卡斯特在《资本积累》一书中的模型，以代数（和几何）形式仔细考察了黄金时代的基础问题。他的文章面面俱到，很有参考价值。他得到了很多和琼·罗宾逊完全相同的结论，并把他的发现与哈罗德、多玛、索洛、斯旺还有卡尔多明确联系起来，又在文章结束之前把诸位学术前辈联系起来。其中哈罗德和多玛的前辈是凯恩斯，索洛和斯旺的前辈是威克塞尔，琼·罗宾逊的前辈是马克思，至于卡尔多，他可能利用了所有这五个人的研究成果。从当时正在发生的情况看，他给凯恩斯的评价相对较低，但如果把货币和金融考虑进来，凯恩斯就会得到一个好得多的评价——"几乎可以肯定，资产的流动性偏好理论，甚至只是他'神奇的'第17章的那些想法……都将会起到核心的作用"（科尔和哈考特编，vol. Ⅲ，2002，第84页）。

在讨论琼·罗宾逊对沃斯维克和芬德利的反应之前，我们先注意一下兰卡斯特在其评论文章中的尖锐批评。为了让自己的抨击温和一些，他在文章中说，"罗宾逊夫人的任何著作，我们都必须予以尊重。然而，考虑到她的这本书是想像《不完全竞争经济学》研究价格理论那样研究增长理论，我对她这本书的评判就必须使用最高标准。从结构、方法和大体内容来看，这本书并不成功"（兰卡斯特，1960，第63页）。兰卡斯特认为她主要的错误是她"不会沟通"，他引用她回复沃斯维克的话，"非常抱歉，这本书这么难读。其实，我的想法很简单，但显然我没有把它表述清楚"（罗宾逊，1959，第141页）。

主要原因是，比较静态的方法非常适合《不完全竞争经济学》（虽然不像琼·罗宾逊后来认为的那样），"却完全不适合处理动态的资本问题"（第64页），因为"语言和图片"的传统方法"不适合经济学动态分析的任务"。他接着说，"这种从简单的抽象分析直接跳跃到关于现实世界的重大结论的'艺术'传统，事实上是过于随性了，不像是更加严格的小心谨慎的科学态度"（第64页）。（对此，兰卡斯特应该早就非常熟悉了，因为他的第一个学位是英国文学。）

他集中研究了琼·罗宾逊的基本模型，说明当均衡状态所需要的条件是由研究均衡的任务决定的时候，这个模型工作得很好（琼·罗宾逊对此说得很清楚）。但是，直到过程分析完成之后，她仍然没有提供这方面的相关材料，而兰卡斯特很清楚，这是试图构造这一模型的动态方程所必需的。对于这点，他说得很清楚，也很严厉：

> 她的书中对均衡模型，也就是长期积累模型多少给出了一点清晰解释的章节里，她对过程的讨论要么是对均衡条件的重新表述，要么是从无限的可能中随意选择的一种过程，而对选中的这一过程，她也没有想要证明它是合适的。
>
> 人们至多只能用语言描述利用其他方法搜寻到的过程，就像我们可以描述行星和太阳的运行轨道，却不一定能够用语言说明它们的轨道为什么是这样。

（第69页）

他总结认为，"她的均衡模型只不过是一个线性方程组（这一点也非常值得讨论），她用漂亮的辞藻把它装扮起来，使之看上去像是一个健康的经济体"（第70页）。

就像我们在第6章中看到的那样，琼·罗宾逊一些非常随便的说法确实让她容易受到这样的批评，但卡恩的文章也让我们清楚地看到,她当时的目标和兰卡斯特暗示的相比,总的来说要低很多。还有,当她必须理解沃斯维克和芬德利对自己的模型所作的修改的时候,由于她对资本主义经济中的推动力有着超常的直觉,她所做的就不仅仅是维护自己的立场了。芬德利知道她会怎样回应,因而清楚地提到了自己麻省理工学院的文凭,意思是说他发现她的观点并不怎么合情合理,"因为他是在麻省理工学院读的书"(芬德利,1963,第412页)。

她在评论沃斯维克的文章中(罗宾逊,1959)举出了一小一大两个问题。她想知道他为什么那么看重资本品领域在机器不存在时发生的情况。如果真的没有资本存在,那么雇主就控制不了工人,与此相关的就是一个完全不同的经济系统。如果我们使用沃斯维克的代数表达式进行说明,那么随着资本越来越少,机器成本就趋近于工资成本,这一领域的利润就趋近于零(在竞争条件下),可利润率仍然维持在平均利润率水平上,这是琼·罗宾逊的想法在分析中生效的典型例子。

大的问题是以"糖浆"这种同质消费品的形式来确定工资所带来的局限性。琼·罗宾逊更加喜欢用货币来确定工资,把糖浆出售给工人,让市场根据资本品领域中工资的支出情况来决定糖浆的价格。这样,资本品领域使用的劳动越多,它的价格就越高,糖浆领域的工资就越低(当然,这是卡莱斯基模型的一个变种)。

如果制造机器雇用了太多工人,实际工资就会下降,行业内部就会要求更高的工资,通货膨胀屏障就会反噬(当然,琼·罗宾逊并没有说这是引发通货膨胀的唯一原因)。如果工资过低,不能吸引工人,就会出现劳动力短缺的情况。如果执事的发令官事业心不够,制造机器的工人招收得不够多,糖浆的价格就会相对较低,而糖浆行业内部的工资就会相对高一些。

以此为起点,我们可以把分析扩展到一揽子消费品上,而那个发令官,我们可以让他充当制订计划的权威机构,负责协调行业内外的利益关系。根据沃斯维克的分析,"只要发令官只留在糖浆行业"(第142页),整个模型能给我们的启发就是有限的。

琼·罗宾逊担心，抱怨"一个为自己费心费力的读者［芬德利］"是不是"有失体面"（1963）。她主要抱怨的是，芬德利把她的模型搞反了。她尤其反对他关于实际工资决定积累率的说法。这种说法在李嘉图的玉米模型里是行得通的，但在她的模型中，工资的约定是以货币形式进行的，因而实际工资取决于价格，这种说法是行不通的。在她的模型里，资本积累率和人们把部分利润储存起来的边际心理倾向，决定着实际工资。在整个事情中，最有力的因素是各个企业提高生产能力的艰苦努力所带来的总体资本积累率。

正是在这里，芬德利和她分道扬镳了。他争论说，很不幸，琼·罗宾逊和凯恩斯一样采用了一种一元线性因果关系的概念，而他的模型则是把资本净积累率、人口增长率和实际工资联系起来的反馈机制，是一种互相决定的模型。对此，他使用类比的办法进行了说明。如果室内的温度是由恒温器来决定的，那么供热系统是否在控制温度的问题就没有什么意义了，因为这些变量的值是互相决定的。他继续说道，他的图1所揭示的就是这个道理，图1与《资本积累》一书的关系，和 *IS/LM* 图与《通论》的关系是一样的。

芬德利试图把这些命题加以调和，将它们用在新新古典主义的模型和经他改造的琼·罗宾逊的模型当中。资本积累率超出人口增长率，将推动实际工资上扬，也减少资本积累率。（两位作者的讨论都是从调和 g_n 和 g_w 的值的角度着手的）。琼·罗宾逊想让企业家的动物精神占主导，这样她就可以像马克思那样，以实际工资上涨反馈回来的信息为机制，对技术进步的本质进行分析。尽管芬德利是麻省理工学院的人，也发现了琼·罗宾逊的想法未必行得通，但他还是希望自己的综合在经过了正反两个方面的讨论之后，最终正确解释了琼·罗宾逊的观点。

8.3

一切就绪,现在我们可以讨论这本《论文集》了。其实,它的目的在我们上面讨论过的一些文章中已经有所显露,《论文集》的序言解释得更加清楚。她在序言中为自己1956年一书"出人意料的晦涩"表示歉意。她把这本书难读的原因归结为"对主要观点的披露过于简单",当她"把凯恩斯的方法用到长期经济问题"的时候,也没有把自己同旧(新古典主义)的观念,也就是"混乱不堪却又分量十足的传统教义"的分离解释得足够清楚。

她从自己的经验中体会到,大多数的麻烦源于她把瓦尔拉斯的供给价格和需求价格同马克思和马歇尔的包含了正常利润的价格合并了。这是第1章"正常价格"的主题。第2章"积累模型"是她"坚持把《通论》一般化到长期中去"的最新尝试,她希望事实上也是一次更具说服力的尝试。

在《论文集》中,她始终要求自己不要从简单的抽象理论直接跳跃到应用于现实情况也就是"实际问题"的结论。这就意味着她的第3章"技术进步模型"一章"更加拘泥呆板",但也确实澄清了某些问题的要点。第4章"新古典主义的原理""提取技术前沿分析的精华",但对于这一问题,她看得不像第一次那么重了,"主要关心的是如何让经济分析走出静态均衡理论的泥潭"。

毫无疑问,第2章是本书的中心,而第2章的中心则是第48页上那个用来确定资本积累率和收入分配的香蕉图。这个图利用了盈利能力和积累之间的双边关系,原则上看是她从卡莱斯基(还有凯恩斯)那里得来的,而卡莱斯基的背后则是古典主义著作和马克思。图中包含了哈罗德的g_w的概念。

她没有在这个图中明确引入马克思的生产领域的概念,而是集中于分配和交换领域,其中的某些成分是卡莱斯基和凯恩斯加进去的。但她的图很容易用于分析,因而把马克思对阶级斗争的分析也包括了进来。按照马克思的看法，阶级斗争由于把其他领域中和积累与分配有牵连的各种因素结合了起来，因而影响了实际工资水平以及可以实现的剩余潜能。唐纳德·哈里斯对图表左侧的内容探究得最多，琼·罗宾逊和她的朋友们对图表的右侧（见后面的图8.2）考察得最多。唐纳德·哈里斯还提出了在充分就业、失业水平维持不变或增长时的伪黄金时代，以及 g_n 超出 g_w 太多从而造成通货膨胀压力等条件下，如何确定实际增长率的问题。

这个香蕉图所做的是采用一些和积累与分配相关的命题，用它们来决定积累的水平和这些水平上的分配份额，并把它们表述为增长率和利润率等各种比率。分析中有很多灰色领域，因为要确定实际比率（增长率和利润率两种）而不是黄金时代的相应比率，就需要弄清资本（积累）增长率和利润率的确切含义，从而必须评估资本价值。这些是琼·罗宾逊从来没有完全解决的一些问题。就像阿西马科普洛斯（1984）指出的那样，"根据她自己在方法论方面的立场，她用这个图表来证明利润率和积累率之间的双边关系……是不合适的，因为除了在长期均衡状态下，利润率没有任何清楚的含义"。此外，当我们考察相关的关系可能出现的变动时，我们可能也会把技术进步的作用考虑进来，尽管这并不是琼·罗宾逊本人完成的，可我们注意到她还是撰写了独立的一章，对一般来说是黄金时代背景下的技术进步作了正式分析。

现在我们把讨论转移到香蕉图上（见图8.1）。第2章有一处对逻辑时间和历史时间的区别作了明确讨论，与此相关的是，

> 两种不同的经济学论证方式，如果不是因为互相比较让它们失去作用的话，两种论证方式在分析中都是有用的。
>
> [第一种方式] 在开始时首先指定一些方程式，用这些方程式来决定未知数，进而为这些未知数找到一些彼此相容的值。
>
> ……另一种方式……则是指定一套从具体时间中得来的、相互之间……没有处于平衡状态的具体数值，进而揭示它们之

间的交互作用如何把它们自身完全发挥出来。

……

在逻辑时间的任何时刻，过去和未来完全一样，都是固定了的，[不存在任何因果联系]……而在历史的模型里，因果关系是必须要明确指明的。今天只是不可预知的未来和不再变动的过去之间的一个时间断点……而事物的运动却只能是向前的。

罗宾逊（1962e，第23~26页）

时间不仅仅是"……阻止所有事情同时发生的一个工具"（琼·罗宾逊引用了伯格森的这句话，并把它放在了标题页上），与空间不同，时间是不可逆转的。

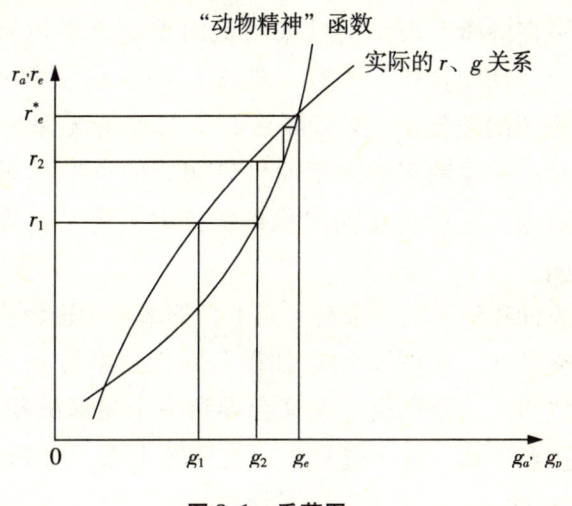

图 8.1　香蕉图

现在我们来看看这个图。在纵轴上，我们测量的是经济作为一个整体的实际利润率（r_a）和预期利润率（r_e）（我们假定一个经济整体就是每个决策制定者的心理预期和实际经验的总和）；在横轴上，我们测量的是资本的实际积累率（g_a）和计划积累率（g_p）（同样，也是加总起来的整体）。她使用凯恩斯-卡尔多-卡莱斯基式的分配理论揭示实际积累和实现盈利能力之间的关系，这一关系的位置和斜率反映了经济的繁荣程度和金融状况，而繁荣程度和金融状况决定着积累率确定之后盈利能力等于多少。她利用凯恩斯的理论,确立了实际盈利能力和预期盈利能力之间的联系;凯恩斯论证说,因为我们不能确切知道一个动荡不定的环境的未来,我们通常就必须利用现在和现在的延续性。

> 事实是,目前状况总是以一种不成比例的方式进入我们对未来的长期预期之中。我们通常的做法是,选取目前状况,把目前状况投射到未来,只有当我们有一定理由预测未来会发生变化的时候,我们才对目前状况进行与变化程度相当的调整。
>
> (凯恩斯,1936,第148页)

在给定的"动物精神"状态下,我们通过这种方法确定的预期盈利能力(我们在这里进行一对一的简化处理,即现在实现的期望可以一直持续下去)会带来给定的预期资本积累率。这一关系被戏称为"动物精神"函数(见图8.1)。在两个函数关系交叉的地方(香蕉的顶端),我们得到的是其他情况保持不变的条件下,基于对某一盈利率的预期而付诸实施的资本积累创造出等量收益的一致点,它证明相同的积累率持续下去是合理的。这就是哈罗德的 g_w。

现在假设我们不在这个交叉点上,那么一个循环程序会把经济引向这个交叉点(见图8.1)。如果实际积累率为 g_1,就会创造出实际盈利能力 r_1,而这反过来又会导致一个更高的积累率 g_2 和一个更高的盈利率 r_2。这个过程会一直持续下去,直到经济达到 g_e、r_e^* 这个交叉点。

而在历史时间的分析中,如果经济最初不是在交叉点上,它就可能不会达到这个点。不仅如此,即使经济最初在这个点上,也不能保证它会停在那里。第一,"动物精神"函数对应着指定状态下的长期预期和金融条件。如果来自外部的反馈或来自内部的突发事件使得这两个方面的任何一个发生了变化,这个函数就会改变自己的位置和斜率。第二,实际积累发生的时候,国民生产能力会发生变化,这就会影响就业和失业水平,可能反过来为这个

第8章 《资本积累》之后：辩护与发展

"动物精神"函数提供反馈。至于说分配关系，国民生产在时间上的组成结构本身就可能影响相应的收入分配和繁荣的状况，而这会反过来改变它的位置和形状。对于所有这些可能发生的事情（当然会更多），琼·罗宾逊都在自己的书中提到了。她还试图解决阿西马科普洛斯提出的计算盈利率以及偏离这一交叉点时的积累问题，但正像我们看到的那样，她对这些问题的讨论并不符合她自己建立的严格标准。所有这些分析都可以看做是凯恩斯的均衡转移理论在增长理论上的具体应用（凯恩斯，1936，第293～294页）。

现在我们来看看均衡可能出现的几个场景。假设我们知道当前情况下的实际工资水平会让我们遇到通货膨胀屏障（这相当于卡尔多在其1955-1956年论文中所说的利润在充分就业状态下的国民收入中所占份额的顶部区域，在此之外开始的是一个通货膨胀螺旋。罗宾逊与卡尔多的不同之处仅在于，在卡尔多的模型里，投资在充分就业状态下的国民收入中所占的份额应该可以让经济以哈罗德的自然增长率增长）。再在图的左侧加上一个由当时的技术状况限定的工资率和利润率的关系函数（见图8.2），让 O_w^* 代表"通货膨胀屏障"限定的实际工资。O_r^* 就是经济在当前情况下可能实现的最高利润率，而 O_g^* 就是最高的积累率。现在我们把 g_e、r_e 与 O_r^*、O_g^* 连成一个长方形，这就是充分就业状态下的黄金时代。

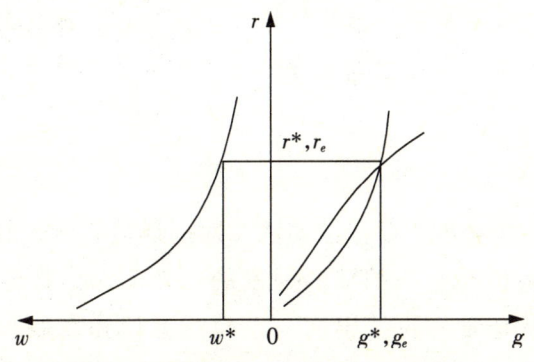

图8.2 "通货膨胀屏障"、分配与增长

如果"动物精神"函数和分配函数在这一点的左下方交叉，我们得到的可能就是一个失业率保持不变或者随着时间上升的伪黄金时代。如果它在到达"通货膨胀屏障"的上限之前不与分配函数相切，我们得到的就是一个通货膨胀僵局。如果"动物精神"函数位于分配函数的上方，这个唯一的静止位置就是积累率为零的经济静止状态。

如果我们在图的左侧把信息反馈的因素考虑进来，那么代表技术进步的实际积累就会把 w、r 的函数关系一期一期地向外移动，也就一期一期地扩大潜在剩余和利润率。由于实际发生的情况也会影响图右侧的函数关系，所以琼·罗宾逊的分析就像我们所看到的那样，让我们可以用一种几何的形式揭示周期增长的经济过程。对于这一过程，已故的卡莱斯基（1968）和古德温一样，都把过程中的趋势和周期完全混在了一起。

在对当时存在的增长模型——古典的、新古典的、凯恩斯的、卡尔多的——作了回顾之后，琼·罗宾逊得出了一个非常简明的结论。她告诫我们：

> 一切全都过于简化了……要想让它们能够面对来自现实的证据……就必须首先判断它们的前提假设在先验上是否合理。
>
> 视情况而定，它们强调的重点有重大的不同……有些模型展示出某种内在的、想要维持长期充分就业的心理意向，有些模型则遵从凯恩斯的看法，根据不可信赖、孤立无援的企业情况，或者是要实现短期经济稳定，或者是要维持适当的长期增长率。

（第 87 页）

很显然，按照她现阶段的想法，对周期负有责任的那些因素是独立于对趋势负有责任的那些因素的。确实，尽管她那时的方法中暗含了卡莱斯基和古德温这一方面的见识和发展，可是我们尚不清楚她是否明确地与卡莱斯基和古德温完全保持一致。

8.4

现在我们转过来看看她对技术进步的分析。技术进步"不可能干净利索,也不可能真的像生活……现实中没有任何东西一直恒常不变,因而可以为我们提供一种用来计算的整齐单位"(第88页)。因此,她的目的"是要建立一个……简化模型……在这个模型里,分析可以通过一种清晰确定的形式进行,[希望]它可以为我们带来智慧,而当我们把这一智慧运用到更加模糊、更加复杂的实际经济发展过程当中的时候,它仍能保留一定的有效性"(第88页)。建立了这样的目标之后,她从逻辑的角度出发,分章分节地讨论了概念分类、黄金时代、倾斜发展、不稳定发展、劳动力缺乏时的剩余价值等问题,然后是全书的结论,结论之后是附录。附录由三个部分组成,分别是中性标准、多布-道格拉斯函数和卡尔多的技术进步函数。

经她简化的一般前提假设包括:一个封闭的私人竞争企业系统,两种不同的家庭,即工人家庭和食利者家庭,以及两种不同的收入,即工资和净利润。她没有提到土地(稀有资源),也没有提到私人企业效率规模之外的规模经济。

她对技术进步问题的全部讨论,都是与生产消费品的设备联系在一起的。投资品领域内的机器设备是用来制造自身和消费品设备的,制成之后就永远不会发生变化。生产消费品的设备的实际成本就是它的价格,是以劳动时间来计算的(参见哈考特,1972,第23~24页)。货币工资是固定不变的,企业(大型企业)的数量也是固定不变的。

琼·罗宾逊论证说,她的模型为技术进步的分类提供了简单的标准,分类的依据是它们是中性的、倾向于节约资本的,还是倾向于使用资本的。工厂的实际成本反映为货币成本。如果我们把一个新工厂和此前最后启用的工厂加以比较,发现它们的货币成本相同，而前者的产量高一些，我们得到的就是一个中性技术进步；如果成本少了，那就是节约资本的；如果成本多了，那就是使用资本的。中性进步总会制造出高级设备，但其他两种未必如此，因为它们的倾向性可能太强。这个时候，我们得到的就是偏向性进步，即降低一种生产要素的成本只能由提高另一种要素的成本来实现。

当然，技术进步过程中的偏向性不同于前生产函数中不同时间使用的资本－劳动比的差异，"人们是在前生产函数中作出了新的投资选择"（第92页）。作者告诉我们，"前生产函数在时间发展过程中的一系列技术选择之间的混淆，给我们带来了极大的混乱"（第92~93页）。

琼·罗宾逊利用哈罗德的术语 $g_a = g_w = g_n$ 规定了技术进步状态下的黄金时代的条件，目的是要对黄金时代无法实现时"缺乏控制的经济体系必然会产生的各种类型的不协调"进行区分（第99页）。她考虑的情况包括有偏向性的技术进步、技术进步的速度变化，以及技术进步造成的积累率和生产增长率之间的不协调等问题。她在第一种场合中加上了充分就业的限制，然后考察了与这一限制相一致的各种条件。在考虑不太稳定的技术进步的速率时，她认为出现附加因果进程的可能性就会大大提高（第107页）。

她强调，"严格限制的前提假设"让她的分析"不太像是实际生活"，但她还是觉得自己揭示的种种关系，似乎是"和人们通过笼罩在现实问题上的模糊指数函数认识到的那些关系相一致的"（第111页）。尽管如此，她需要走的路还很长，因为她尚未考虑技术进步对生产不同类型的商品以及对工人和消费者的性格造成的影响。

在附录"中性标准"中，她考虑了自己的方法与庇古、希克斯和米德的方法相比有什么异同。在她讨论多布－道格拉斯的那部分里，她认为这一函数的传统用法并没有把时间上的技术选择和随着时间的变化清楚地区别开来。附录的最后一部分谈论的是卡尔多1957年的技术进步函数。她认为，卡尔多的函数主要是对技术进步的可能类型加以区分，因此它更像是一种权宜之计。

最后一章讨论的是"新新古典主义的定理"。在这里，她把积累的黄金法则看做是积累、繁荣和一定范围内的技术选择决定的各种利润率结合起来的结果，因此当我们得到最高的消费品生产率的时候，也就是利润率和积累率相等的时候。正像琼·罗宾逊即将第一个承认的那样，很大程度上这就是经济学家的经济学的全部。

8.5

在注明是写于1970年12月的《经济学异端》的前言中，琼·罗宾逊特别感谢了汤姆·阿西马科普洛斯、约翰·伊特维尔、唐纳德·哈里斯、简·克雷格尔和阿密特·巴杜里的"论证和讨论"。所有这些人都对我们理解她的功绩和方法作出了或即将作出重要贡献。有些时候，他们还亲自和琼·罗宾逊本人合作，例如罗宾逊和伊特维尔合作出版的教科书（1973），目的是要捕捉未来几代学生的心声（见第10章），而在与巴杜里（1980）合作的著作中，她对卡莱斯基、马克思和斯拉法在她自己提议的理论框架和研究方法中的作用作了最后陈词。

在此书导论的开篇一段中，她更是异乎寻常地直截了当，体现出了她的文章的鲜明特点。她指出，统治19世纪最后25年的正统教义给我们留下了"非常清楚的信息"：支持放任自由、自由贸易、金本位，以及在竞争的环境下追求利润"普遍的有利结果"。这与执政当局扩大和繁荣资本主义世界的目的是一致的。

但是，作为这些教义立足之本的那些论证"与它们谈论的问题关系甚少"。经济理论结构是"一个以先验假设为前提的推理系统"。它的立论形式或者是论证一个业已确立的均衡状态的移动，或者是抛开一个过程向另一个过程的变化不谈，只对均衡状态的

位置进行比较。凯恩斯意识到了后面这种做法的缺漏,希望在其《货币论》中加以修补:

> 我在[第三编和第四编中]的目的一直是想找到一种方法,这种方法不仅对描述静止的均衡状态的特征有用,对描述那些非均衡状态的特征也要有用;它还可以用来发现控制货币系统从一个均衡点向另一个均衡点过渡的动力法则。
>
> (凯恩斯,vol. I,1930,第 xvii 页)

"因为这些教义是可接受的,所以理论假设和现实情况之间缺乏一致性的问题并不重要"(罗宾逊,1971,第 viii 页)。再者,当政策完全遵循放任自由主义的时候,政策可以应用的实际情况就可以被忽略了。当时的全部情况对英国政府特别有利。

20 世纪 20 年代,美国经历了一次长时间的繁荣,可英国却经历了低利润率和严重的失业,这些事实与正统理论中的萨伊定律是不一致的。因此,我们看到她利用财政部 1929 年的看法进行辩论,反对公共工程投资支出:任何时候,人们节省下来用于投资的资金都是固定的。如果政府借走其中的一部分为公共工程提供资金,对外投资就会减少完全相等的数额[为什么一定是对外投资呢?对于这个问题她没有说明],由公共工程所增加的就业,就会被由贸易差额的减少所增加的失业抵消掉。

当经济萧条开始在全世界弥漫的时候,除了那些"职业狂热分子"之外,所有的人都明显意识到当时流行的理论"彻底崩溃"了。让我们去看看《通论》中的凯恩斯。凯恩斯摆脱了正统理论中的神学体系,他观察了实际的经济活动方式,从静止的经济状态中走出来,转而论证此时此地的经济状况。在他这里,过去不可改变,未来不可预知。

然而,这场理论革命没有持续多久,因为凯恩斯的创新不久之后反而变成了正统。由于人们认定凯恩斯的政策会让投资维持在吸收(创造)充分就业的储蓄水平之上,新古典主义的其他教义复活了——必须提一下,部分原因正是凯恩斯本人的祈祷(凯恩斯,1936,第378~379页)。

琼·罗宾逊论证认为,旧理论中存在的一些严重矛盾,使得新的理论综合不能令人满意。首先,完全竞争市场的假设和每个人都在争取收益最大化的假设之间存在矛盾。在自由贸易存在缺漏,以及把静态经济分析扩展到对不断增长的经济进行分析时,情况尤其如此。

然而,最严重的问题是和生产要素概念相关的。一种观点是威克斯蒂德的,他认为有n个生产要素,每个生产要素都用自己的技术单位进行计算;这种看法构成了瓦尔拉斯一派观点的基础。另一种看法是,生产要素分为劳动、土地和资本。她语焉不详地继续说,"资本的本质一直是人们的担心和忧虑的源泉"(第xii页)。

她讨论了马歇尔把等待的概念运用到资本存量和与储蓄相关的新资本方面的做法。琼·罗宾逊发现,资本在任何一个时刻都有三个侧面:一个是设备和商品的个人归属情况,一个是财富总量,以及在两者之间进行调解的金融。她随后讨论了利润、利息和实际生产力,以及这些问题是如何困扰了马歇尔的。当她谈到现代的新新古典主义者,比如已故的查尔斯·弗格森"对这一理论满怀信心,不怕进行详细明确的解释"的时候,她使用了含糊其辞的障眼法。弗格森(1969)的某些命题是延续瓦尔拉斯而来的,但他把它们用在了整体经济的层面上,资本作为一个整体也是用同样的办法处理的,被看成是具体机器的生产投入,与此同时,工资是以劳动边际产量来计算的,利润是以资本边际产量来计算的。"撇开逻辑矛盾不谈,新正统理论中的这一缺陷破坏了这一理论传递的信息的有效性"(第xiii页)。

她提到了他们对社会的看法。在他们看来,社会是协调一致的,人们共同储蓄,共同投资,目的是要增加未来的消费。凯恩斯摧毁了这种说法,他认为投资是由私人的盈利机会决定的,私人在寻找盈利机会的过程中创造了储蓄,它不能保证充分就业。如果我们遵循凯恩斯的思路,并且确保充分就业,那么我们所要的是一种什么样的就业呢?正统理论的做法是让私人企业的投资回报从资本的社会边际产量中分离出来,这就重新回到了放任自由主义当中,也回避了我们所问的问题。

这种新的教义现在正面临着一场危机,因为公众对富裕国家的贫困、污染、商人操纵市场需求、军备竞赛,当然还有发展中国家的问题已经开始有所认识(这指的是20世纪70年代的情况),放任自由主义的观点受到了人们的怀疑。她的目标是要"在新古典主义的传统中找到现代正统教义的根源……她对这些古老问题[重新考察],[是要]为更加深入地讨论今天的问题开辟道路"(第xv页)。

琼·罗宾逊对于正统理论的讨论招来弗兰克·哈恩(1972)的回击,他的回击与其说是一种愤怒,毋宁说是一种悲哀。在他看来,她对

> "正统理论"的看法就像是中世纪的公民对犹太人的看法一样……把一些非常荒谬的观点加在它身上,并想当然地认为这些观点反映了它的险恶用心。[这是]一个自由的国度,如果她不介入集体迫害的话……我们实在找不出她不喜欢自己这种生活的任何原因。
>
> (哈恩,1972,第205页;科尔和哈考特编,vol. V,2002,第18页)

他以高人一等的口吻继续说道,"这是多么令人同情。如果罗宾逊教授没有对正统教义抱有幻想,或者没有对繁荣、动物精神的'公式'以及令她心情激动的'伪生产函数'重新进行详细解释,该有多好啊"(同上书,第18~19页)。不仅如此,他对问题进行总结的时候,显得更加令人高山仰止,因为他承认"目前的经济理论存在着一种危机,[那就是]理论和现实之间的鸿沟实在太大了"。哈恩这些人认识到了这个问题,但是他们并没有"无休无止地"讨论下去,因为他们"仍然没有找到一条准确的通向救赎的替代途径"(科尔和哈考特编,vol. V,2002,第20页)。

这与斯蒂芬·马格林(1973)形成了强烈对比。斯蒂芬·马

格林同意为《经济学杂志》撰写一篇关于此书的书评，因为琼·罗宾逊是那代人中帮助他"认识到正统的微观经济学……原则上就是为资本主义所作的意识形态辩护"（马格林，1973；科尔和哈考特编，vol. V，2002，第21页）的两个人之一。资本主义的实践者们没有认识到这一点，因为正统理论的发展方式"保证了人们不会提出这些令人难堪的问题"（第21页）。他找出了她回应的三个问题，认为"离经叛道者欠了她很多，他们应该向她致以深深的谢意……感谢她让批判的精神活了下来，感谢她把一种替代的理论［替他们］保存了下来"（同上书，第23页）。

8.6

这是一本只有150页的小书，包括八章和一篇总结。第1章的题目是"静止状态"，吸纳了她对瓦尔拉斯、马歇尔和威克塞尔等人的贡献和影响的理解。第2章讨论的是短期经济，第3章讨论了利息和利润。在第3章中，凯恩斯和新古典主义学派进入了她的讨论之中，同样进入她的讨论的还有李嘉图和冯·诺依曼。第4章讨论的是回报递增和回报递减的问题，在这里，她首先确定了非货币模型，然后确定货币和价格模型，由此提出了她对芝加哥学派和货币主义者的极其严厉的看法。第7章和第8章包括了她自己作出创造性贡献的两个研究领域，即企业理论和增长模型。尽管此书篇幅不长，但我们还是可以看到，她在书中谈到了现代经济理论的绝大多数基本结构，至少对于当时的现代经济理论来说是这样。

她在这本书中所写的大部分内容，是她以前的文章和著作详尽分析过的一些论题的汇总。书中最新的部分与她对芝加哥学派和货币主义的批判相关。哈恩高度评价了她对货币在现代经济和现代经济理论中的本质和作用的深刻理解。他特别欣赏的一句话是，"人们指责货币……要对未来的不确定性这一事实负有责任"（科尔和哈考特编，vol. V，2002，第19页）。这句话出现在她对市场价格，以及为什么在贸易商人根据以往经验准确知道均衡价格的情况下均衡更有可能出现的讨论当中。当这样一些知识丰富的人由于市场性质或者商品性质的原因不存在的时候，普遍存在的就更有可能是一些累积的因果关系进程，而不是平衡的因果关系进程。

她认为，当把经济看做一个整体进行考察的时候，芝加哥学派和凯恩斯之间的区别，是和他们如何阅读货币方程（$MV=PT$）中的数量理论相关的。芝加哥学派的读法是从左向右，而凯恩斯和凯恩斯主义者们（只要他们使用数量理论）则是从右向左，这是内生货币方法的精要所在。她真心希望凯恩斯当初建立自己的理论时没有把利率看做货币量，而是看做给定的货币量，因为这样的话，他的想法就不会被后来的新古典主义者吸收到他们的综合中去了。

正像哈恩指明的那样，在讲述IS和LM模型（参见罗宾逊，1971，第82~85页）的时候，她的话说得很刺耳。但她论证说，凯恩斯永远不会去证明大幅度减息会导致投资支出永久性上升，她的这一论证是绝对正确的。这就像他永远不会赞同失业水平与通货膨胀率之间存在着一种持久的长期关系（菲利普斯也不会同意这种看法）。他会一再坚持，在任何一个短期环境中（与他对短期价格行为的假设一起），高水平的就业会和高水平的价格（不必是高水平的价格变动率）联系在一起，而他的这一看法应该是正确的。

尽管索尔特明显采用了马歇尔的理论基础，但琼·罗宾逊从来没有把他看成是一个新古典主义经济学家。也许，她也没有把马歇尔看做是一个新古典主义者。当她在企业理论一章中讨论技术选择的问题时，她探讨了一个伪生产函数——当然只是一个经济概念——的各种用法，由此对投资决策中的技术选择问题展开了讨论。当然，她的这种做法是正确的，但只要是在和索尔特的著作有关的地方，她的这种做法除了阐明她自己的要点之外，也是对索尔特的一种批评。索尔特使用前生产函数描述了在投资决策被制定的那一刻,投资-劳动比和投资-产量比的各种可能的选择。企业随后必须制定出投资决策规则,帮助自己作出投资多少以及进行什么样的投资的决定。索尔特的前生产函数可以和很多正在使用的生产决策规则联系起来,他的工作程序和琼·罗宾逊本人在这一章中对技术选择问题的讨论没有什么不一致的地方。[1] 在这一章里,她还介绍了卡尔多-莫利斯的回报周期标准的例子(1962),以及马里奥·努蒂对不完全竞争市场的分析。

琼·罗宾逊反对现代经济分析主流做法的主要原因之一,是现代经济学建立了微观经济理论和宏观经济理论的二分法,她认为这种二分法的建立是一种不幸,也容易造成人们的误解。在她看来,这两个方面是不可分的。对于这一点,她在书中讨论投资行为的章节中作了清楚的说明。她指明,无论企业的目的是什么,它能否实现自己的目的取决于它的系统行为。这是因为,利润的创造以及由此确定的关于投资决策可以带来什么样的盈利能力的预期,最终取决于资本的总体积累率,不论市场结构是什么,也不论控制各个企业和行业的投资决策规则是什么。

---

[1] 说索尔特在自己的书中非常重视完全竞争分析是对的,但他也简单描绘了不完全竞争市场结构的情况,因此琼·罗宾逊在第129页注释21中的说法夸大了实际情况。

第9章

琼·罗宾逊对发展经济学是政治经济学的看法

9.1 经济发展是经济增长理论的延续

琼·罗宾逊对发达和不发达国家问题的研究,经常可以分成一些不同的类别。她的文章有的研究的是正在努力解决贫困问题并向资本主义工业化发展的不发达国家;有的研究的是目的相同,但想实现社会主义工业化的不发达国家;有的文章是关于中国的,这些关于中国的文章也可以根据她对自己得到的信息的批判理解以及中国政治经济发展的不同阶段分成不同的阶段。她的著述也可以这样来区分,一方面是强调信息采集,也就是她对具体环境的有关"事实"所作的选择和文献整理,另一方面则是她利用这些信息所作的理论分析和政策提议。比如,她声称自己中国之行的主要目的是学习,不是为了提供建议或教人怎么做,因此她有关中国的大部分著述都是描述性的,当然必要的时候也会作出一些解释。

她对发展的看法以及她的思想结构越来越多地来源于马克思的

再生产理论,这是她从卡莱斯基和她自己对这一理论的解释中获得的。正如我们看到的那样,她对马克思再生产理论的解释,在她写给《牛津统计学和经济学研究所公报》的卡莱斯基纪念专辑的文章(罗宾逊,1977c)中展示得最彻底。在那里,她把经济分成了两个部门,即工资品部门和投资品部门。她说明了短期经济活动、就业和分配是如何由积累率、薪金阶层和食利阶层不同的储蓄方式,以及工资品(更通常的说法是消费品)的定价政策所决定的。就业水平倾向于使生产出来的消费品足以提供投资品部门和消费品部门的薪金工人的工资。如果积累率和就业率是已知的,那么消费品的价格、货币工资率,以及消费品部门内部薪金工人的生产率就决定了可以用于支付投资品部门工资的消费品部门人均剩余,也就决定了经济需要的总体就业水平。如果投资水平确定了,而实际工资水平较低,利润水平较高,那么社会的繁荣程度就会低一些。与此相似,如果实际工资水平确定了,那么社会的繁荣程度越低,社会能够负担的积累率就越低。她分析不发达经济的早期方法,是牢固地建立在《资本积累》(罗宾逊,1956a)一书的基础之上的。

从发展的角度来看,这样一种理论框架自然要把她引入对土地改革的讨论中。土地改革最有助于提高农业部门的生产率,从而提高农业部门的剩余潜能。在20世纪70年代末,琼·罗宾逊对于中国的实验仍然抱着一种不置可否的态度。她曾经指明,分田到户的不利因素在于,每个家庭都必须生产一定数量的农产品,因而土地没有专门利用,达不到它的最佳使用水平。她论证说,中国当时的人民公社分成生产队的制度,把集中使用劳动力和对大规模使用土地进行管理两个方面的优势结合在了一起。她觉得这为生产队提供了强烈的物质激励,让他们可以按照计划安排,以适当的规模进行改良土地的额外工作,因为他们可以集体分享土地改良所增加的收入(罗宾逊,1978c,第52~53页)。她挖苦了部分拉美国家进行的土地改革,他们的改革目的是要把农民从剥削中解放出来,可是他们把农民变成了商业农场中的薪金工人,

第9章　琼·罗宾逊对发展经济学是政治经济学的看法　183

因而改革"就变成了一种更加有效——因为不那么残忍了——的剥削他们的方法"（同上书，第54页）。她也描述了印度的情况，在那里，实际工资处于勉强维生的水平，因此全部储蓄只能来自富裕阶层。这再一次涉及了土地改革形式的问题。她由此认为农业从封建主义向资本主义的过渡，随着剩余从地租向利润的转移，为资本积累提供了机会。但是，剩余的取得，应该可以通过创建农业社会主义组织的形式更加有效地完成。社会主义农业既可以通过更加有效地分配土地、机器和劳动力的方式提高生产率，也可以以国家发展计划为基础提取剩余，引导剩余的使用方向。它"可以享受垄断的全部好处，又没有政治方面的不良缺点"（罗宾逊，1957b，第108页）。事实上，"就不发达经济而论，似乎社会主义即将在它自己进行的游戏中战胜资本主义，原因在于，社会主义在提取经济剩余用于投资方面，是一种比资本主义更为有力的工具"（罗宾逊，1957c，第98页）。

与此相似，农业和制造业的消费品分配方案也必须设计出来。放任自由主义者声称，由于市场消除了生产和交换的个性特征，因此在本质上是"公平的"。她在和这一观点辩论的时候认识到，以市场为基础的分配方案是分配消费品的最为有效的途径。不同商品的相对价格确立了部门之间进行交换的条件和相对实际工资的多少。

就资本主义制度来讲，这一理论框架不太可能毫不费力地说明充分就业的出现，但这不是说充分就业在计划经济中是必然的事情。计划经济的发展必须考虑和贸易与借贷相关的对外贸易的种种限制，还要把卡莱斯基的看法考虑进来。他的看法是，工人今天就必须有额外的果酱，不能等到明天，可这在现实生活中很少发生。正是在这样一个理论框架中，琼·罗宾逊评论了不同的机构形式。

9.2 中国①

琼·罗宾逊在其著述中总是会加入一些赞扬中国的成分,因为她觉得这有助于抵消她明显感到的、大多数学者和评论家在描述中国时所抱的敌意。确实,她的一些著述对中国的评价过于偏心。但是,如果我们全面地看一看她从20世纪50年代初到80年代初关于中国的著述,我们就会得到一个更为公正的看法。我们可以看到,她的不断变化的观点也许可以分成三个不同的阶段,而最后一个阶段的看法和第一阶段的看法又有很大的重合。这样一种分段方法应该会对我们有所帮助。我们还会看到,一旦她确信自己错了,通常她都愿意承认自己以前错了。是啊,研究中国毕竟是一项艰巨的任务。还有,把她第二阶段著述中那些赞誉剥离之后,我们就可以看出,对于什么是中国应该实现而且正在实现的目标,她的看法其实是明智合理的。她的看法和卡莱斯基20世纪50年代回到波兰时的看法大体相似,他想把自己这些想法付诸实践,但没有取得什么成功。② 特别值得一提的是,在剑桥英皇学院档案室,琼·罗宾逊的文件当中存着一份未发表的讲义注释,这些讲义涵盖了她关于中国如何合理发展的大部分看法。在这些讲义里,她小心寻找主要问题,并确立了可以用于综合处理这些问题的经济学原则。讲义的某些内容已经出现在她发表了的著述当中,但是因为这些讲义非常简明,又是未发表的格式,因此对这

---

① 这一节是以珀维茨·塔赫的专题论文"认识琼·罗宾逊对中国的看法"写成的。这篇论文是他1990年在剑桥政治经济学院当琼·罗宾逊纪念讲师时撰写的。特别感谢雷切尔·默菲和彼特·诺兰对一篇手稿的评论。
② 讽刺的是,他警告如果不接受他的建议可能发生的事情,真的在他死后发生了。正像约瑟夫·斯坦因德尔在1981年《后凯恩斯主义经济学杂志》上对卡莱斯基进行精彩的形象描绘时悲伤地说的那样,"卡莱斯基死后半年(1970年),哥穆尔卡由于工人群众上街示威,反对实际收入不足和日用消费品供给全面缺乏而被迫辞职。卡莱斯基的逻辑回来报了仇"(斯坦因德尔,1981,第592~593页)。

些讲义作一次系统考察，似乎就是合情合理的。这样做的主要原因在于，回过头来看，她的看法至少和毛泽东之后的中国政府总体上一直进行的经济努力非常一致。

在经济前沿，中国经济一直都比欧洲的前社会主义国家和前苏联好得多。因此，对琼·罗宾逊关于这些问题的看法加以回顾，就是一项合情合理、寓意深刻的任务。

琼·罗宾逊先后在1953年、1957年、1963年、1964年、1967年、1972年、1975年和1978年8次访问中国。她撰写了大量文章，汇报中国的情况，研究中国的问题，其中一些仍未发表。已经发表的材料散见于各种期刊（有的期刊声名远播，有的则默默无闻）和短篇著作之中。我们做了一份她在这方面的全面的著作目录，以附录的形式放在了本章的结尾。

正像我们看到的那样，琼·罗宾逊关于中国的著述可以分成三个大的阶段。第一个阶段包括了她1963年第三次访问中国之前的作品。在这一阶段，尽管她对中国的实验表示出了极大的热情，但对中国应该如何发展社会主义经济的问题，她的看法还是有限的。最初的几次访问让她为自己的看法找到了支持证据。当她第三次访问中国的时候，第一阶段结束了。她第三次访问的见闻（还有以前看到的）为她提供了一个实验室，在这个实验室里，她可以凭直觉验证她对人口众多的落后国家的经济发展问题的想法。在第一阶段，她的看法总的来说和中国右派的看法相似，也就是要保证较高的资本积累率，而如果不牺牲消费，尤其是忍受较低的富裕水平，那么高资本积累率就无法实现。她的看法还包括启用利润挂帅的工业管理，以避开"官僚主义倾向"的低效和不足；使用以行政命令为主导的价格体系；控制人口增长；通过集体所有制提取农业剩余。琼·罗宾逊认为，不平等现象基本上是和私有财产制度相关的。私有财产制度被消灭了，公正就会渗透到非农业生产部门当中。当然，在农业部门，集体所有的财产是免税的，不同集体所有的财产有多有少，这仍会是农业中的不平等的来源。总体来讲，她发现中国的计划安排在工业部门运作得很好，但她对社会主义是否适合农业部门仍然感到担心,这主要是因为大规模组织劳动力很困难。

第二个阶段始于她的第三次访问之后,一直持续到1975年。在这一阶段,她的态度发生了急剧转变,成了左派。她在这一阶段认为,社会主义组织结构的问题存在于工业当中,而不是农业当中。她认为人民公社已经解决了在农业中组织劳动力的难题,而苏维埃式的工业管理(即使是其改革后的地方化形式)由于采用利润激励及等级制度结构而被人们诟病。等级制度是由于人们拥有的知识等级不同而产生的(她认为这是教育机会不均等带来的不幸结果)。在她看来,计划体制不但受到了官僚作风的困扰,同时也受到了财产制度不平等的困扰。她论证说,"文化大革命"为创造一个建立在为人民服务的理念基础之上的合作经济体制提供了可能。在第二阶段,她对中国实验的热情变成了对毛泽东的经济和政治立场的支持。她相信了在这个统计数字不太容易获得的时代人们提供给她的那些信息,她的分析也就不可避免地受制于她能得到的信息的质量。当她能够摆脱这些扭曲的信息对她造成的影响的时候,她通常的敏锐就又回到了她的著述当中。

在1976年毛泽东去世之后,她惊恐地发现她接触过的那些中国人以前没讲真话。这一发现标志着第三阶段的开始。随着中国的公开信息越来越多,她回顾自己以前写的文章,对其中的一些说法进行了纠正。这是一个自我批评的时期。她承认自己曾对十年"文化大革命"充满了追星般的幻想,她也重新回到了支持右派经济改革的立场。① 即使她没有被误导,她的故事也并不总是那么合情合理,因为她没有完全遵从自己的逻辑论证。然而,我们还是可以从她对中国经济发展的看法和热情中打捞出一些可贵的财宝,那就是她关于中国的一系列想法。她的这些想法和在两条

---

① 彼特·诺兰在私人聊天中提醒我们,琼·罗宾逊从来没有偏离她的观点,认为资本主义生产方式不会因为薪金工人的本性而实现人的全部潜能,但道德刺激——"解放人类"——可能会让这样的事情发生。

路线斗争中被戏称为右派的那些人的想法没有什么大的区别。现在这套想法在中国占据了总体上的统治地位，因此正像我们所说的那样，我们在对琼·罗宾逊的方法和分析进行讨论的过程中考察这些问题，就不但没有偏离主题，反而应该说是正合时宜。

现在我们看看她在 1957 年第二次访问中国时发表的演讲。在这次访问之前，琼·罗宾逊对于中国的发展问题已经得出了自己的一套结论，资本积累是其中的关键。为了克服"落后状况"，中国需要一个高水平的资本积累率。而由于落后是和人口过剩同时存在的，有关变量就成了人均资本增长率。因此，资本积累必须要提速，同时人口增长必须要减速。（理查德·卡恩在 1986 年 12 月告诉珀维茨·塔赫，琼·罗宾逊最初对社会主义感兴趣的根本原因是，社会主义的积累水平有可能高于资本主义制度下的积累水平。）事实上，在一篇评论鲁维斯的文章"凯恩斯先生与社会主义"中（罗宾逊，1936c），她就已经表达了自己的这一看法。

但是，在提高人均资本的过程中，琼·罗宾逊希望中国从苏维埃的错误中吸取教训，尽可能地减少人类成本。确立一个计划和管理体制——一套不同的游戏规则——可以确保中国达成这一目标，也就是说，这个计划管理体制可以让中国平衡地摆脱农业和工业私有制，同时也没有忽视人们的消费需求。这些结论反映在了她 1957 年的演讲当中。

在她 1957 年 9 月 4 日的演讲"积累率和价格水平的关系"中，她认为社会主义在保证快速的资本积累方面要比资本主义优越。"发展步伐的限制"取决于经济消化吸收投资和教育的能力，以及农业和制造部门的剩余总量。如果资本品必须依靠进口，出口资金的可用程度和对外贸易就会制约经济消化投资的能力。因此，投资步伐受到的限制是由从农业和制造业得到的剩余所决定的。在资本主义制度下，限制意味着价格上升，实际工资下降，由此导致了货币工资的上升。此外还有制造部门的利润会有多少用于消费的问题。而在社会主义制度下,情况就会变得不同。①

"你们是在一种计划经济当中,还没有遇到通货膨胀的问题,因为货币工资是被控制住的。但你们遇到了把工人挤压到崩溃边缘的问题。因此,发展步伐的问题实际上牵涉到政治判断的问题"(JVR/iii/5.1)。

她考察了一个消化能力可以拉伸的经济体的情况。如果消化能力大于可以生产出来的剩余,那么问题就变成了有多少剩余可以被挤压出来,而这个问题其实是一个政治上的事情。她因此认为,纯经济理论是否对计划经济有用,这一点是令人怀疑的(JVR/iii/5.1)。

她建立了一个简单的数字模型,用这个模型解释了发展步伐所遇到的限制因素,参见表9.1。

表9.1 积累率的限制因素

	农业 (a)	用于销售 的制造业 (b)	社会开支 (c)	投资 (d)	
收入	45	25	10	20	= 100
税收和利润	5	25	—	P_i	
生产总值	50	100	—	$20 + P_i$	$= 170 + P_i$

这一模型假定原材料和农业消费品由政府官员以45个单位购买。这可以看做是带给(a)的收入。(a)的产出是(b)的投入,经过加工以100个单位卖给了公众,(b)部门的收入是25。这样,假设全部国民收入都被消费了,没有私人储蓄,那么(a)和(b)的收入总和与(b)的产出销售价值之间就差了30个单位。利润和税收保证了这100个单位的国民生产总值不会被(a)和(b)全部消费掉。按照琼·罗宾逊的处理方法,投资领域产生的利润可能只是会计记账的权宜之计,因此P_i没有进入她的讨论之中。与此相

---

① 琼·罗宾逊对发展中经济动用剩余和技术选择的看法和卡莱斯基的看法相似。参见卡莱斯基(1955;1976,第55页)。

似，生产总值 $170+P_i$ 与她的分析也没有任何关系。

与决定发展步伐的政治因素相关的，是如何在农业部门的税收和利润与制造部门的收入之间分配经济负担的问题，也就是交换条件的问题。在资本主义制度下，农业收入取决于价格，而制造业收入却取决于货币收入。对于这一点，社会主义的经济体制也必须作出自己的政治判断。她提到的标准包括公正和提供适当奖励。她对于这个谜一样的问题作了如下表述：

"有些时候，我们可以提供更多奖励，但这是不公正的，因为这样做可能会挤压工人。当然，这两个目的不是彼此分离的，因为受到公正待遇的感觉本身也会给人提供一种鼓励。我们必须找到一个公正的，同时也给人鼓励的解决办法"（JVR/iii/5.1）。

在农业内部，土地质量会造成不公平的收入差别。由于收入取决于价格，等量劳动在不同的土地上就会产生不同的收入。她的解决办法是引进货币地租，货币地租的"安排应该让那些在优质土地上工作的人得到和在劣质土地上工作的人相等的单位收入"（同上书）。这样，这个即将在后来成为集体之间不平等的主要来源的问题，在它刚刚开始的时候就被确定了。

1957年9月6日，她做了一次题为"工业资源有限的计划经济体的技术选择问题"的演讲（JVR/iii/5.2），她在这次演讲中谈论了技术选择的问题，以及如何避免波兹南式的窘迫状况的问题。所谓波兹南式的状况指的是工人消费被挤压得过于严重，而其改善速度又太慢，因而最终发展成为一种令人无法忍受的状况。她认定劳动力一定会过剩，资本品一定会缺乏，但她拒绝把就业最大化看做是技术选择的标准，也不赞成采用带来最高人均产出的技术。

你们想要在下一个五年计划中得到大量收入，因而你们想要得到一份额外的生产流量，也就是更多剩余……如果你们要以使用大量劳动力的形式使用资本，你们就必须允许这些人消费……某种意义上说，这就是理论的残酷所在。

（JVR/iii/5.2）

人们对中国的印象是，它是一个更为人道的经济体。她当时正在为中国寻找一种中间的解决办法，"我们必须要做的第一个区分，是把那些高等技术或是低等技术同那些缺乏机械化程度的技术区分开来"（同上书）。

即将带来利润最大化的技术，就是……为你们将来的剩余作出最大贡献的技术。现在有些经济学家支持把剩余最大化视为真正的目标，但我觉得他们忽略了一个事实，那就是额外工资本身也是一种好处。从可能的角度来看，大量产出意味着大量剩余。总产值越大，它所包含的剩余潜能就越大。因此，寻找一种将要带来利润最大化的技术，是把问题过于简单化了。而另一方面，寻找一种将要带来产出最大化的技术也是不现实的。

（同上书）

她用一个图表（见图9.1）对自己的这一论点作了具体解说。在这个图里，*O/C* 表示的是单位投资的产出，*L/C* 代表的是单位投资的就业。顶点代表的是恒常不变的工资率，曲线代表的是已知的各种技术可能性。按照她的陈述，β 技术就是中国的技术选择，

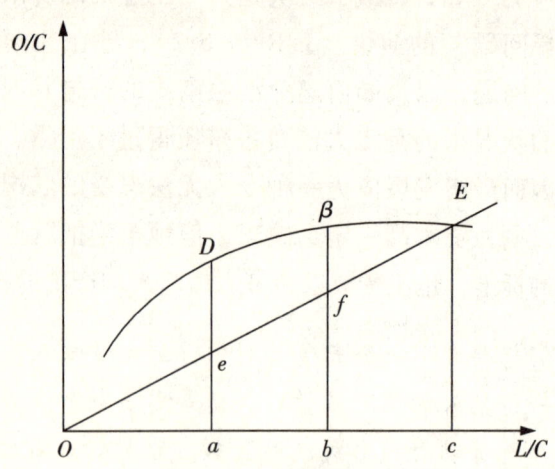

图9.1 中国的技术选择

第9章 琼·罗宾逊对发展经济学是政治经济学的看法

因为这种技术有剩余 fβ，同时它的就业也比"多布的方法"① 高出 ab。后一种方法是由 D 来表示的，它带来了最高剩余 eD，但就业最低，是 Oa。另一个极端是一种就业率最大化但剩余为零的技术，也就是 E，它所代表是一个"人道主义的"无盈亏的保本点。

当她第一次访问中国的时候，她注意到了新旧技术在中国共同存在的情况（1954，第33页），按照她的说法，这种共存情况是"完全合情合理的"，因为它牵涉到的是"一些企业正在使用一种先进技术，而在其他一些事情上……［中国］就必须在各种各样的技术之间进行选择，这些技术没有一个是先进的，只是其中一些比另一些的机械化程度略高而已"（JVR/iii/5.2）。（这在后来被称作是"两条腿走路"，它和索尔特（1960）对资本主义经济体中新旧技术并肩工作、同时存在的现象所作的解释是一致的。）琼·罗宾逊相信，这种方法与资本的快速积累是一致的，同时又没有把令人无法忍受的牺牲强加在消费上。简而言之，积累率以及由此而来的发展在社会主义制度下会比在资本主义制度之下高一些，因为在社会主义制度下，剩余是一种政治选择。然而，就在她对经济理论是否适用于当前的环境表示怀疑的同时，她还是认为：

> 同时……经济理论在社会主义世界中［是］非常有用的。比如在人口问题上，你们面临的问题非同寻常，因为在地球上还没有几个地方不存在人口过剩的情况。苏联是一个特例，而这又为他们的生活习惯带来了一定的改变。
>
> （JVR/iii/5.3）

她的第三篇演讲发表于1957年9月9日，题目是"价格体系在计划经济中使用的深度和具体办法"。这篇演讲从来没有公开过，其中谈到了如何管理经济这个极其重要的问题。

> 你们发现自己可以使用马克思的分析工具讨论计划经济中

---

① 毛瑞斯·多布（例如其1954年一书）以苏联经验为证，支持使用将工资成本之外的剩余最大化的技术，而不是使用让每一期的总产量最大化的技术。

的问题,这让我感到非常奇怪,因为马克思构建其分析工具的目的,是为了分析资本主义早期阶段的经济。它只适合于处理那种特殊的经济。如果你们能够对它进行适当剪裁,让它适合于一个完全不同的经济体的话,我绝对会非常吃惊。

(JVR/iii/5.3)

她在考虑任何一个经济体如何运作的问题时说,"我们必须观察的,是那些用来让经济运转的手段"(同上书)。在这里,我们可以使用的机制有三种,分别是法律的、市场的和道德的。法律机制明确规定一套管理法则和管理程序。它"的优势在于,你可以决定什么是该做的,并让人们执行。但它也有非常严重的缺陷,当需要制定复杂决策的时候,它就被困在官僚主义之中了"。这是在苏联发生的问题。市场机制建立在人们自身利益的基础之上,人们遵循的"是一条可以给他们带来更好的货币回报的路线"。她观察到:

> 市场机制在管理自身方面可谓功绩斐然。每个人都在做他自己想做的事情。它真的具有非常巨大的优点……在西方,人们总是把价格体系歌颂为让人最大程度得到满足的工具,可很多人还是批评它没有给人们带来最大程度的满足。
>
> 这实际上有点偏离主题,但它的长处确实不在于要让什么东西最大化,而是要在实际中发挥自己。它不需要任何监督检查,也不需要任何官员的指导,这才是它的巨大优势。而这一点只有在和其他体系进行对比的时候才能认识清楚。

(JVR/iii/5.3)

在市场机制的种种弊端当中,她还提到了垄断和倾向性非常严重的收入分配问题。"因此,资本主义社会的许多罪恶都是和市场体系相关的。人们反对资本主义社会的基本理由是它的财产分配制度。这一制度虽然和市场体系未必是同一回事,可在历史上它是和市场体系连在一起的"(同上书)。既然"完全自我主义的行

第9章 琼·罗宾逊对发展经济学是政治经济学的看法 193

为方式是不可能的，那么道德准则……就是任何一个体系必不可少的组成部分"（同上书）。① 她在这里提到了企业忠诚。道德准则成了中国人独一无二的贡献——所谓的道德准则"是在每个人的身上发展出来的，并被格式化了的一种正确的行为方式"。她把它当成是"管理经济的另外一种办法"。在有限的水平上，我们可以在西方的某些职业中发现它，但在西方，道德准则的采用是出于社会的考虑，而不是出于利润的考虑。可话说回来，这一方法也有它自己的问题。更为严重的是，"人非圣贤"。因此，道德的方法永远不能单独使用，它必须得到其他方法的支援，特别是当经济生活的复杂程度增加的时候。她告诉中国人：

> 按照我的看法，这种道德准则的发展，是中国对于另外一种经济管理方法作出的独特贡献，也是一种极其重要的贡献。可是我想要知道的是，当 20 年或 30 年后主要任务已经完成，生活也变得容易了的时候，那个时候的情况会是怎样的。那时将会是一个困难的时期。你们的经济仍然处在初级阶段，随着经济水平的提高，管理问题也会变得越来越复杂。当问题是为人们提供更多粮食、更多棉花的时候，它是非常简单的，你们也知道你们需要钢铁，因此提供得多一点还是少一点，并不是那么重要。

(JVR/iii/5.3)②

在琼·罗宾逊1958年的著作及其1960年的改写本中，她对社会主义制度下的价格问题的讨论显得更加正式一些。琼·罗宾逊在 1957 年前往中国的途中，曾经去过苏联，在那里，人们正在对赫鲁晓夫的改革措施进行辩论。她有机会同苏联经济学家一起讨论一些人们关心的问题，还受邀为苏联的杂志撰写文章。对于她

---

① 参见第 11 章，她在那里解释了道德法则在一切社会中的作用。
② 10 年之后的"文化大革命"时期，她开始相信人可以是圣人，可以无私地为他人服务。而在另一个 10 年之后，她又回到了自己的最初立场，认为道德方法不能管理复杂经济。

在中国的演讲中提出的一些问题,她其实已经仔细考虑了一段时间。琼·罗宾逊1958年的文章是她就价格哲学问题撰写的一篇学术论文,但苏联的杂志有所顾虑,没有发表(罗宾逊,1975b,第v页)。这篇论文包括了她在中国的第三次演讲中的全部重要见解。

她在论文中写道,社会主义制度的目标不是"让人得到最大程度的满足",而是要建立"一套将要自我运转的价格系统,有了这套系统,人们就不需要任何定量供给,也不会有人受到黑市买卖的诱惑"。它的目的是减少官僚体制的栖息场所。还有,由于工人按劳取酬,从分析的角度来看,我们就可以很方便地称"工人的收入为工资,把社会主义企业在运营过程中的收入多于成本的部分称为利润"。政府需要为用于购买非销售物品的社会开支提供金融服务,这就决定了总体利润需要达到什么水平,因而也决定了价格和工资之间的关系。换句话说,它所走的是一条由总体计划决定、部门之间分担社会负担的道路。泛泛地讲,商品的最终价格模式应该遵循保证需求和可用供给均衡的法则。价格模式不是独一无二的,"一定范围之内,不同的价格模式都可以很好地适应一个给定的供给模式。在任何一个既定的环境中,哪个模式碰巧成了主导模式,很大程度上肯定是一种历史的巧合"。如同商品的最终价格模式一样,商品的出厂价格也必须由计划人员来确定。如果让企业自行决定价格,就会需要更多的行政管理手段,用以"阻止它们像资本主义垄断分子那样操纵市场"。琼·罗宾逊不赞成在成本加成的基础上确定最终价格的通常做法,因为这种做法"使得企业失去了简单的动机,它们不必在自身经营的范围之内选取一些带来最高单位成本售价的商品进行生产",它们需要别人"非常详细地"告诉它们"生产什么"。除此之外,这种做法也会对成本最小化起到遏制作用。总的说来,"任何方案,只要它合理使用了价格,就会减轻行政管理的直接负担"(罗宾逊,1958,第130~132页,第135页)。

琼·罗宾逊认为,"在农业工人和工业工人之间公平合理地分配收入,[是]价格政策在计划经济中的主要问题"。她强调,要想取得某种令人满意的分配结果,只要是供给落后于需求,就需要把农产品价格确定在它们的需求价格之下。这些问题被说得很直率。① 如果不允许私人销售,就会出现黑市,可如果允许私人销售,他们生产的产品就不会卖给政府。即便是不允许私人使用因而不会遇到黑市威胁的农作物也会如此,劳动和土地会转移到比黑市价格或自由市场价格更加有利可图的其他用途中去。

也就是在我们上面谈到的演讲中,她对货币地租的原则提出了支持,这一原则运作起来"很像李嘉图的地租",最终表现为"以货币形式而不是谷物形式估算的土地税"。在土地税收入足以支付政府开支的程度内,工业部门必须完成一定剩余的要求就会变得轻松一些,这样就有可能确保部门之间出现令人满意的收入分配。她提议土地税的征收以土地质量的差异为根据,这样有助于实现农业部门内部的平等。按照她的看法,土地质量的差异内在于财产差异的本性当中,但这绝不是说由此而来的劳动收入也可以不同。

这些演讲把与计划经济的发展过程相关的几个变量集合到了一起。它们的集合是在最普通、最抽象的水平上进行的,目的是要揭示政策选择的不同方案所牵涉到的相互作用。例如,一种可以使人均产量最大化的技术,会进一步涉及如何向工业剩余适当征税,或如何对工业品适当定价,从而提供其他工人生活所需的问题。从整体来看,这些演讲是要理清中国一连串政策的特殊性,进而寻求这些政策的深层含义。也许,她的模型中最难的部分是她的社会基础建设模型,它由法律、市场和道德结构组成,在经济平稳运行的过程中,这些结构都在发挥互相加强的双向作用。我们重复一下,这些范畴在获得了具体形式的时候是有意义的,但我们并不清楚这些体系是经过设计强加上去的,还是由于它们自身的交互作用以及它们与整个社会的交互作用演化出来的。

---

① 然而,当这些问题后来在集体化浪潮中出现的时候,她故意把这些问题的影响最小化了。

作为结论,琼·罗宾逊认为中国作为一个社会主义国家,应该避免陷入官僚主义的繁文缛节中,它应该使用价格机制,尽可能减轻行政管理的负担,提高道德激励的作用,也要同时加强其他一些刺激措施。因此,作为她对自己在第三次演讲中提出的问题(也就是价格体系在计划经济中可以走多远)的回答,她似乎是在说价格体系只能和法律体系同时使用,条件是它的作用(在分配方面)要得到道德体系的支撑。

琼·罗宾逊在《发展和不发展问题概要》(1978c)一书中陈述,自己的目的是检查一下西方关于发展的理论以及这些理论用来解决发展中国家问题的方式是否合理。早在20世纪60年代,她就已经提出批评,正统理论对于来自发展中国家的学生们来说无关紧要(罗宾逊,1960b)。仅从她的目录中我们就可以看出她的目标是什么,她的论证结构又是怎样的,因为这个目录从剩余生产的条件开始,一步一步探讨了城乡交换的条件、如何在规范的国际贸易中从主要产品那里取得对外贸易剩余、发展计划中援助和贷款的难度,以及把剩余错误地用于建造军工行业等问题。"西方的教义把人类生活的经济方面从其政治和社会的场景中分离出来,因而自诩是科学和客观的,但这样的做法实际上扭曲了它不得不努力讨论的那些问题,而不是对这些问题给了明确的解释"(罗宾逊,1978c,第3页)。① 到了学术生涯的这一阶段,琼·罗宾逊开始承认经济学中政治方面的内容,并把政治方面的内容合并到了自己的经济学中,因此她对所有这些问题的考察就不仅是"科学的"。这并不是说她在刻意回避理论问题,"对我来说,用后凯恩斯主义的概念对古典的和马克思的积累、分配和交换理论进行重新解释,才是有用的基本经济理论"(同上书,前言)。很清楚,她在心中牢记着古典主义的再生产理论、凯恩斯的有效需求和就业理论,这两个理论模型同时构成了她解决增长和分配问题

---

① 罗宾逊和伊特维尔(1973)合作的著作对第三世界的讨论具有相似的结构,目的是要捕捉这些问题的不同方面之间的相互依赖性(参见第10章)。

的方法的理论基础（罗宾逊，1956a，1962e）。她（在第2章的结尾）附上了一篇附录，对自己的理论概念的用法和论证方式进行了解释。她注意到，马克思的模型过于简单化，但它还是为我们提供了一个理论框架，可以让我们理解剩余价值的来源，以及应该如何使用剩余以便在下一期增加更多的产出。

她在第1章中指出，许多第三世界国家不但都在努力寻找帮助人民大众摆脱贫困的办法，也在努力塑造自己被国际组织认可和尊重的国家身份特征。正是这些组织影响了国际资金的流向和条款。这个方面的问题已经超出了正统理论的研究范围。

在对工程项目和发展策略进行评估的时候，经济学家一般都把国内生产总值（GDP）或人均国内生产总值看做是摆脱贫困的指标。她认为，这种做法忽视了这一指标可能会把人引入歧途的事实，因为它没有考虑家庭和社会内部此前进行的经济活动，而商业部门之外的一些情况可能已经转移到了市场之中。国民生产总值的构成只能通过一个大体的总数加以认识。记录下来的数字一点也不能反映生产或分配的新状况。她警告人们，不要把对现有数据的简单解释当成是评估社会需要及其政策的基础。

她利用再生产理论说明，工资品领域首先是农业领域的剩余，对于发展来说是一件多么重大的事情，她也利用这一理论追溯了土地和劳动关系变化中的许多具体事例。对她来讲，核心因素是从生产者手中提取剩余的方式以及剩余的用途，其中包括剩余重新分配的形式。

她看到，许多土地改革本来是想把农民从剥削中解放出来，可实际上却变成了一种也许不那么残忍，却更为有效的剥削方法（罗宾逊，1978c，第54~55页）。她也注意到，凡是土地分配更平等的地方，种田的生产率就更高："为了得到现代化可以使用的、不会造成贫富两极分化的经济框架，对土地和生产工具实施某种形式的合作所有制或集体所有制就是必需的。可贫富之间的两极分化现在正发生在整个第三世界中"（同上书，第135页）。她观察到，剩余的增加有累积效应，它可以让中国的某些公社不断投资于生产能力更高的新方法,而这又导致了公社之间收入差别的扩大;公社的收入有条底线,所有公社的收入都不允许下降到这条底线之下。由于有了这一保障,技术创新给农民带来的危险就会少一些。

对剩余征收周转税同样有效,但这部分税收被分配到了投资而不是消费上,因此,如果周转税的征收和分配是按照计划进行的,就会比让私人自行作出决定更加可靠一些(见罗宾逊1949年的文章,她在那篇文章里提出了一个策略,也就是决定价格水平的时候要把周转税包含进来,这样消费需求总量就正好能吸收可以使用的消费品总存量及其周转流动:这相当于社会主义的充分就业政策)。作为替代方法,剩余产品也可用于出口。在这种情况下,出口收入可以用来进口资本设备,从而利用资本设备在提高生产率方面的作用创造新的生产能力、就业机会以及可能更高的工资品产出。当然,剩余产品的出口收入也可以用于进口奢侈品。到底如何使用剩余,取决于土地和劳动关系的本质,也取决于政治平衡方面的考虑。

按照她的理解,发展问题建立在经济不同分工的基础之上,有些人控制着产品的生产和分配,另一些人则直接生产这些产品。产品的生产又分成三个部门,即农业、生产工具或者说工业,以及奢侈品。为了让一笔投资产生剩余,生产率必须得到提高,这样土地所有者就会决定把剩余用于对新技术或新谷物的投资,而不是把它用于奢侈品消费。在生产过程中,投资于新的生产能力的资金,就会创造出高于最初投资价值的剩余,而以这样的形式扩大的再生产则必须通过产品销售来实现,以这样的形式扩大的价值又必须以金融资本的形式重新回到循环之中。她说,这一流转过程在很多结点上都可能会被中断(见罗宾逊和伊特维尔,1973):积累"需要三个组成部分:金融……储蓄,还有对消费加以限制以便让资源用到投资上来;还要用进口补充国内资源"(罗宾逊和伊特维尔,1973,第332页;又见第10章)。

农业领域的成功取决于产品的国内价格,也在相同的程度上取决于产品的国际价格。对此，我们需要进行个案研究，因为决定主要产品价格的变量很多。尽管如此，我们还是可以得出几个基本要点。第一，既然第三世界国家是世界市场体系中的一部分，它们也就被捆绑在世界市场体系强加的各种条件限制当中，除非它们可以像石油输出国家组织那样对稀缺的必要资源拥有垄断权，否则它们不会有多少金融和商业权力。第二，对任何一个国家来讲，人们对一些主要农产品的需求都可能会造成它对价格下行缺乏弹性，对价格上行却弹性十足。既然任何一个国家都可能接受当时的市场售价，因此价格争议未必一定能带来更多收入。第三，即使是在或多或少存在竞争的国际市场，也可能会出现一些不利的贸易条款。第四，单一产品国家对商品投机商没有办法。面对价格的短期波动，第三世界国家更加脆弱一些，如果价格低了，它们既没有储备可以调用，也没有能力对销售价格发号施令。此外还有一些长期和周期性的力量在对需求和价格发挥着影响。人们所看到的买卖双方之间的利益差别是国家和国家之间的事情，不是国内不同阶层之间的事情：发达国家中的资本家和薪金工人在压低第三世界国家的商品价格方面的利益是一致的。所有这些交互作用，让以出口创汇为基础制定的计划难以实现。此外，它们还会扰乱国内农业和工业之间的交换条件。

　　金融能以援助和贷款的形式出现。正统教义想当然地认为，以金融形式出现的"资本"会自动转化为作为生产设备的"资本"。她对这种看法提出了批评。当资本以金融的形式出现的时候，它通常都被用于支付国家累积外债的利息。即使有些资金用到了投资项目当中，也大多被用到了那些以援助国家利益为重的项目中，这就涉及对援助国的生产投入进行偿还，甚至还要支付该国工作人员的工资，这样一来，甚至连从这种进口技术中学到新的技能都不可能了。她还注意到了跨国公司接管本国的生意、工厂、劳动力和市场，然后把它们的利润寄回国内的情况。她评论说，一个国家需要有经过认真计划的工程项目，它想为这个项目提供资金，然后为这个项目筹集贷款，而贷款的执行和偿还又必须以自己国家的条件为基础。她同时也认为，这样一个国家不太可能从西方得到任何贷款。

一般来讲，一个以发展自己为目标的国家需要走的道路就是工业化道路。尽管有些国家由于拥有一种稀少的基本必需品，发展的时候不需要首先建立工业基础，但对多数国家而言，工业化就是它们希望的道路。技术可以照搬或进口，没有时间的滞后，也没有发明和实验所需的成本，这些发明和实验构成了西方漫长的工业化过程的显著特点。一般来讲，工业部门的发展需要援助或外资提供资金。只是把剩余从奢侈品消费中引导出来，是不能为工业化项目提供足够资金的。她观察到，外国投资经常不是发展计划的一部分，而是生产厂商决定在劳动力价格便宜，同时也可能出现新市场的地方进行海外生产。她观察到的典型情况是，在进口方面，新投资不过是供给市场高端奢侈品的替代品，因此耗费了本来可以引导到工资品生产之中的宝贵资源。她注意到，一般情况下，生产产出与资本的比率在分厂那里要比在本厂那里低，但是跨国公司的资本设备成本会低一些，因为它们已经支付了科研经费。与此相似，发展中国家可以从原地进口那些已经过期，但使用当地廉价劳动力仍能创造剩余的工厂。这样的工厂应该会比当地其他企业的机械化程度高一些，工资在工厂生产的附加值中所占的份额要比当地企业低很多，而利润份额和管理人员的薪水则会高一些，因此收入分配应该会变得更加不平等，并且会被强化到生产结构和非基础产品的市场结构当中。如果大部分"市场"只能勉强维持，没有剩余收入，这个时候市场就会进行"投票表决"，通常都转而进口奢侈品，这就是一个信号，意味着需要进口奢侈品的替代品。这样，宝贵的外汇资金就被转移到别的用途上，不再用来解决贫困问题。

她观察到，在发展中国家，金融和投资的流动趋势一直都是流出比流入多很多，她对这个问题的严重程度作了说明（她的观察以联合国贸易和发展协会以及国际劳工组织的数据为基础；参阅赫莱纳1980年的著作，赫莱纳认为她"只是参考了一些意见相同的朋友们的著作")。

通过比较,她还是选用了中国的例子。中国把剩余分配到了将会带来生产率的最大净增长的地方,这就把技术选择的问题带了进来。"在重工业和长途运输业中,资本存量相对工作人数的高比率是必需的。在这里,机械化带来的生产率的提高非常巨大,如果没有了机械化,几乎任何东西都不能生产"(罗宾逊,1978c,第116页)。她回想起中国"两条腿走路"的原则(见上文)。在工资品部门中,它的特征是倾向于小规模生产,并且使用了很大一部分人口,这一领域的机械化应该推迟,等待充分就业的出现。也就是说,中国的目标应该是建立"尽可能大的投资资源经济,在增加产值方面努力取得令人满意的成就,而这会使得单位投资所增加的就业人数最大化";"应该首先考虑生产工具的'拓宽',而不是'加深'"(同上书)。她认为,新科技的选择,一般不能以它创造的就业总量为基础。相反,中国的目的应该是让单位投资的产值最大化。这就是说,它应该倾向于选择单位劳动力的投资比率较低的那些技术。较高程度的机械化可能会创造更多剩余,因此也会创造更多的投资和就业潜能,但这取决于工资水平。在引进机械化程度更高的技术所用的工资账单上,如果储蓄部分的价值大于以前的生产总值,那么这种倾向于单位投资生产更多产值的技术,就应该让位于可以提供更高的剩余-投资比率的技术(还可参见罗宾逊和伊特维尔,1973,第328~330页)。但在某些情况下,手段,也就是更多的就业机会本身,和它的最终目的同等重要。

她对隐蔽性失业、凯恩斯式的失业和就业不充分(有的地方也称其为劳动力剩余和非就业)的不同作了解释。[1] 凯恩斯式的失

---

[1] 塔赫赞扬琼·罗宾逊在1936年成了"隐蔽性失业"的首创者(参见罗宾逊,1937b,第60~74页)。1943年,罗森斯坦·罗丹把这个概念用到了就业不充分的情况下。最初,琼·罗宾逊是把这个概念和工业化的城市经济联系起来的(罗宾逊,1978c,第93~94页)。

业描述的是这样一种情况：有效需求的偶然升高让一些雇主发现，使用更多劳动力生产更多产品变得有利可图了。可这是一个短期状态，在这一状态下，生产能力的水平是固定的，那些尚未利用的生产能力和可用劳动力完全可以满足新需求的要求。隐蔽性失业描述的是劳动力使用微量"资本"进行劳动的状况，一般发生在城镇部门。它是凯恩斯式失业的一种形式，只是可用资本存量不足以雇用现有的劳动力，也特指城镇经济。她还提到了马克思的失业概念，认为它指的是剩余劳动力的增长超过了资本积累（又见罗宾逊，1951b，第141页）。就业不充分指的是过多的人口工作在一块固定的土地上，一般发生在土地分配不平等的地方。除了拥有多余生产能力的凯恩斯式的失业之外，在其他任何一种失业状态下，如果消费出现了增长，就会导致通货膨胀。对此，凯恩斯的解决方案也许能够提供短期帮助，但在其他长期状态下，就需要对新的生产能力进行投资，以便吸收多余劳动力。塔赫对琼·罗宾逊关于农村劳动力向城镇转移的分析作了进一步诠释，认为它表明的是农村地区就业不充分的劳动人口对工业和城镇部门出现的新的工作机会作出的反应，而不是对得到不同工资的预期（或者说就是工资本身）的反应。与城镇工人相比，农村工人的维生成本要低一些，因此尽管新分到工作的工人的工资总额对工资品（粮食）的供给形成了压力，但现在城镇就业不充分扩大了，从而把这一部门的实际工资维持在了最低水平上。

另一个打断剩余物资流动的原因是它被转移到了军工生产当中。她认为，只要是军火贸易还在影响着国家政权的本质，就会对经济发展产生全方位的影响。这一影响指的是它对生产能力的影响。从直接的角度来看，它使用了宝贵的外汇；从间接的角度来说，如果把剩余和技术工人用在另一种生产用途上，生产能力应该已经达到了另一个水平。由于不会生产在市场上销售的产品，军备开支会起到引发通货膨胀的作用，也会因为压缩了更具建设意义的领域，诸如健康和教育领域的开支，而造成机会成本。"军工企业不仅直接通过限制外汇和宝贵的国内物资和技术，还间接通过金融手段……限制民用企业的发展。国家可以承受的、不会对金融体系造成破坏的借债总量也受到了限制"(罗宾逊，1978c，第125~126页)。她评论说，很不幸，"与其他所有市场不同，军火市场永远不会达到饱和，因为任何一个地区的任何一个国家，如果它的军火供给增加了，它的邻近国家的军火需求就会增加"(同上书，第127页；参见罗宾逊，1982，以及第12章)。

从其经典的后凯恩斯主义立场出发，作为她对自己书中论点的总结，琼·罗宾逊重新表述了农业部门在一个国家的发展中发挥的根本作用。她指出，"在第三世界中，发展的基本问题是农业领域需要调整结构和改进技术的问题"(同上书，第137页)。农业部门首先必须生产剩余，其后要允许部分剩余分配到工业领域，用以支付工业领域的工资和投资开支。因此，把这些剩余供应到非农业部门的限制条件必须建立起来，与此相似，部门之间的相对工资率和交换条件也要建立起来。如果粮食价格的上涨造成了城镇工资的上升，制造业商品的价格就会随之上升，这样城市和乡村工人的相对工资就会出现分歧，这个过程最终就会变成一个通货膨胀螺旋。像印度或一些拉美国家这样的发展中经济体，在选择对经济发展过程最好的投资时，应该考虑技术和生产组织本身的问题。一般来讲，"如果某项技术能够促进城乡经济同栖共在，互相增强……而不是……让都市工业依赖于农村人口"，就是应当支持的(同上书，第139页)。她认为，与放任自由相比，计划可以为实现发展目标建立一个更加合理的基础。市场不会提供社会基础设施建设，也不会提供大规模的资本工程项目；哪里有利润，它就要在哪里生产，其实就是奢侈品市场或面向中产阶层以上的市场。

基本服务供给方面的不平等已经牢固地凝结在发展中国家的阶级结构当中，其牢固程度与奢侈品消费方面的不平等在生产结构中体现出来的程度是完全相同的。要想重新把教育引导到有利于整个社会的方向上，需要付出的努力更胜过将工业重新引导到群众的消费需求上。

(同上书，第141页)。

她注意到，当时的国际劳动分工已经进入了"第三阶段"，也就是利用周边地区的廉价劳动力向核心发达国家出口制造品。① 这在发达国家中造成了一种想要保护国内工资相对较高的制造业的势头。放任自由主义的论点认为，发达国家应该牺牲它们的高成本行业，用一些它们有优势的行业替代这些行业。对高科技进口替代产品实行贸易保护的一个结果是，这些行业一般都在最佳效率水平之下运行。琼·罗宾逊并不是反对贸易保护本身，她反对的是利用贸易保护来鼓励和维系那些对工资品领域没有任何贡献的行业。

她写作此书的目的，是要清除人们关于正统理论和发达国家在第三世界国家发展过程中的作用的一些错误见解，并倡导一种更加谨慎的发展策略。她注意到，西方的教义把人们的经济生活同其政治和社会背景分离了，因而自诩是科学和客观的。与此不同，琼·罗宾逊把每一个具体情况的特殊性都纳入自己的思考范围之内，利用古典政治经济学和后凯恩斯主义对增长和分配理论的发展，对这些具体情况的特殊性进行解释。有的评论家在评论罗宾逊的这本书（1978c）时认为，她的著作"特点在于，它的概括归纳有根有据，习惯于引经据典，强调原文，偶尔也带有业余学者的经验主义色彩"（赫莱纳，同上书）。这一说法把她的文章简单明了的鲜明特征说成是肤浅，可事实上，她在书中从头到尾都显示出她意识到了整套关系的复杂性和相互依赖性，正是这套关系让第三世界国家在接受了30年的国际援助之后仍能保持它们长久以来的国家风度。她通过特别个案的研究来构建自己的分析，然后揭示每一个案例的特殊成分和特殊能量，她的每一个段落都是

---

① 第一和第二阶段是对第三世界的精华产业和制造业进行剥削，"部分通过在市场周围建立装配车间，以'节约进口'的投资原则为指导出口零件元件"（同上书，第143页）。

理论对话的产物。作为最终结果,她清除了一切关于第一世界提供援助金、对外投资和技术转让是因为第一世界国家仁慈的错误见解,也清除了人们以为他们自己的基本原理真实可靠的错误认识。事实上,世上根本没有一套简明扼要、学了就可以达成一个普遍结论的基本法则。也许,正是由于她拒绝在书中减少对第三世界的描述,而她的描述方式从教学的角度来说又是那样简明,她的这本书从来就没有被人认真对待过。然而正是在这本书里,琼·罗宾逊放弃了她过去要把政治从经济,或者说把价值从科学中分离出来的警告。也许她展示出了赛伊德(2003)所说的她的"后期风格",终于公开放弃了这一方法论给她的思想带来的禁锢。从表面上看,她的观点可能"模棱两可,零零散散……没有什么其他含义"(同上书,第12页)。但是,罗宾逊现在"放弃"了她拥抱这么多年的科学方法的成见,放弃了学术的要求,进入了一种学术流放状态,在这一状态下,她的文章"没有高层次的综合为补充"(同上书),对政治经济学的研究变得胸襟坦荡,问心无愧。

附录:琼·罗宾逊关于中国的著述(珀维茨·塔赫整理)

(1954) *Letters from a visitor to China*, Cambridge: Student's Bookshops.

"Unemployment and the Second Plan", *Capital*, 20 December 1956, Annual Supplement, 7–9; also in *C.E.P.*, vol.3 (1965), 182–91.

"Employment and the Plan", *Economic Weekly*, 24 March 1956, 8 (12), 355–6.

"The Choice of Techniques", *Economic Weekly*, 23 June 1956, 8 (24–6), 715–18.

"Time and the Choice of Technique, Comment on Chakravarty", *Economic Weekly*, 17 November 1956, 8 (46), 1333.

"Choice of Technique", *Economic Weekly*, 27 April 1957, 9 (17), 137 (letter).

"Birth Control in China", *New Statesman and Nation*, 18 January 1958, 55 (401), 66-7.

Review of *The Economic Development of Communist China*, by T. T. Hughes and D. E. T. Luard, *Economic Journal*, July 1960, 70 (278), 409-10.

(1962) Review of *Contemporary China*. Ed. E. S. Kirby, *Economic Journal*, September 72 (287), 734.

"The Chinese View", *Seminar*, October 1963, 50, 44-6.

"Are We Exerting Ourselves Enough? Compete with Chinese", *Yojana*, March 1963, 7 (1), 7-8.

"Communes in China", *Listener*, 30 January 1964, 71 (1818), 177-89.

"Notes from China", *Economic Weekly*, February 1964, 16 (5-7), 195-203.

"A British Economist on Chinese Communes", *Eastern Horizon*, May 1964, 3 (5), 6-11.

"Chinese Agricultural Communes", *Coexistence*, May 1964, 1 (1), 1-6.

"The Chinese Communes", *Political Quarterly*, July-September 1964, 35 (3), 285-97.

"The Chinese Point of View", *International Affairs*, April 1964, 40 (2), 232-44.

"Prospects for China", *New Scientist*, 18 June 1964, 22 (396), 756.

Notes from China, Oxford: Basil Blackwell, (1964).

Review of *The Chinese Inflation, 1937-1949*, by S. H. Chou, *Economic Journal*, September 1964, 74 (295), 680-1.

"India, wake up!", *Economic Weekly*, 5 December 1964, 16 (49), 1917 – 20.

"China, 1963: The communes", *C. E. P.*, vol. 3 (1965), 192 – 206.

"What's New in China?", *Eastern Horizon*, January 1965, 4 (1), 11 – 15.

Review of *The economy of Chinese mainland: National income and economic development, 1933 – 1959*, by T. – C. Liu and K. – C. Yeh, *Economic Journal*, September 1965, 75 (299), 604.

"Economic Principles in China", Review of *Construction du socialisme en Chine*, by C. Bettelheim et al., *Broadsheet*, October 1965, 2 (10), 1 – 3.

"China Today: The Organisation of Agriculture", *Bulletin of Atomic Scientists*, 1966, 22, 28 – 32.

"Organisation of Agriculture", in *Contemporary China*, R. Adams (ed.), London: Peter Owen, 1969, 221 – 34, 1966.

Reviews of *La reforme agraire en Chine populaire* by Chen Chi – yi; *The steel industry in Communist China* by Yuan – Li Wu. *International Affairs*, 1966, 42 (3), 546 – 8.

Review of *La construction du socialisme en Chine*, by C. Bettelheim et al. *Coexistence*, 1966, 3 (40), 105 – 7.

"The Communes and the Great Leap Forward", Reviews of Crook and Crook, 1965; Dumont, 1966, *New Left Review*, May – June, 1966, 37, 69 – 72.

Reviews of *The Economy of Communist China*, by Y. – L. Wu; *Market control and Planning in Communist China*, by D. H. Perkins; *Food and Agriculture in Communist China*, by J. L. Buck, L. Dawson and Y. – L. Wu. *International Affairs*, January 1967, 43 (1), 192 – 3.

Reviews of *China's wartime finance and inflation, 1937 – 45*, by A. N. Young and *Foreign investment and economic development in China 1840 – 1937*, by C. – M. Hou. *International Affairs*, April 1967, 43

(2), 404-6.

Review of *Eyewitness in China*, by H. Portish. *International Affairs*, 1967, 43 (3), 611-2.

Review of *The awakening of China 1793-1949*, by R. Pelissier, *International Affairs*, October 1967, 43 (4), 797.

"The Economic Reforms", *Monthly Review*, November 1967, 19 (6), 45-50.

"The Chinese Cultural Revolution", *Now*, 22 December 1967.

Review of *Report from a Chinese village*, by Jan Myrdal. *International Affairs*, 1968, 44 (1), 152-3.

"Intensive Look at China", *SACU News*, 1968, 3 (2), 1-5.

"The Cultural Revolution in China", *International Affairs*, 1968, 44 (2), 214-27.

"Reply to Sussex Internationalists' Attack", *SACU News*, 1968, 3 (6-7), 5.

"China Today: Economic Organisation", *Journal of the Royal Society of Arts*, 1968, 116 (5144), 683-93.

"One Quarter of Mankind", *Canadian Forum*, 1968, 48, 150.

"The Decentralised Society", Review of *China's economic system*, by A. Donnithorne, *SACU News*, 1968, 3 (12), 5.

(1969) *The Cultural Revolution in China*, Harmondsworth, Middlesex: Penguin Books.

"Ten Years of Communes", *Broadsheet*, 1969, 6 (1), 3.

"India and China: A Comparison", *Listener*, 1969, 82 (2124), 816-18.

Preface to *China's economy*, by N. Brunner, London: Anglo-Chinese Educational Institute, 1969, 1-2.

Letter to *Tribune*, 24 January 1969.

"Reply to A. J. Watson", *China Now*, 1970, 2, 4.

Reviews of *The transformation of the Chinese earth*, by K. Buchanan and

Economic geography of China, by T. R. Tregear, *Broadsheet*, 1970, 7, (7), last page.

"Society and Economics in China Today", in *China and the West: Mankind evolving*, by R. Jungk et al., London: Granstone Press, 1970, 35–47.

"Chinese Economic Policy", *Studium Generale*, 1970, 23 (12), 1267–74.

"Chinese Economic Policy: Prescription for Development", *China Now*, 1970, 4, 5–8.

Foreword to *The Chinese road to socialism* by E. L. Wheelright and B. McFarlane, New York: Monthly Review Press, 1970, 7–10.

"Chinese Economic Policy" in *Hand and brain in China and other essays*, by J. Needham et al., London: Anglo–Chinese Educational Institute, 1971, 19–27.

"Something to Live for", Review of *The revolution continued*, by J. Myrdal and G. Kessle, *New Statesman*, 1971, 81 (2094), 631–3.

"For Use, Not for Profit", *Eastern Horizon*, 1972, 11 (4), 6–15.

"Through Western Spectacles", Reviews of *China Today* by K. Mehnert; Terrill, 1972 and *Red Guard*, by K. Ling, Spectator, 1972, 7522, 321.

"Chinese Agricultural Communes", in C. K. Wilber (ed.), *The Political Economy of Development and Underdevelopment*, New York: Random House, 1973 (2nd edn, 1979).

"Structure of Management", *China Now*, 1973, 29, 10–11.

"Planning and Management in China today", *Cambridge Review*, 1973, 94 (2212), 106–20.

"Achievement of a Generation", *China Now*, 1974, 45, 2–3.

"Two Revolutions", *Broadsheet*, 1974, 11 (10), 4.

Economic management in China (2nd edn), London: Anglo–Chinese

Educational Institute, 1975.

Foreword to *Education in China*, by R. Mauger et al., London: Anglo-Chinese Educational Institute, 1975, 1-2.

Review of *To phoenix seat: An introductory study of Maoism and the Chinese communist quest for a paradise on earth*, by L. R. Marchant, *History*, 1975, 60 (199), 272-3.

"National Minorities in Yunnan", *Eastern Horizon*, 1975, 14 (4), 32-43.

"In the Deep Southwest", *New China Magazine*, Fall 1975, 1 (3), 21-3.

"Hsishuang Panna", *China Now*, October 1975, 55, 10-11.

"The Fall of Lin Piao", Review of Inside China, by P. Worsley and *The second Chinese Revolution*, by K. S. Karol, *Spectator*, 1975, 7677, 217.

"An Eyewitness Account of the Cultural Revolution", Review of *China's Socialist Revolution*, by J. Collier and E. Collier, *Monthly Review*, 1976, 28 (5), 50-1.

"Walled in", Review of *Russian Studies of China*, by E. S. Kirby, *Spectator*, 1976, 7699, 17.

"Employment and the Choice of Technique", *Society and Change*, K. S. Krishnaswamy et al. (eds), Bombay: Oxford University Press, 1977, 165-9.

Reports from China 1953-76, London: Anglo-Chinese Educational Institute, 1977.

"China 1978: Comments on Bettelheim", *China Now*, 1978, 80, 4-7.

Review of Mao Tse-Tung 1977, *China Now*, 1978, 80, 26-7.

Review of Mao, 1977, *Monthly Review*, 1979, 30 (8), 52-3.

"China since Mao", *Monthly Review*, 1979, 31 (1), 48-56.

"The Pros and Cons", *China Now*, 1979, 86, 25-6.

Review of *China's road to development*, N. Maxwell (ed.), *Broadsheet*, 1980, 17 (3), last page.

"Introduction", *China Now*, 1982, 100, 3.

and Alder, S. (1958) *China: An Economic Perspective*, London: Fabian International Bureau, Fabian Tract No. 314.

and Berger, R., "Thinking about China: The Economic Impact of Communism", *Listener*, 1961, 65 (1962), 220-2.

and Needham, J., "Too much for 'The Times'", *SACU News*, January 1969, 4 (1), 1-2.

第 10 章

《现代经济学导论》：一盏不亮的灯？

当琼·罗宾逊在1970年"退休"的时候，她为自己制定的第一批任务之一是写一本介绍性的大学一年级教科书。她请求约翰·伊特维尔和自己共同执笔。伊特维尔当时是三一学院成员，20世纪60年代在剑桥读过本科，当时正在哈佛攻读博士学位。这本书的主要目的是向学生介绍她在剑桥研究经济理论的基本路数，并把自己的路数与主流经济理论的基本信条和方法进行比较。尽管她和学生一直保持着不拘形式的各种接触，但她还是觉得，找一个每天都在进行直接教学和具体指导的人做自己的合作者，对于她想要完成的这本书的笔调和内容来说都是绝对必要的。在大多数问题上，她和伊特维尔当时的看法都是一致的，但是后来，主要是由于加雷格纳尼带头对皮耶罗·斯拉法所作的解释，他们在长期方法如何在经济理论中运用的问题上出现了越来越大的分歧。

这本书写作于1971～1973年间，在撰写过程中，两位作者把草稿送给了很多人传阅，这些人中的大多数在此书创作期间至少已经在剑桥工作了一段时间。作者和他们进行每周一次的例行聚会，讨论他们对草稿的意见。① 这些人中包括了一位本科生马丁·费瑟斯顿，他当时是三一学院二期学生，后来以绝对优势获得了二期学位资格考试第一名。因此，他并不完全是马歇尔的代表性企业的翻版。

这本书的目的非常突出。学生们即将看到的是一位哲人的凝练智慧和一位年轻学者的简练文笔和满腔热情。我们最近重读了这本《导论》。② 从事后的角度进行总体把握，我们对此书的目的和目的的执行仍然抱以赞赏的态度。可惜的是，这本书基本上没有成功起飞。

当然，这本书确实在《经济学杂志》上收到了约翰·格利（格利，1974，2002）的最好评论，但格利也意识到这本书可能不会像他希望的那样获得成功：

> 随着资本主义越来越多地受到真实世界运动的攻击，资本主义为自身服务的意识形态亦将受到前所未有的挑战［希望如此！］。就这一目的而言，这本书的贡献是非常巨大的。但非常可惜，它不可能得到经济学新生的广泛使用……问题在于，这本书对于新生来说太难了。［作者］对那些难懂的想法没有进行过多解释……观点和分析展示得过于简单，没有加以足够的详细说明，因此很容易让初学者不时停下……尽管它在理论方面……在经济体系比较方面和经济思想发展方面非常强，但在当代经济制度方面却很弱……所有这些都很可惜，因为这样的经济学可以比新新古典主义经济学更好地教会下一代学生理解和解决现实世界的问题，而这本书本来可以进一步激发学生们对马克思的兴趣……把学生们引导到一个更为强大的理解历史潮流发展的理论框架中来。
>
> （科尔和哈考特编，vol. V，2002，第307页）③

---

① 他们在"鸣谢"（第 xv 页）中感谢了参加的人员。
② 哈考特是阅读手稿的成员之一。
③ 格利一直是最受尊重的主流经济学家，越战以及其他一些事情让他变得激进起来，成了研究马克思和中国经济发展问题的学者。

第10章 《现代经济学导论》：一盏不亮的灯？

在这一章里，我们将对这本书的方法和内容进行讨论，并尝试对这本书为什么会被视为一盏不亮的灯进行评定。

如果只从讲课手法，特别是讲课水平来看，我们不得不承认作者习惯了教那些非常聪明的学生，因此严重高估了普通学生的吸收能力。假如琼·罗宾逊是和汤姆·阿西马科普洛斯或基思·弗雷尔松合作的话，这一缺陷也许就被克服了。汤姆和基思都阅读过手稿，他们主要在加拿大和澳大利亚教书，对于天才学生和普通学生来说都是非常优秀的老师。当然，他们是否能够保证这本书获得成功仍然是个问题，因为它是否受欢迎还要看政治背景。这让我们想起了人们对付洛里·塔尔西斯的20世纪40年代教科书的丑闻，那本教科书第一次在美国介绍了凯恩斯的思想体系（参见哈考特，1982a，1982b，1995a，2001a）。还有，我们已经指出过，琼·罗宾逊的写作越来越像是"冰山一角"，这让对她的著作非常熟悉的老练读者也经常遇到麻烦。

作者在序言中写道，这本书"首先是写给经济学新生的"，但推荐其他可能感兴趣的读者也去读读。这本书包括了三个主要题目：经济学教义、分析和现代经济问题。[①] 读者在讲授或阅读的时候，可以把这些题目当做问题的横截面进行集中讨论，也可以把它们看做一个时间序列，按照时间顺序进行。尽管他们在谈论自己的叙述方法时说，"纯粹的经济学逻辑也许可以看做是应用数学的一个分支"，但他们的论证却没有体现为应用数学的形式。按照他们的看法，很多经济关系是不能用简单的数学函数准确表示的。"简化这些关系，把它们放到代数公式之中，可能会造成非常严重的误导"。作者喜欢使用算数和图表，它们虽然不太"时髦，却可能给人更多的启发"。

---

① 约翰·伊特维尔告诉哈考特（2007年10月23日），他写了经济学教义的部分，琼·罗宾逊写了政策的部分，中间的"分析"部分他们每人写了一半。但我们认为，阅读此书不会得出这样一种分工写作的感觉，也许在后来修改手稿的时候，两位作者都在书中留下了自己独特的印记。

最后,他们向读者发出警告,"第三部分的那些问题涉及政治判断的问题,只能从具体的观点出发加以认识。对于这些问题,作者打算把自己的意见表达得足够清楚,但如果读者觉得自己正确,就不要完全听信作者的说法"(第 xvii 页)。①

10.1

这本书介绍了我们这一学科的发展情况,虽然非常简短(48页),却浓缩了我们这一行业的主要题目。在第1章、第2章两章,它从亚当·斯密之前特别是亚当·斯密和重农主义的关系开始,重点谈论了古典政治经济学家建立的经济学基础,也就是作为剩余价值理论组织核心的阶级斗争概念。它强调他们的分析是动态分析,它从最初开始,随后是李嘉图、马尔萨斯和马克思,然后是建立在与劳动分工相结合的技术进步基础之上的制造业的全面繁荣。对于李嘉图,他们重点讲述了他的价值与分配理论、萨伊定律,以及李嘉图和马尔萨斯关于供大于求的可能性所作的争论。对于马克思,他们既把他视为古典政治经济学的完成,也把他看做是利用自己新创的概念和方法对资本主义时代进行分析的一次重大飞跃。第3章是关于新古典主义时代的。讨论在第3.6节也就是凯恩斯革命一节画上句号,其中重点讨论了时间、价格、储蓄、投资,以及利率等问题。他们的看法大体上与斯拉法和多布的看法是一致的,也就是马克思和凯恩斯(当然,他们给凯恩斯的荣誉要比斯拉法和多布给凯恩斯的多)是古典政治经济学真正的完结者,而新古典主义即使真的存在过,也不过是一个使用不当的名词,它把我们全都引上了错误轨道。马歇尔找到了自己的正确位置,但他试图把老的和新的描述为一个进化过程,而不是一次

---

① 当时出现了一批意识形态分析的著作,形成了热潮,例如斯特雷顿(1969)、多布(1973,1975)、哈考特(1972,第1章)。哈考特随后遭到了布利斯(1975,第15章)的痛批。

分裂，他的这种做法当然遭到了人们的斥责。(然而，他颇具新意的图表分析和对时间的分析处理方法，经过修改，对后来的马歇尔派著作中的分析表现手法有所影响。)

在讨论斯密之前的理论时，作者提到了自然律对18世纪自由思想家的重要意义。这些自由思想家认为，"和谐和公正的原则"可以和牛顿提出的物质世界规律一样，建立在完全相同的基础之上。作者认为，这一看法后来由于边沁的实用主义的出现而得到了修改，在那里，行动的结果，而非动机，才是判断的标准。他们继续说，"尽管实用主义的口号是人道主义的，但它很快就转变……成了顽固追求个人私利，社会阶级的概念变得比以往更加呆板僵硬"(第1页)。如果按照指导练习中"讨论"那一部分的办法去做，这句话足以作为另一个学位资格考试的论文题目。

接下来的一段中，作者讨论了经济哲学的问题与功能。他们只用了一页多一点的篇幅，抽取了琼·罗宾逊1962年那本影响深远的《经济哲学》(罗宾逊，1962b)中的主要题目：利润是从哪里来的，资本和劳动是如何创造财富的？支撑表面价格现象的持久力量是什么？货币的作用是什么？为什么现代社会看上去和社会公正缺少联系，即便是苏联也还没找到"令人满意的答案"？随后是有效需求的问题："需求从哪里来，为什么需求总是不足，不能让所有的人都得到工作呢？"(第2页)

就像我们看到的那样，他们说明：

> 经济学永远不会像完全"纯粹"的科学那样不与人类价值混在一起。人们看待经济问题的道德观点和政治观点，经常与所问的问题密不可分地纠缠在一起……也与分析问题所用的方法纠缠在一起，以至于我们没有办法把这些……因素……轻易分离出来。
>
> (第2~3页)

最后，他们把形而上学解释为"一种语言的用法，它不传递任何事实信息，不表述任何逻辑关系，也不发出任何精确指令，却期望影响人们的行为"(第3页)。他们给出这一定义,目的是把事实和逻辑与形而上学意义的成分区分开来。

10.2

在第一章"亚当·斯密之前"中,作者在主要观点的总标题下,首先讨论了重商主义和重商主义对总需求的看法。他们认为,重商主义正确论证了出口剩余会刺激国内经济,进口剩余则倾向于抑制国内经济。① 他们在此之前提出过,使得政治经济学发展出来的第一个问题是国际贸易问题,而在这里他们又把重商主义的观点同17、18世纪英国海外贸易的增长联系在了一起。

下一节讨论的是货币和财富的问题,在这里,他们为大卫·休谟解围,认为他不是一个原始的货币论者:

> [休谟]是在证明分量轻微的多余购买能力的扩散,不论怎样"汇聚成总",都不能提供用于促进行业和工业发展的可用资金。他的问题是在社会背景下[提出]的,[不是]用来支持货币存量与价格水平的关系的机械理论。
>
> (第7页)

他们对"最后一个重商主义者"詹姆斯·斯图尔特爵士给予了高度赞扬,在凯恩斯的《通论》(1936)对总需求问题进行重新表述之前,他对这个问题的看法比其他人都要清楚一些。

接下来,他们把重农主义者视为"用社会阶级制度解释经济机制的第一批人"(第8页)。他们使用自己对形而上学证明所作的解释,驳斥了重农主义者所说的由于只有土地生产剩余,所以只有地主才有权享有剩余的说法,认为这不过是支持地主阶级的一个口号。他们的结论是:

---

① 我们在第8章提到过,琼·罗宾逊1965年的就职演讲讨论的是"新重商主义"。

第10章 《现代经济学导论》:一盏不亮的灯? 219

> 重农主义从其形而上学中得出的道德信条是,接受他们生活于其中的社会制度……这是对现存政权的奴颜婢膝……他们的经济分析……很有说服力,也富有新意,[可是]对于那些……刚从封建主义社会走出、现在正努力为现代化而奋斗的国家来说,它就有了完全不同的道德含义。如果……农业剩余是发展中国家的基本要求……那么,让地主把这些剩余消费掉,就绝不是人们所希望的。
>
> (第10页)

这也显示了他们自己的观点,那就是,对于具体事实的认识,应当独立于从事实引申出来的道德含义。

在第2章中,李嘉图立即被带到了舞台中心,他们认为李嘉图远比魁奈更配得上"现代经济学之父"这一称号,因为他发展出了建立模型的分析方法(他们似乎已经忘记了《经济表》)。按照这种方法,基本要点要抽取出来,不相关的细节要剔除出去,它们之间的逻辑关系要认真考察。经济学家成功的秘诀是不要把重要成分遗漏掉。正是由于这一点,李嘉图获得了他们的高度赞扬,他们还赞扬他把自己的观点交给批评意见,并在确信需要修改的时候对自己的观点作出调整。

他们也赞扬了马尔萨斯。马尔萨斯由于其才思敏捷的《人口论》(1798)成名,他和李嘉图的通信往来"充满了智慧和惺惺相惜"。

约翰·斯图亚特·穆勒很可怜,得到的赞扬很少。他对经济学没有增加多少分析的内容,但他的《政治经济学原理及其在社会哲学中的应用》(1848)提供了新古典主义兴起之前政治经济学的基本教材。他的书反映了19世纪中叶英国人的自信心在上升,却经常把李嘉图清晰的思辨能力搞得模糊不堪。

他们对马克思和穆勒的分析都是从古典主义出发的,得出的结论却戏剧性地相反。马克思把古典思想同自己的历史哲学结合起来,开始了对资本主义的动力根源及其固有的内在矛盾的深刻分析。让我们吃惊的是，这本书并未提到穆勒和泰勒夫人对于善良社会和社会主义的看法。然而，一些基本的观点构成了这些作家全部作品的基础，这些我们将在下一节中谈到。

首先是阶级分析，特别是不同阶级的不同功能，以及他们不同的消费和储蓄行为对经济发展产生的影响。由于斯密对不同阶级尤其是制造业者和地主的动机和行为方式以及阶级之间获取权力的不同能力的影响持有怀疑态度，他们对这个问题给予了适当关注。然而，他们觉得古典政治经济学家的主要论证目的是"防御工业资本主义日益上升的力量，同时呼吁把自我利益的作用从妨碍它的限制因素中解放出来"（第 13 页）。与此联系在一起的是，他们想利用剩余价值再投资的作用发展出一个不断扩展的上升式螺旋，这是后来强调累积因果过程的后凯恩斯主义者的一个特有论题的早期样本（参见哈考特，2006b，第 8 章）。他们把古典的资本概念看做是工资款加上机器，是过去预付的工资款，这是他们把劳动视为生产基本要素的原因。

剩余价值的确定受到了他们的高度重视，并在他们对马克思关于历史分期的看法进行讨论时达到了顶峰。按照马克思的说法，历史分期也许可以根据剩余价值创造、提取、分配和使用的方法来进行，尤其是在资本主义社会中。马尔萨斯的原则在决定工资率和李嘉图模型中的剩余潜能方面的作用被马克思抛弃了，因为马克思在决定剩余潜能的规模时，寻找的是资产阶级和工人阶级在生产领域的相互影响。所有的古典经济学家都提出了动态发展的概念，认为生产最终会进入一个距离很远的静止状态，这就是它的最终产品，这个观点后来被凯恩斯和希克斯复活，并把它当成是社会的理想状态。

作者也讨论了斯密对劳动分工的分析，这是内生性技术进步理论的开端。他们得出了敏锐的结论：

> 除了马克思，其他古典经济学家都没有这样重视技术进步的问题……他们把技术对资本积累的影响视为理所当然的事

情，把兴趣放在了决定资本积累率的主要因素上，放在了资产阶级获取了多大比例的生产总值上。

（第17页）

作者突出强调了李嘉图的分配理论及其玉米法则在辩论中的作用。玉米模型用于说明他的论证的主要宗旨，可能是李嘉图对这个模型比对普通证据更有信心，因此采用了玉米模型。作者清楚解释了李嘉图为什么要寻找一个不变的量来计算价值：因为这可以让他在资本积累和发展的动态理论中讨论某一具体时刻的剩余规模以及它在时间上的变化，这样一来他就可以把自己在玉米模型中的发现用到所有种类的商品上。

作者对马尔萨斯和李嘉图之间的辩论进行了考察，不仅考察了他们关于价值计算问题的辩论，也考察了他们关于供大于求的可能性和萨伊定律的有效性的辩论。他们在马尔萨斯非常混乱的论证中，看到了自主需求需要在消费品领域之外寻找利润和积累的源泉这种说法的胚胎，这种说法是他们在第二编"分析"中的核心论证。

第2章的最后几段讨论了马克思的贡献，包括社会关系和剩余价值的创造，以及价值和价格的区分对马克思的目的的重要意义。对于这一区分，琼·罗宾逊一直抱着最为怀疑的态度，总觉得它对分配、价格形成和积累的分析是不必要的。她永远都看不出，为什么需要一个价值理论来解释那些拥有资金的人和那些拥有生产工具的人可以摆布那些没有这些东西的人。[①]

第3章讨论新古典主义时代，作者在开始的时候列举了这一学派在19世纪70年代的主要奠基人，包括杰文斯、门格尔、瓦尔拉斯（他们还提到了早期的先锋古诺和戈森）。他们指出：

马歇尔……[可能] 直到……1939年战争爆发之前……

---

① 对马克思的知识智慧和研究方法的辩护，参阅哈考特和科尔（1996）、哈考特（2001a）以及哈考特（2006a）。

一直统治了英语世界的经济学教义……新新古典主义在20世纪中期对正统理论的复活，其基础……来自瓦尔拉斯的概念……他的这些概念被称作是新古典主义经济学……它对静止状态下的供求均衡理论进行了分析，并用这一分析取代了古典的积累概念。

（第34页）

新学派的胜利，首先归因于古典经济学没法解决一些"纯"理论的问题，第二是因为政治和社会状况的变化使得古典主义的观点变得不切实际，而且很危险。

作者在讨论基本观点的那一节里强调，社会阶级压迫的概念支持把分析主要建立在个人和个人主义的基础上。与此相伴，学界的研究重点从生产转移到了交换，而且把价格和效用联系在了一起。在对均衡进行讨论的时候，他们其实是在论证，瓦尔拉斯由于证明了均衡价格是在生产和/或交换发生之前就已经被人知道（发现）了，从而排除了路径依赖性的说法。瓦尔拉斯的现代继承者们则满足于发现"保证至少存在一个均衡点的必要条件"（第37页）。他们认为，马歇尔对供求关系的分析要坚实得多，而瓦尔拉斯一派的人只会说一切事情都取决于其他任何事情。在瓦尔拉斯那里，"资源相对于需求的稀少程度是决定价格的基本因素"（第39页）。马歇尔曾经分析过鼓励等待是为了证明利息和利润的合理性的说法，而琼·罗宾逊也曾经对马歇尔的分析作过讨论。在这本书里，作者重新回顾了琼·罗宾逊以前所作分析的理论基础。

他们提到马歇尔有一个难以解决的基本问题，那就是当马歇尔的理论强调资源缺乏的时候，它所指的是历史某一时刻的资源缺乏。"对他来讲，时间和变化是一直存在的，他不停地想调和历史的进程和由相反的供求力量之间的平衡所确立的均衡概念，也不停地受困于这样的尝试"（第40页）。

书中有一节非常关键，是讨论"边际生产率"问题的。在这节里，作者对威克塞尔给予了最高评价，因为他很诚实，承认边际生产率在处理和利润理论相关的问题时有局限性,也不够简明。书中引用了马歇尔的那句名言:边际生产率不是一个工资理论,因为它不能让我们对控制工资的任何原因造成的活动产生"清楚的认识"。对于我们的作者来讲,这个学说"纯粹是循环论证。按照这一说法,当商人把自己的利润最大化的时候……他是把各种生产要素组合到了一种其他不同的组合方式都不能带来更多利润的形式当中"(第41页)。

他们对正常利润率的讨论,是在它们是否能和一个不断增长的经济体同时存在的背景讨论下进行的。作为不断增长的黄金时代的首创者,琼·罗宾逊最终承认它们是可以共存的,但这并不是她当初的立场(参见阿劳霍和哈考特,1993;哈考特,1995b)。书中有一小段谈论了不断增长的经济体中收益递增行业和收益递减行业的相对运动情况,并在一处注释中提到了马歇尔的附录。他们的结论是,"马歇尔自己很清楚,当他试图把这些概念塞到静止状态下的均衡理论模式中的时候,他是在含糊其辞,敷衍塞责"(第43页)。

第四节首先讨论了新古典主义没有在长期竞争的均衡状态下处理有效需求的问题,也谈论了萨伊定律的传播情况。经济周期被放到了对货币的分析当中,它被当成是经济围绕长期萨伊定律的点位进行短期震荡的原因。他们对货币的讨论,主要是想通过引进货币周转速度的概念对数量理论进行澄清。

他们对正在出现和已经出现的新古典主义的批评,还包括了马克思主义者布哈林和平民主义者凡勃伦。琼·罗宾逊在剑桥与剑桥之间的辩论持续了几年之后指出,这次批判的精华内容可以在凡勃伦对 J. B. 克拉克陈述的边际生产率理论的评论中见到。这本书引用了他的评论(凡勃伦,1908)中的三段话。他的论证的关键之处是:

内在于资本这一"长久实体"中的连续统一体是所有权的连续性,不是一个真的物理存在。连续性……本质上是非物质性的，是合同和交易的法律权利方面的事情。这一明显的事物状态为什么被忽视……是很难认识清楚的。

(第45~46页)

作为一位理论批评家，熊彼特这位"头下脚上的马克思"虽然"非常迷恋资本主义企业……却坚持认为正统教义的静态分析没有说出资本主义的真实特征"(第46页)。第四节的结尾是一句评注，认为"[熊彼特]和凡勃伦一样，在现代经济学教义中没有留下多少印记"(第46页)，这和他们预测约翰·斯图亚特·穆勒对需求理论也不会有什么贡献没有什么不同。

到了现在，故事的舞台已经为凯恩斯和《通论》的发展准备好了，所讲的故事也带上了历史和政策之间的相互关系的那些普通特征，还有就是寻找一种为解决长期失业问题的方法提供帮助的相关理论。在价格问题上，他们论证认为，"从某种意义来说，凯恩斯革命最重要的一个方面是它认识到……在技术发展的任何阶段，价格的总体水平主要取决于货币工资率的水平"(第49页)。由于它与价格的这种联系，削减货币工资并不能彻底解决失业问题。他们的结论是，25年的充分就业让新新古典主义进入了它的全盛时期，但它现在也"遇到了危机，[因此]现在是它回到起点重新开始的时候了"(第51页)。

10.3

第二编开始的章节讨论的是方法问题。它的讨论很简略，也是熟悉琼·罗宾逊的方法的人可以预见的。书的标题包括了"现代"这个词，那是因为作者希望"从传统和当代经济学教义中抽取……那些有助于理解现代经济问题的……因素"(第53页)。

在这里，他们把模型作为自己的主要工具。他们从过去和现在的"历史潮流"中选取关键问题，详细说明它们的具体环境，并"使用一种与数学相近的逻辑"(第53页)找出它们的交互作用模型。由于经济学不是一门容易进行受控实验的学科，也是由于太多事情同时发生，因此利用模型进行预测的正确性很可能出现问题。这可能会导致模型在创建的过程中，仅在它们自身狭窄的限定范围之内是合乎逻辑的，但它们和它们想要阐释的现实情况之间的联系是不存在的。这样一种操作程序或许只是"无聊的消遣"，或许是由于没有进一步复核，他们没能查清用在模型创建过程中的那些特殊假设会如何严重地破坏结果的适用性。[1] 我们无法避免创建简化模型，"一个用 1∶1 的比例尺画出的地图对旅行者没有任何用处"［琼·罗宾逊酷爱旅游和散步］，因此创建模型这门艺术就需要剔除那些无关紧要的含义，又"不能清除正确指导所需要的那些特征"（第 54 页）。一个模型最基本的特征是它正在分析的"社会体系的本质"。

随后，作者对他们即将用于"第一阶段分析"的简化作了老实明确的说明。（与《实例》一样，他们这里的目标也是要帮助学生建立自己的学术分析和批评能力。）然而，他们的简化都是对现实而言的，"不是关于寓言或神话的"。他们自己的模型明显是卡莱斯基式的，而他们的论证则明显是后凯恩斯主义的，"经济生活作为一个过程，是在时间当中延续的，在这个过程里，未来是不能预先知道的"（第 56 页）。在每一章的结尾，作者都对"相应的后凯恩斯主义的均衡理论"进行总结说明。他们接下来说，"一些老师……可能会把这样一些段落当做讽刺漫画来看，可能会由于这不是他们一直信奉的东西而表示抗议。如果真是这样的话，他们的抗议越多越好"（第 56 页）。[2]

---

[1] 这种观点在很大程度上和凯恩斯对罗素、维特根斯坦和拉姆西的批评相同，"［他们］逐渐完善正式处理［逻辑］的方法……始终要清空逻辑的内容……把逻辑减少到……只剩干干的骨头……不但要排除一切经验，而且还要排除大多数通常被认为是合乎逻辑的理性思维原则"（凯恩斯，1933b）。

[2] 这并不总是人们希望看到的反应。有一次，莱昂内尔·麦肯齐向哈考特一页一页地出示了他从这本书中选取出来的扭曲或误解了正统命题的地方的复印件，他对此非常生气。也许，这就是他们希望看到的吧！

为了方便读者，作者对他们想要表达的内容给出了一份简明的提要。和以前一样，对于这本书的发展情况，我们可以通过《资本积累》和《论文集》（1962e）提前得知一些。

书中的第1章"土地和劳动力"，考虑的是"可以用最简单的生产形式展现出来的各种关系"（第56页）。在这里，作者带领读者从斯密的早期原始状态开始，一直到李嘉图的经由生产农民、封建地主的佃户发展而成的资本主义佃农模型，用土地私有权的形式把社会关系展现了出来。

第4章讨论包括技术积累和创新在内的技术变化问题，谈到的问题有所谓的技术性失业、生产率上升和实际工资的关系、技术老化和折旧，以及发明创造与积累的关系等问题。最后一节讨论中性积累和偏好性积累问题，其中的描述"有些流于形式"，也许从一开始就不必读。（琼罗宾逊一生都是"形式主义"分析的老手；她的这种做法让她在批评别人的时候一直在讲真话，同时也让她一直在得罪别人。）

第5章"商品与价格"涉及的是通常所说的微观经济学的内容，也就是梅纳德从来没有接受的夏夫的20个要点。其中，他们对卡莱斯基的两种市场结构——价格由供求关系决定，和价格由成本加成决定——进行了认真思考。由于这本书写于20世纪70年代，市场结构的困难和服务业定价的问题没有得到考虑。书中指出，价格波动在第一种市场中要比在第二种市场中剧烈得多。他们还分析了两种市场结构之间的关系。在讨论经济动态的那一节里，他们举例说明了马歇尔的均衡理论的用途和误用情况。对于有兴趣的学生和读者来说，他们也许应该去看看随便一个剑桥经济学家在牛津的演讲，他们对这些问题讲述得更有趣味一些（罗宾逊，1953；$C.E.P.$，vol. IV，1973，第247~248页）。

第6章从概念的角度分析利润率的问题，因而很难。作者把自己讨论的背景确定为长期，认为除非在极为抽象的条件下，要想对利润率的概念给出一个明确的定义是不可能的，这不仅是因为期望和现实之间存在着不同，也是因为它涉及金融资本向客观实物转化的过程。作者声称,"要想理解经济哲学中的核心问题,也就是利润的本质的问题,对这一抽象体系加以考察是值得的,在那里,利润这一概念的提出和计算中的困难被剔除了"(第183页)。斯拉法的分析给作者带来了很大的影响:

> 斯拉法的论证说明,"资本储备的价值"如果抛开了净产值在工资和利润之间分配的问题不谈,就是毫无意义的;因此,认为利润率取决于"资本的边际生产率"的想法也就没有任何意义了。
>
> (第184页)

"斯拉法对已知技术条件下工业产值在工资和利润之间的分配进行的分析,为我们理解私人企业经济中的分配问题提供了一个不可或缺的理论框架"(第187页)。

第7章"收入与需求"从消费者的角度考察了价格和收入的问题。作者顺便提到,"不幸的是,对消费者需求的分析长期陷入了循环论证的陷阱当中,它使用的是'效用'和'个人偏好'这些和经济理论没有多大关系的术语"(第58页)。与此不同,作者采用了一种财政金融学的观点,从通常(现代的)更为传统的分析方法中走出,把对这一问题的讨论带到了后凯恩斯主义的分析范围之内。他们还加上了一个附录,详细解释会计学等式和因果方程之间的关系。卡恩一再坚持,理解会计学等式和因果关系之间的区别是至关重要的,而卡莱斯基则对它作了非常娴熟的运用。这两个人对书中的讨论都产生了非常大的影响。

琼·罗宾逊以前曾提出过这样的论点:新新古典主义的原则对于解释在集体农庄中运作的经济过程来说是相关的,但对于解释竞争资本主义的经济过程来说就是不相关的(参见罗宾逊,1964a; *C.E.P.*, vol. III, 1965,第36~47页)。

10.4

第三编的开始一段，比 20 世纪 70 年代初作者开始撰写此书时认识到的更加具有预见性。直到 20 世纪 30 年代刚开始的时候，经济学教义都非常确信"国民政府的职责是保持预算平衡、维系金本位、杜绝行业保护，并在处理行业问题时遵守放任自流的原则"（第 293 页）。作者告诉我们，现在有些经济学家想要找到一些让传统教义正确的前提假设，但是"那些关心现实世界的人"就不能像他们的前辈那样自我满足、沾沾自喜，他们应该按照华盛顿共识的精神去创造自己的奇迹，但华盛顿共识只是在琼·罗宾逊去世之后才达到了它的巅峰状态。

第三编的重点是难题和困难，还有就是人们努力解决这些难题和困难时的利害冲突。这里，经济推理的内容不是很充分，因为一切问题的答案都同时涉及政治、社会和人道方面的考虑。当我们设法对自己生活于其中的具体环境中的问题得出自己的看法时，如果我们必须像建议那样把一切问题全部考虑进来，我们就不会得到这么深刻的结论。

第 1 章是关于资本主义国家的。它首先讨论了军备花费的作用、军备花费与冷战的关系，以及它后来维持美国有效需求的作用。罗宾逊认为军备花费"毫无疑问是支撑充分就业政策的简易方法"（第 296 页）。（琼·罗宾逊后来在坦纳发表过关于军备竞赛的演讲（罗宾逊，1982），这是她后几年关心和忧虑的一个主要问题。参见第 11 章和第 12 章。）

作者列举了这样得来的充分就业政策的种种缺陷。首先，同等数量的投资本来可以更好地用在提供民用福利设施和/或提高生产率方面。其次，

> 科研工作是在保密的条件下进行的，是在努力设计一些消灭人类的新手段，（除了对知识精英造成的道德影响之外）它

还剥夺了科研人力和教育成果为工业和人类生活进步提供的多数服务。

(第 296 页)

当然,作者承认军事研究可能会产生一些预料不到的附加效果,但是如果把等量支出用在其他用途上,效果应该会大很多。

在法国和英国,军备开支不需要成为充分就业政策的一部分,它反映的是人们对帝国辉煌历史的缅怀,是和帝国崩溃相关的沉重负担。

西德和日本在战后许多年间避开了军备花费,因此可以在美国的帮助下集中精力进行战后重建和现代化建设。再者,两个国家都有农业人口可以利用,按照亚瑟·刘易斯的说法,是为两个国家提供了"温良和顺、与人为善的劳动大军",让两个国家的通货膨胀保持在最低水平的时间比英国和美国长了很多。对西德来讲,还有移民,也就是"外来工人"的问题,他们帮助德国的工资在 20 世纪五六十年代一直处在很低的水平。"精力充沛的商人和顺从听话的工人,让这几个战败国家充分利用了胜利者奖赏给他们的那些好处"(第 298 页)。这些好处的影响成了美国 1971 年的危机中的当务之急。

随后一节讨论了就业政策。就业政策的症结在卡莱斯基的理论模式中已经被找了出来。"如果一个人失去了工作,对每一个工人来说都是一个严重的威胁。这个时候,行业纪律很容易得到维持。人道的管理方法从长期来看可能是有效的,但残暴的管理手段既迅速又很容易"(第 298 页)。与此相对的是行业领导信心的作用,他们相信政府不会允许衰退出现。"这提高了人们对盈利能力的预期,鼓励人们进行大规模投资和创新,岂不知这样的投资和创新在变动不居的市场中已经非常危险了……积累和技术进步在不断进行,是因为人们希望它们不断进行"(第 298 页)。

作者在谈论财政政策和政府注资的问题时指出,削减低收入阶层的商品消费税具有很大的效果,可以带来很高的边际消费倾向。

他们还指出，这并不是常用的办法，结果是导致有效需求上升得不够，"增加的储蓄"被高收入阶层浪费了。

他们认为，信誉管理制度"根本没有多大效力"。那些高风险项目的期望回报率也特别高，因此削减利率对于大公司来说没什么意义（尽管这对小企业可能会有很大作用）。房屋建造是最有可能受到影响的消费项目。我们在这里看到，20世纪30年代英国的经历正在对他们的判断发挥影响。当然，当我们的作者撰写这本书的时候，任何人都没有预测到20世纪七八十年代的实际利率水平。尽管他们的讨论很多都带有批判腔调，但他们也确实说过，实际结果虽然不是尽善尽美，却足以让战后资本主义"宣称它在行为方式上的每一次重大变革，都是它自己的功劳"（第301页）。

第三节是关于开放经济的，因为"即便是美国也无法完全不受外界影响，而对其他所有资本主义国家来说，国际问题是它们的政策主要思考的事情"（第301页）。他们首先讨论了固定汇率制度：

> 影响短期外汇流动的最大力量，来自于人们预计汇率会出现变化……政治家们嘀嘀咕咕，抱怨投机分子投机，但是这一现象是那些小心谨慎地躲避损失、创造利润的商人、金融机构和财富所有者们一起造成的，而他们的所作所为遵守的是私人企业经济的一些适当法则。也正是这些政治家，在其他一些场合对私人企业制度阿谀颂扬。

（第302页）

作者很"困惑"，构成了国际货币绝大部分的美元自1971年开始发出不幸的喊声。美国政府也不再为自己不利的收支余额担心，因为要么那些贸易盈余国家不得不买进美元，防止自己的货币升值，要么美元"在实际上而不是在名义上"贬值，促进美国经济的增长。他们接下来说，"中央银行家们的传统说法没有对这种环境给出任何指导，他们被迫寻找处理这一问题的新方法"（第303页）。

随后两节讨论的是竞争的成功和竞争的弱势。在第一个标题下,作者解释了与出口引发的增长相关的累积因果过程的能力及其限制作用。在后一个标题下,最坏的情况是"所有的劳动、技术创造力和最终变成出口余额的营销手段,都不会为国内经济带来任何收入……只是创造了一些不必要的外汇储备而已。因此,也许应该考虑多进口一些或者是进行更多有益于社会的国内投资"(第304页)。

他们粗线条地描绘了战后"以邻为壑"的政策,这一政策是要以经济增长率的不同为借口对竞争施加种种压力。与古老的重商主义的"贸易战争和(掠夺)现在所谓的第三世界国家"的做法不同,新的重商主义更加关注工业化国家之间的贸易问题,"竞争也采取了更加迂回的方式"(第304页)。作者把英国筛选出来,当做是在竞争中处于弱势地位的经济体的代表,弱势地位导致它的收支平衡于己不利,需要纠正。纠正的办法是保护、贬值(或是一步到位,或是向下浮动)以及降低有效需求从而引发失业。

实际上这些方法都未必有效:保护可能会导致贸易报复,贬值要看世界其他地区的情况。汇率浮动也许是对付货币短期投机流动的有效办法,但就长期而言,它的作用是非常有限的。首先,贬值可能需要和高利率相伴(以便限制国内的经济活动),由此带来的升值效果会抵消货币贬值的作用。货币贬值不能很快见效,要到一年或多年之后才能生效(曲线效应)。最后,货币贬值提高了进口食品的价格,可能会造成通胀性的价格-工资螺旋。结果是,对利润造成的不良效应降低了提留利润为投资提供资金的可用性,也降低了计划投资本身,从而导致资本积累下降,并由于技术进步实现速度的下降进一步导致生产率提高速度的放缓,而技术进步的相对缺乏则是困难的最初原因。总之,一个恶性向下的累积因果过程就这样建立起来了。

第四节讨论增长问题。作者首先用一小节讨论了一个经济奇迹,也就是第二次世界大战之后的25年,"对整个资本主义经济来说……是一个长期的繁荣时期,只因一些很小的挫折中断过"

(第306～307页)。这一巨大的成功造成的副作用在20世纪70年代铺展开来,那就是通货膨胀、"富裕国家的贫困问题"、移民和污染等等。对于通货膨胀问题,作者写道:

> 事情从一开始就很明显,长期的充分就业如果没有制度和态度等其他方面的改变,就会导致价格水平的持续上升。唯一能够把高就业和物价稳定结合起来的办法,是控制现金收入的增长,可是这种做法的困难太多了,也有太多的权力集团反对人们进行这样的尝试。

(第307页)

(自从1936年开始,琼·罗宾逊经常说"收入政策"是自己的中间名字。)他们概括通货膨胀造成的社会后果,提出了他们极富洞察力的观点,认为当所有财产都变成投机手段的时候,"资金就会从生产性投资中出逃,用来购买已经存在的财产,以便转手卖出"(第307页)。他们声称,一旦膨胀性经济过程生了根,即便是"人工"引发的萧条也不会让它停下来。这并不是对撒切尔夫人在20世纪80年代所采取的政策的预测,但是我们的作者永远也不会明确地预测到,把货币政策和反贸易的工会立法结合起来这样残酷的事情,在当时竟然真的实行了。对于主动收入政策的问题,他们在评论中说明了自己的非凡见解,认为工人是被迫爱国的,而资本家、老板和企业管理人员则不必如此(如果利润、薪金和奖金不能与国际水平保持一致,资本和人力的重新安置就没有了任何诱惑)。

他们讨论了积极投资论的观点,指出这一理论存在一个矛盾:"对于每个国家而言,增长都取决于这个国家在国际竞争中所处的位置;每个国家都必须小心,不要为了消除贫困就给自己的工业加上过重负担,因为它们害怕这会妨碍'增长',而'增长'被确信是消除贫困所必须依赖的"(第308页)。"富裕国家的贫困问题"是"大萧条时期的一个口号",因此"对今天的家庭来说,它的含义是不同的。对今天的家庭来讲,贫困是他们面对电视上日

第10章 《现代经济学导论》：一盏不亮的灯？　　233

新月异的商品广告目瞪口呆，没钱购买"（第309页）。

对于移民问题，他们注意到一个矛盾：移民从事的是缺乏技术性的底层工作，为社会其余人口提供了廉价服务；如果没有移民的到来，服务业的供给就需要重新组织，工人就会得到更高的工资。作者论证认为，这样的事情已经在澳大利亚发生了（或许不是那时，但肯定不是现在才发生的事情）。

在讨论污染问题时，作者在一开始引用庇古的话谈论了污染的社会成本和私人成本等问题。他们小心谨慎地说明了用GDP来计算国家富裕程度的局限性，认为GDP"最多只能用来计算各个经济体在世界市场上的增长情况"（第310页）。他们表达了自己的微弱希望，希望人们普遍认识到，"反污染主义者的最大希望只能是［把人们想要抚育健康儿童的普遍情绪］招募到自己这边来"（第311页）。他们的结论很消沉，但也不是毫无理由：

> 我们可以很有把握地作出一个预测，那就是资本主义世界的政府和企业会反应迟缓，甚至不愿意注意生物学家对地球支持富裕国家"进步"生活的能力的警告，以及世界的状况在开始变好之前肯定会首先变坏。
>
> （第312页）

第2章"社会主义社会"的内容最为陈旧，从表面上看也许成了本书多余的部分，因为在20世纪90年代，苏联解体，中国实际上也已经转变成了一种混合经济（大体上体现了琼·罗宾逊20世纪50年代在中国演讲时的那些提议，参阅第9章）。然而，这部分内容仍然值得一读，因为它以简单明了的形式突出了单一政府制定计划时存在的问题：如何决定和计划生产什么，计划一旦制定又该如何实现。作者声称，这些问题也存在于资本主义经济当中，是以完全不同的形式体现出来的，因而需要采取不同的分析政策。

就业不是一个问题，因为充分就业是有保障的（必须为所有的人找到工作或至少是就业机会),① 而消费品部门和投资品部门之间的分离,以及人口从农业中脱离出来的速度,都取决于"投资为他们创造工作机会的速度"(第313页)。

对于国际贸易问题,出口最主要的目的只是为了支付进口。这让社会主义经济比资本主义经济更加具有民族主义的特点。

至于通货膨胀,因为价格是中央统一确定的,它就极有可能被遏制,因此社会主义国家可以不断维持稳定的高水平就业,同时又不会有通货膨胀的痛苦。

个人收入不纳税,但政府要征收商品营业税和国企利润税。商品税不太让人讨厌,也很难逃避,因此不需要很多税务官员去征收。剩余资金成立投资基金,由中央统一管理,这本身就有它的好处,但是"文化生活中资金全部统一管理的体制,扶持了蒙昧主义当权者和文化市侩者手中的权力,迫害和抑制了人们的创作精神"(第316页)。

作者承认,工作异化在社会主义经济中可能和在资本主义经济中一样,也是一个非常严重的问题。"苏联的最大问题是找到一种让工人工作的方法……但一切都被常年假装虔敬的政府宣传带来的……犬儒主义哲学弄得更加困难"(第316页)。南斯拉夫的实验只是取得了部分成功,因为所有者想要努力解决的更多是工人的生产和利润,而不是清除失业、贫困和不平等。人们说"中国人[努力]通过政治教育,以及管理人员、技术人员和工人之间的共同协商来克服工作异化的问题,让每个人都感受到自己对生产的关心"(第317页)。可即使是在此书出版多年之后,这个观点也不可能是我们的两位作者会毫无保留地接受的。

此书接下来讨论了农业问题,它说明农业剩余的提取方式会在很大程度上影响社会主义经济到底如何发展。他们在书中讨论了用税收取代地租或纳税配额的相对优点。农产品价格与劳动价值

---

① "革命是以劳动阶级的名义进行的,他们从中得到的原则性利益是保证不会失业"(第314页)。

没有任何关系（琼·罗宾逊总是能拿出"什么东西"反对劳动价值理论。参见第 11 章）。接下来的一节讨论政治价格。所谓政治价格，就是根本不反映经济基本状况的那些价格。他们把斯大林由于对重工业的迷恋而犯的错误同中国从苏维埃的错误中学习得来的方法进行了比较。"在中国，集体主义的执行是以帮助农民自助的形式进行的……这给绝大多数人也就是'贫下中农'带来了立即的好处……农产品剩余……是从负担得起、可以进行农产品出让的那些人手中提取出来的……把一些人们喜欢的东西供应给农民，让他们可以出钱购买……随着工业生产的发展，城乡交换条件开始变得对农业有利"（第 318 页）。如果我们能够看到他们现在将如何修正他们当时的判断，将如何修改他们当时玫瑰般绚丽的结论的话，那一定会很有意思。他们当时的结论是："[中国的]体制不是由盈利能力或是其他任何成功的标准控制的，而是由自尊……以及工人高度的政治觉悟控制的"（第 321 页）。

此书最后一章讨论第三世界的问题，第三世界这个词用途很广，指的是既不能划入全面发展的资本主义，也不能划入社会主义计划经济范畴的那些国家。在这里，政治占了主导地位，"因为对任何一个这样的新兴国家来讲，经济政策都是和它所建造的社会类型相关联的"（第 322 页）。但是，作者对自己的观点也加上了限制，仅限于谈论那些和经济分析有关的内容。亚当·斯密应该会赞同他们的中心观点，那就是"社会的全部发展都取决于农业人均产出水平"（第 323 页）。同样他也会赞同他们的另一个观点，那就是发展和工业化是同一回事，而农业中的资本积累应该和制造业中的积累一样多。这些经济体被细分为三个"不同的阶段……前资本主义发展阶段、扭曲的殖民地发展阶段……以及现代的初期发展阶段"（第 323 页）。

他们首先讨论了地主和农民的关系。他们就此评论指出，地主喜欢传统的生活方式，他们不担心生产力的水平，但他们"[可能]会劲头十足地反对改良，因为改良会提高农民的生活标准，让他们不再像从前那样谦卑下贱"（第 323 页）。因此，虽然收取地租税既是收集剩余产品，也是鼓励生产力提高的办法，但它不会被依赖地主支持的政府所采用。然而，"要想让农业剩余的生产不必依赖于种田者的极度贫困，就必须提高生产力……要让种田者有出让产品的手段和动机"（第 324 页）。这可以通过税收来完成，或者是"通过对市场进行安排，提供农村人口想要购买的一些商品和服务"来完成（第 324 页）。一些国家已经进行了旨在帮助农民，同时又不伤害其他人口的土地改革，但这只是一个非常卑微的任务，因此绝大多数的土地改革方案都失败了。

同时，耕种领域资本主义生产方式的发展也取决于其他地方就业机会的增长和收入的增加，只有有了不断增长的收入，人们才能购买不断增加的粮食。否则的话，制定的粮食价格水平就不能证明在农业中使用资本主义生产方式是正确的事情。无论如何，一般情况下都是富裕阶层得到的好处最多。

没有出乎人们的意料，下一节对失业的讨论是从隐蔽性失业开始的。琼·罗宾逊是提出隐蔽性失业的理论先锋之一（参见罗宾逊，1936d；1937b，第 60~74 页）。在这些国家，整体需求有所上升的时候，可能会减少失业，而失业的基本原因是资本品极度缺乏，不能与潜在的劳动大军齐头并进。凯恩斯的政策是要让人们利用现有的资本库存进行劳动，由此清除现有资本库存的过剩产能，而不是要减少和资本品的缺乏相关联的失业。

在讨论农业中的不充分就业现象时，作者说得很有见地：

> 只要种田的人没有其他生产性工作，我们就不能把他们拥挤在一块土地上称作是"不够经济"……因为他们可以共享劳动和收入，而不是一些人被逐离农村，去城里过吃面包渣的生活。这里的人力浪费是由于缺少其他工作机会，而不是由于耕种规模缺乏效益。

（第 327 页）

家庭拥有的土地数量不相等是农村就业不充分的另一个表现，它需要对生产方法进行重新组织，可这事说起来容易做起来难。

第10章 《现代经济学导论》：一盏不亮的灯？ 237

书中讨论技术选择问题的一节反映的是20世纪50年代琼·罗宾逊与森和多布的学术辩论（参见哈考特，1995c，2001a）。在这场辩论里，她支持选用有助于提供额外就业——短期通过制造机器，长期通过使用机器——有助于提供更多单位资本积累剩余的技术（参见第9章）。他们呼吁发展中国家使用中级技术，不要投资于外国和/或本国资本家认为可能会给他们带来更多利润的技术。

在讨论对外贸易的一节中，作者没有受到蒙蔽。他们认为当人们需要外汇的时候，社会状况和阶级结构可能意味着很多外汇被富裕阶层"浪费"在了进口奢侈消费品上。还有，由于这些国家过去的殖民地地位，很多国家都被加上了出口工业的重担。这些出口工业有的属于外国资本家，他们把在这里挣来的收入寄回自己的母国；有的属于国内资本家，他们原封不动地照搬了外国资本家的行为方式。还有，政府也可能害怕同发达国家较量，因为这样它们可能会面对贸易报复之类的事情。

当制造业正在发展的时候，世界上最有可能发生的事情就是以支付工人较低工资的形式对他们进行持续长久的剥削，并以一种近似于亚瑟·刘易斯的原始模型（刘易斯，1954）那样的形式，把不断增长的剩余重新投放到进一步提高生产能力的资本积累之中。"各地的情况完全相同，和那些生活在隐蔽性失业中的城市人以及那些没有土地的农村劳动者相比，那些正在被资本家剥削的工人相对富裕一些"（第331页）。

作者还强调了人们的一个矛盾看法，"当事实证明英国制造业者毁坏了殖民地世界的手工艺时，人们说自由贸易的信条是完全正确的，可反过来，如果位置调换过来，他们就觉得自由贸易没什么吸引人的地方了"（第331页）。他们在这里所谈的，是指发达国家拒绝接受发展中国家的产品。这些国家的产品比较起来具备了一些（静态的）优势，只是发达国家在同它们竞争的时候会损失利润和导致失业，而它们又不能保证在自己具有比较优势的更为尖端的工业领域为资本和劳动力找到地方，因而拒绝接受发展中国家的产品。作者是在论证进口替代行业有助于节约宝贵的外汇资源，因此在发展起来之前是需要保护的。这条道路，如果不是全部发达国家过去走过的道路的话，至少也是绝大多数发达国家过去走过的道路，可是现在却不想让今天的发展中国家走了。

作者指出，要想让资本积累的过程进展顺利，有三个元素是必需的："资金，也就是可以用于投资的购买力；储蓄，也就是限制消费从而让资源用于投资；还有就是进口，用以补充国内的可用资源"（第332页）。外国贷款可以让进口出现余额，因而是非常宝贵的。至于说金融机构的发展，"一个让有钱人放心的国内银行系统和资金安置市场，是资本积累在私人企业条件下进行的先决条件"（第333页）。他们把和储蓄相关的问题视为被"增加的奢侈品消费"所阻碍的"利润增加"（第334页）的问题。

他们用另一个悖论进行总结："最值得帮助的国家是那些把自己的工业民族化、防止利润累积到个体消费者家庭的国家，是那些禁止进口奢侈品的国家。[可正是这样的]国家……最不愿意接受外国援助"（第334页）。

书中有一节很悲观，讨论的是国外贷款的不良效果：国外贷款带来发展，但不会带来出口的增加，因此大部分的新贷款都需要用来偿还旧的贷款。他们对人口增长的看法更加悲观，认为人口增长"即使在多数富裕国家也拖了生活标准的后腿……是贫穷国家的一个沉重负担"（第336页）。他们希望在婴儿死亡率的下降造成人口增长之后，在人们收入增加的同时会出现一次人口出生率的下降，但他们在政府机制中看到的是一些与此抵触的心理倾向，也就是把"廉价劳动力看做是对地产业的支持，或者看做是吸引资本主义商业快速发展的有利因素"（第336页），因此宗教偏见常被用来"为特权阶层之外的普通家庭的生育计划设置障碍"（第336页）。

他们的结论很有腐蚀性：

> 在第三世界的知识分子中间传播的……均衡理论和自由贸易的正统说教，是和他们自己的问题不相关的……一种不同的

第10章 《现代经济学导论》：一盏不亮的灯？

方法……也许可以让［他们］更加清楚地认识到他们自己的问题，但经济学是不能告诉他们到哪里去寻找答案的。

（第336页）

这本书给人印象深刻的是它逻辑连贯，紧扣主题，对政治经济学和经济学的一种替代方法的发展和应用作了详细说明。但是作为一本备用教材，它为什么失败了呢？金和米尔茂（2003）在对琼·罗宾逊和伊特维尔一书的书评进行综述时认为，这本书虽然以初学者为对象，却一直被读者认为太难了，而且书中既没有练习来检查读者的理解程度，也没有章节概括和概念摘要，同时又缺乏统计资料，又涉及对当代经济制度的讨论，所有这些都意味着它是一本更难理解的抽象理论著作。这些反应也许证实了我们先前的评论（第1章），那就是琼·罗宾逊不是一个谋略家。这本书失败的主要因素是它的表现手法，也就是它的教学方式，而不是展现在这本书中的实质性的理论方法。

作者在全书结尾时希望书中的内容可以照亮和启发它的读者，但他们天性中的怀疑主义并不允许读者停在乐观主义的音符上。人们后来对此书的反应，或者说是缺乏反应，和一些实际发生的事情一起，对他们的悲观主义精神给出了最好的证明。

第11章

忧心学者的使命：琼·罗宾逊的三本畅销著作

就像我们在第4章中所看到的那样，毛瑞斯·多布在一封写给琼·罗宾逊的信（JVR，1941年1月31日）中说：

> 我觉得"诗"的成分——语义中那些隐蔽的含义可以说是内在于语言的风格、构造、语气之中的——在一切经济学语言之中，在所有的语言之中肯定都是非常重要的，即便是逻辑实证哲学家用最珍贵、最精密的语句也不能加以表达。而这正是把一种诗文翻译成另一种诗文所要失去的东西。我的意思是说，它的大部分内容并不只是一些不相关的"道德"说教，而是和理论对现实的带有片面性的看法相关的，是和它所提供的真实世界画面的完美和缺憾相关的，是和它所用的视角、"投射"和空间尺度相关的，是和它以是否重要为原因把什么放到了信仰之中、把什么降级到隐蔽含义之中的做法相关的。这些含义到底是能，还是不能被简化成一套命题系统，我无能为力，不敢断言。但我敢肯定，它们一般不可能由几个或十几个简单的命题表达出来。

（JVR/vii/120/12）

在这一章里，我们把琼·罗宾逊表现为一个依靠演绎推理，又不仅仅局限于演绎推理的政治经济学家。她的这种做法在她对新古典主义经济学及其具体实践的批评中表现得很明显，在她许多更为积极的言论中表现得也很明显。在琼·罗宾逊看来，经济学在形式上是独立于道德的，也是与道德相互分离的。她必须找到一种认识价值并把价值重新整合进自己的研究领域的方法。对她来讲，意识形态指挥"科学"；她把意识形态和科学分开使用的做法实际上就是对这个双重概念的拒绝，是对必须对它们加以统一认识的呼吁。在她的三本畅销著作《经济哲学》（1962b）、《经济学：尴尬的一隅》（1966b）和《自由与必然》（1970）中，她对这些问题的可能性进行了探索。她拓展了自己的方法论范围，从而把价值问题纳入了讨论之中。她的这几本书是写给普通读者的，因此她可以自由地对这些问题展开思索，摆脱了科学同行那些充满敌意又经常毫不相关的标准的束缚。

11.1 《经济哲学》（1962b）

她的《经济哲学》（罗宾逊，1962b）一书既研究理论问题，也研究方法论问题。她在一开始对波普的科学和"形而上学"进行了区分，认为它们之间的界线在于反证。但她没有论证说，一句话或一个理论的意识形态含量会降低它作为一种理论的价值。①而在通常的实践中，"任何一个经济体系都需要一套规则，需要一种意识形态来证明这些规则的合理，也需要每个人凭良心努力执行这些规则"（同上书，第18页）。问题就在意识形态这里产生了。以随便一种经济体制而论，对于它的技术特点，我们的描述可以不带任何感情色彩，但如果我们不作道德判断，就不可能对

---

① 学界对价值在经济理论中的性质存有争议，这一点对琼·罗宾逊来说并不是新东西。她1937年的《就业理论导论》（1937a）中有一章对争议的性质进行了反思，并在对全书进行总结时说，这本书本身不想介入争议。

这一系统本身进行描述。"作为对这一论题的例证,我们可以提一下下面这样的情况。有些经济思想就是在冥思苦想,那些没有任何逻辑内容的形而上学论断通过神奇的方式,对人们的思想和行为产生了重大影响"(同上书,第 25 页)。就这样,尽管她一直努力保持科学和形而上学之间清晰的概念区别,她在这里还是认为,实际上在经济理论中,两个方面都在发挥作用,它们是互相依存的。经济学,只要它意识到自己隐含的偏差,就可以把自己的目标定得更加科学一些,而这些正是她在这本书中所要指明的问题。① 我们说一门学科是"科学的",指的是它惯于提出一些可以驳倒的前提假设。她论证说,"经济学尚未建立一个大家公认的、对前提假设进行反证的统一标准。让事情变得更加糟糕的是,由于没有统一的标准,个人成分被引到了经济学的争鸣当中"(同上书,第 28 页)。琼·罗宾逊利用这些观察得出结论,经济学的前提假设有些时候是无法反驳的。

在确立了自己的前提之后,她接下来对价值和效用的概念进行了考察,对于和价值紧密相关的其他概念和论证也作了解释,这样的概念和论证在新古典主义理论中用得很多,成了新古典主义理论的显著特征。她在凯恩斯的论证中也找到了包含意识形态成分的内容,但她把新古典主义经济学的放任自由原则看成是证明现状合理性的说辞。放任自由,从它的概念,到它建立在个人利益最大化和均衡理论基础之上的逻辑结构,都有效地阻击了它自己的结论。它证明造成环境污染的消费品生产是合理的(她还引用加尔布雷思的《富裕社会》(1958)一书中的形象说法:"一家人开着他们装配空调、动力转向、动力制动的淡紫色小车去旅游,

---

① 克拉伦斯·艾尔斯给她写信说(1963 年 10 月 17 日):
你在《经济哲学》中的一些说法让我吃惊,也让我沮丧。特别是……你显然是把道德判断当成了没有一般理智的合理性的东西……因此,我的看法是……实际上我们确实在作(好与坏、正确与错误的)价值判断,而且是在知识和对事实进行理解的基础上对价值概念加以解释。

(JVR)

经过的城市道路很差，垃圾遍地，楼房破旧，深埋地下的电线杆子上贴满了广告"（第125页））。它为国家之间不平等的收入分配寻找遁词（"税收体制和社会服务……在不停地要求我们对经济系统生产出来的收入进行分配。压力很随意，也经常产生不了什么效果"（第128页）），也为国家内部的收入分配不平等开脱（在欠发达国家，这种不平等又由于人口出生率的上升恶化了："俗话说'有一张口，上帝就送给他一双手'。这话说得太对了，可问题是上帝没有送给他一台联合收割机"（第108~109页））。它证明了私人企业在面对贫困人口的时候选择在奢侈消费品方面进行投资是合理的（"［正统经济学家］不会原谅私有财产通过生产的手段制造不平等，因为让总收入更多才是必需的"（第112页））。在20世纪，放任自由代表的是特权；正如特权让放任自由得以成立一样，放任自由起到了巩固特权的作用。一种为了证明放任自由的合理性而建立的理论是没有任何实际操作概念的，因此也不会给我们带来任何政策方针。她的要点不在于理论是否可以反证，尽管她对那些不切实际的理论进行了驳斥，但她更倾向于从批评本身的角度对放任自由的方法进行合乎理性的批判。

因此，她对放任自由进行批判的基础是变化不定的。她几次改变自己在经济学中的数学方法，改变确认真理或正确性的格式化程序，这是她对调查研究方法之类的问题不断追求的结果。①

她在书中的理论结构是围绕一个静止概念建立起来的，这个概念就是均衡。"均衡"从其内在本性来看是静止不动的，因此，我们最多只能对不同的"均衡"点位进行比较研究。在她看来，当"均衡点……会由于通向均衡的过程本身发生位置移动的时候，均衡的概念就特别令人头疼"（同上书，第79页）。这是对这一概念

---

① 这类逻辑结构有一定的魅力。它们让那些没有数学头脑的人能够领会理智的优美，在他们对意识形态的作用进行解释的过程中极大地帮助了他们。在这样一个优美的东西面前，只有普通市侩才会抱怨，对终极静止状态，也就是积累达到终点时的状态进行沉思，对我们解决今天的问题不会提供多大的帮助。（同上书，第61页）

本身及其相关方法的批评。正如我们已经看到的那样,这一论证成了她后来很多年间的主要题目。她首先在《不完全竞争经济学》中附带地提到了这个问题,这可能是由于斯拉法在1951年提到了这个问题,但随后,她的批评发展成为一种更加深思熟虑的批判,对于比较静态分析的方法提出了批评。与此相关的是,她还提出了路径依赖性的问题和长期均衡的特征及其是否确实存在的问题。与她的这些看法相一致的是,她还认为凯恩斯的理论使得历史得以被带入经济理论研究之中("[凯恩斯]把资本主义制度看做是……历史发展的一个阶段"(第71页))。这就把历史相对主义引入讨论中来。那种认为经济在任何时候都是所有活动力量的最佳决断的看法,很明显是忽视了那些被剥夺了经济权利的人的存在。在放任自由主义的方法那里,道德品质和个人私利是密不可分的,或者至少可以说是互相一致的。李嘉图、凯恩斯和卡莱斯基侧重于收入分配的问题,把收入分配当做是自己分析结构的基础。收入分配的问题对于理解政治权利和经济权利的分配是至关重要的,但它除了用于谈论边际生产率之外,并不适合于正统的经济理论。这里,她并不是在证明新古典主义是因为意识形态方面的内容而有了纰漏,而是相反,她是在证明新古典主义经济学首先就是一种意识形态方面的构建,也必须把它当做意识形态方面的构建来看待。它的目的就是要证明现实状况的合理性。但是,理论工作者必须清醒地意识到,这绝不是我们排斥新古典主义经济学的理由。

第二,它之所以有缺陷,是因为它无效。20世纪30年代持续存在的失业现象已经证实了这点;收支平衡方面持续不断地出现的各种问题也显示了放任自由主义在贸易方面的后果。

第三,它之所以有缺陷,是因为它的证明当中存在着纰漏。比如对于消费者的互相依赖、消费伴随着消费增长的学习过程、消费的外部不经济因素、静态理论有限的适用范围等问题,它的证明都是有缺陷的。

她论证认为,凯恩斯把经济理论从这一理论框架的局限中解救出来，把它转移到了一个和我们更加相关的知识领域之内，在那里，均衡理论被一些实质性的概念和一些可以验证的前提假设取代了。为了实现"充分就业"的新目标，国家干预也被合法化了。琼·罗宾逊引用凯恩斯的话说，"我们的问题是要研究出一种社会组织制度，它应该尽可能有效，但又不能冒犯我们对满意的生活方式所抱的主张"（同上书，第54页）。

琼·罗宾逊经常使用讽刺。她在书中抛开了正经的纯理论形式，采用了一种随意的、直觉论证的散文风格。但这不是说她在书中的所有讽刺都是负面的。她说，随便一种经济学的前提假设，只要是可以驳倒的，凯恩斯的理论至少都可以把这种前提假设产生出来。至于经济增长这个当时她自己的研究领域，她看到有许多尚未解决的挑战需要深入研究（参见第6~8章）。

11.2 《经济学：尴尬的一隅》（1966b）

马克思提出，资本主义包含了它自身的矛盾。琼·罗宾逊在《经济学》一书中采纳了马克思方法中的这一方面，说明了这些矛盾在20世纪英国的表现形式以及解决办法。她的书是以下面的声明开始的："如果我们想把它解释为一套合乎理性的理论，那么，要理解我们生活于其中的经济制度就是不可能的。它必须被理解成一个持续不断的历史发展过程中的一个尴尬的阶段"（同上书，第11页）。她的论题是，放任自由理论和冒牌的凯恩斯主义理论，即使不是造成现今非常可怕的经济环境的直接原因，也起到了推波助澜的作用，而凯恩斯的理论，如果我们能够正确理解的话，就可以给我们带来指导现代资本主义经济的更为适当的方针政策（1966）。然而，不可抗拒的是，

> 放任自由的种种观点……与明显需要经济计划来维持"高水平的稳定就业"产生了矛盾。认为证明特权合理是财产的义务的观点，与财产所有权和控制权的分离产生了矛盾……

第11章　忧心学者的使命：琼·罗宾逊的三本畅销著作

认为政府只需要监督雇主和受雇者之间的公平游戏的想法，与需要政府来控制货币收入和货币价格产生了矛盾。认为供求关系的自由发挥可以生成一个切实可行的国际贸易体系的想法，与信贷偿还危机产生了矛盾。

（同上书，第14页）

她继续对这一论题加以展开，指出放任自由的一个矛盾是，竞争的最终结果是垄断；竞争的过程就是消化吸收所有的竞争者，以便取得市场控制权的过程，这个过程是罗斯柴尔德（1947）和海默尔（1976）用文献证明了的。竞争创造的是非竞争的经济形式，这一发展倾向随后又倾向于限制生产，提高价格。竞争过程本身会造成浪费，大量资金花费在广告上，因而提高了产品的成本和价格。这样说来，放任自由作为一种实践方法，未必会给我们带来最大的或最佳的生产产出和生产效率。

再说，在进行公共投资的过程中，国家为了弥补放任自由政策（或者说是没有政策）留下的就业缺口，把大量花费用在了军事方面，由此浪费了资源，占用了技术和人力。

对琼·罗宾逊来说，最让人吃惊的异常现象是一种非常明显的社会不公正。19世纪和20世纪初期的巨大财富积累，只有在到处存在财富和收入分配极端不平等的情况下才能发生（同上书，第12页）。随着第一次世界大战的结束，这种简单容易的积累方式结束了。"历史发生了剧烈的变化，英国在世界经济中的主导地位被一扫而光，留下的只是那些属于它的机构制度和生活态度"（同上书，第31页）。放任自由有能力造成大规模失业，造成收支赤字，但从来没有迹象表明它可以对这样的情况作出纠正。当竞争收紧毛利，减少利润的时候，一个向下的螺旋出现了，它减少投资，生产率的增长因此放缓，生产成本比预期成本高，有效需求放缓，就业率下降。由于成本偏高，出口产品缺乏竞争力，进口产品反倒受到人们的欢迎，因此外贸余额朝着不利于英国的方向发展。为了纠正贸易赤字，提高利率和操纵汇率的做法只会更加严重地打击投资,让经济的下滑进一步恶化。在战争之前,制造业的原材料一直都是靠进口,制造的产品则用来出口,因此贸易顺差是常见的事情。但是,随着帝国贸易优惠条件的结束,英国的前殖民地国家发现它们可以用更便宜的成本生产制造业产品,就这样,它们把英国的制造业从国内外的竞争中赶了出去。资本自由积累的时代结束了。资本结构显示,曾经一直证明不平等的收入分配合理的储蓄,现在实际上正在制造一些不被利用的生产能力,因而对积累过程来说成了有害的东西。这是放任自由难以解释的一个尴尬局面。

自从第二次世界大战开始,英国按照凯恩斯报告的情况,一直寻求一种充分就业的政策;在受到支持的情况下,放任自由是可以伴随充分就业和通货膨胀同时存在的。各种供求力量的自由发挥,如果是和充分就业联系起来的,也可以导致货币工资的上升和价格水平的螺旋式上涨。通货膨胀率过高会让出口产品没有竞争力,进口产品相对便宜,这样就为收支平衡制造了压力。在这里,放任自由再一次带来了它远远不能自我纠正的麻烦结果。

琼·罗宾逊论证认为,凯恩斯的主张被误解了。她再次强调了他的理论中的历史层面。正是他的理论中的历史成分,使得他在辩论中能够使用一些代表当时制度发展的理论范畴,这些范畴是开放式的,而新古典主义和"冒牌的"凯恩斯主义理论依然抱着以"均衡"为依托的静态理论框架不放,拒绝接受经济是各种关系的结果:"人们在剩余被挤出的时期建立起来的机构制度和心理习惯,一直持续到它们不再有用之后仍然没有被取代"(同上书,第13页)。

11.3 《自由与必然:社会研究导论》(1970)[①]

"意识和环境、自由和必然的相互影响,才是人类生活的特

[①] 塔赫注意到,琼·罗宾逊的书名是选用了毛泽东的话,"人们从必然王国向自由王国的跳跃,是在长期的认识过程当中逐渐实现的"(第218页)。

征"(罗宾逊,1970,第23页)。再一次,她是从一个矛盾中得出这一论证的。

在她看来,经济研究是文明史研究的一部分。她的这本书对动物和鸟类社会以及人类社会作了一番历史综述,涵盖了生存这一根本经济问题被提出和解决的各种方法。在这样一个巨大的时空跨度中产生了工业资本主义这个最新演化出来的社会构造。她考察了很多社会样板,注意到了"一个社会的经济理性是如何作为没有任何经济意义的信仰和感情的副产品而保存下来的"(同上书,第29页)。机构制度要比它当初的目的活得长。

与各种形式的资本主义同时存在的是社会主义。与其说社会主义是对资本主义的继承,不如说它是贫穷农业国家工业化的替代方法。琼·罗宾逊把自己的学科看做是社会研究和意识形态应用研究的一个组成部分。她认为,"价值判断"在社会科学中是带有地域性的,相信人可以做到绝对客观是一种自欺的看法。她同时也认为,有些道德观念是带有普遍性的,但让一个诚实的人去理解另一个在不同的传统中成长的人,是一件不可能的事情。这暗示了一种看法:人的本性要比"经济人"更为基本,这种看法在18世纪之后被经济学家们抛弃了。

她的研究揭示了人的适应性也是探索性的行为方式。在她看来,有些行为在追求更好的生存方式时取得了成功,在它受到变化的压力时适应了变化。这是一条辩证发展的道路。[①] 但在发展的不同阶段,这一发展过程被提升为不同理论。因此,苏格兰觉悟运动中的合理成分在20世纪发展成了"绝对理性"的模式。再一次,琼·罗宾逊把自己正在从事的工作看做是用概念和理论的形式把历史和时间的含义展示出来,不是绝对静止的正统主义的理

---

① 她陈述道:
　　我希望你辩证地思考我的问题。辩证法的第一个原则是命题的含义取决于它否定的是什么。因此,同一个命题有两个相反的含义,就看你是从它的上面去看,还是从下面去看。

论模式。

她从社会的演示中证实,每一个社会都面临着生存这个完全相同的基本(经济)要求,但解决生存问题的方法发展出了很多,追求挣钱只是其中的一种,而且是相对较新的一种。资本主义制度合法化后的新特征,是把为挣钱而挣钱提高成了一件令人尊敬的事情。琼·罗宾逊曾经警告说,"对于那种伪称可以用金钱计算的价值才是唯一可以指望的价值的意识形态,我们需要的是战斗,而不是鼓励滋长"(罗宾逊,1962b,1937)。

她对社会进行研究的一个主题,是认识意识形态在指导理性方面的作用。比如说,对收入和财富更为平均地进行分配,[①] 其含义是什么?全面提高教育水平,交通运输国有化,其含义又是什么?

她要求人们注意那些为了解释实际情况、为了维护现实而发展出来的价值形态。"社会科学家的任务是重新确认道德高于科学技术的地位",也就是说道德高于经济。[②] 她论证认为,现在我们的社会情况是,包括知识在内的一切领域都是技术带头。经济学的数学化就是技术试图强行接管知识领域学术研究的一个例子。我们在她的综述中看到了非技术性的业绩,这些业绩几乎显示在了经济学基本实践可以应用的全部范围之内。只是到了现代,技术才最终取得主导地位,而道德权威和人类理性只能谈论那些准确严密的事情,而且不允许出现不精确的情况。

11.4 价值和科学

"在构成意识形态的一切普通观念当中,与经济生活相关的观念占了很大一部分"(罗宾逊,1962b,第7页)。

她的这三本书中有一个不断出现的主题,那就是对价值在规范

[①] 她特别难以忍受土地和股权这类财产形式,它们让所有者不劳而获。
[②] 技术以经济为借口主宰道德的方式,包括从疾病造成生产损失的角度证明需要提高医疗服务水平,或把人力资源建设当做概念看待等等。

经济理论和政策方面的作用进行探索。在第一本书中,琼·罗宾逊考察了意识形态在理论的创建和解释方面的作用。在第二本书中,她考察了推动这一理论所反映的社会运动发展的各种矛盾力量。而在第三本书中,她考察了孕育着其他替代社会结构和替代意识形态的社会变革的进化过程。第一本书对科学和意识形态的区别,带有明显的波普主义的色彩。而在第二本和第三本书中,她对自己早期的方法发起了挑战,科学和意识形态这两个知识侧面之间的关系,甚至它们是不是知识的两个不同侧面,开始变得模糊起来。①

最初,琼·罗宾逊认为科学知识是通过观察、实验、反驳以及理性辩论得到的。与此相对,伦理学,也就是人的道德,是和人们在一些具体情况下的适当行为相关的一种信仰模式,是人的意识形态的组成部分。她论证认为,这些信仰通常是人在生命初期,通过一种和语言的学习类似的心理过程逐步发展出来的。他们通过每日的生活观察,在复杂的社会交往中学到了道德良知。因此,这一道德良知的内容反映了个人对他成长的社会的信仰、价值和具体实践的解释。这些信仰指的是个人在与他人的关系中的自身利益:

> 道德在生物学方面产生的必然性,是因为物种要想生存下去,[就必须以自身利益为中心,而自身利益为中心应该可以扩展到整个家庭]……对自身利益的追求由于对他人的尊重和同情得到缓解……但必须有一套规则在他们之间进行协调。再者,当规则和个人的眼前利益相冲突的时候,必须有某种机制强迫个人遵守规则……既然自我主义的心理冲力要比利他主义强劲,他人的要求就必须要强加在我们身上。而把他人的要求强加在我们身上的机制,就是个人的道德感或道德良心。
>
> (罗宾逊,1962b,第 10~11 页)

---

① "当两种经济理论的意识形态不同的时候,它们之间最重要的区别是在政治行动方面,但它们提供的最好娱乐是把它们意识形态的不同追溯到系统逻辑结构的区别上去"(JVR/i/16.1)。

这一点对于社会阶层的含义是这样的:"除非社会成员对于什么是处理事情的恰当方式有相同的感受,否则社会就不可能存在,而这些相同感受则表达在意识形态之中"(同上书,第9页)。她拒绝接受个人对自身利益的追求是组织社会和经济行为的根本基础,是通向"自由"的唯一之路的提法。相反,她认为个人的道德感和他的自身利益的交互作用才是人的本性。这和亚当·斯密的同感或"同情"有某种程度的关系。琼·罗宾逊相信,人类是在"合理性"的基础上作出决断的;理性的呼吁劝告他们改正那些不当行为。当然,她同时看到,儿童时期通过社会交往获得的道德,也是人类学方面的知识内容,因此合理性也是如此。此外,她还坚持认为,道德有一些基本方面是共同的。从这种内在的、共同的道德感出发,加上理性的逻辑力量,她有理由认为自身利益的追求是可以和社会"正义"相一致的。

1932年,琼·罗宾逊进行了一次方法论的反省,这让她最终写成了两份东西。其中的一份她出版了,就是《经济学是一门严肃的学科:一个经济学家对数学家、科学家和普通人所作的辩解》(参见哈考特,1990a;科尔和哈考特编,vol. V,2002,第24~40页)。另一份东西的曝光度有限,是《一个分析经济学家自传中的一些文字》。这些文件都意味着她当时已经吸收了逻辑实证主义的渗透性的语言和结构。她对"价值"和"事实"作了明确区分,随后声称"经济学的主题,不多不少,完全就是它所用的技巧"(罗宾逊,1932a,第4页)。因此,方法要先于方法处理的问题。经济学就是一个"工具箱"。理论是否足够则是另一个问题,是和前提假设是否有实际意义、逻辑论证是否前后一致,以及理论和可以观察的现象是否适应相关的。她在方法论上的主要问题,是如何在那些很好驾驭又有实际意义的前提假设的相反力量之间进行选择。在她1937年的《就业理论论文集》中,有一篇题为"一个经济学家的说教"(1937b)的论文,她在文章中说明了正统经济学理论是如何一直被用来证明道德立场的。她在论证中既同意了这些理论的逻辑,也同意了它们的政治意义,她甚至直接采用了它们支持穷人、支持失业者的立场,尽管她的经济策略是建立在当时还很新的凯恩斯理论的基础之上的。这可能是她第一篇引起争议的文章。同样是在这本论文集里,还有一篇题为"不确定性"的文章。她在文章中说,一个经济理论可能是不确定的,因为有些因素"很难放到现有的纯理论分析的结构当中[比如说工会的地位和政治动荡],却又必须把它们带到故事中来"(罗宾逊,1937b,第171页)。解决这个方法论问题的办法是"发现让这个不确定问题工作的确定因素"(同上书)。她论证认为,这是让经济学成为科学所必需的。她坚持认为经济学就是一些中性技术。对她来讲,经济学家必须履行自己的职责,要把内在于前提假设和理论命题中的那些价值为盲目信奉的读者们分离出来。

1955年,她在德里经济学院举办了一次名为"马克思、马歇尔和凯恩斯:关于资本主义的三种看法"的讲座。在这里,她对三位作者不同的分析方法作了比较,认为他们每一个人都强调了资本主义发展的不同阶段,每一个人对资本主义也都持有不同的政治态度,"但是,每个理论对它所处的时代之外的其他时代都有着重要意义,因为每个理论都在其有效范围之内指明了,一直存在于资本主义制度之内的资本主义制度的基本特点"(罗宾逊,1955;*C. E. P.*,vol. II,1960,第3页)。资本主义作为一种经济制度,当然有着一些可以进行"科学"描述的基础原则。她把理论和价值严格区分的二分法,似乎正在逐渐减弱:

> 经济教条总是以宣传的形式走向我们。这是和这一学科本身的性质密切相关的,如果以"纯粹科学"的名义伪称事情不是这么回事,就是反对科学,是拒绝承认事实……宣传的成分内在于我们的学科当中,因为我们的学科是关于政策的。
>
> (同上书,第3~4页)

她现在似乎是在证明,经济理论是意识形态的工具;理论用来证明行动合理,而行动则是出于意识形态的原因进行的追求。很明显,这和她早期的方法相比出现了变化。

> 经济理论从其科学的一面来讲是要说明一套具体的游戏规则是如何运作的，但是要想做到这点，就不得不让规则显得对参加游戏的人有利或不利……这样，宣传的成分甚至深入到了这一学科最技术性的细节当中……装模作样地声称我们对价值评估不感兴趣，完全是自我欺骗。
>
> （同上书，第4~5页）

尽管她以前曾经支持把经济学知识放入"工具箱"中，同染上了意识形态色彩的相关理论命题区分开来，但她现在却认为价值进入了经济分析的所有阶段当中。她继续论证，"每一个经济学信条，只要不是繁琐的形式主义的东西，就一定包含着政治判断……如果我们只是因为不同意一个经济学家提出的政治判断，就拒绝接受他的经济分析，就是荒谬的愚蠢行为"（同上书，第6页）。她认为，经济学在其命题和理论形成的过程中代表的是一种意识形态，它也提供了对这一意识形态的意义进行深入研究的方法。"经济学家的业务，不是要告诉我们去做什么，而是要说明我们现在正在做的事情为什么和一些正确的原则相符合"（罗宾逊，1962b，第25页）。这就是说，经济学家提供一些合理的基础，让我们去追求由意识形态决定的一些目标，而我们追求这些目标的方式又必须和植根于意识形态当中的价值体系相符合。确实，罗宾逊接受一种理论还是拒绝一种理论，使用的都是这样一种相关标准。但她随后又提出，"当我们从被当成科学家的经济学家那里学习的时候，我们必须把他们的描述中那些有根有据的经济学内容，同他们光明正大或不知不觉间对自己的意识形态的宣传区别开来"（同上书，第12页）。与此同时，她也显出了自己经验主义的认识角度："经济理论至多只是一种理论假设……它是对一些现象的一种可能的解释，但在求证于事实、得到事实的验证之前，我们不能认为它就是正确的"（同上书）。"要想把经济理论用好，我们首先必须理清这一理论中的宣传成分和科学成分之间的关系，然后要用经验进行验证，看看这些科学成分令人信服的程度，最后还要把它同我们自己的政治观点重新组合起来"(同上书，第17页)。在这里，知识仍然需要分解成不同的材料，一方面是纯粹逻辑的成分，另一方面是主观成分。尽管她这时仍然处在实证主义和经验主义的理论框架当中，但她也在允许经济学家采用公认的普遍立场。

她对这一看法继续进行解释。"马克思主义：宗教和科学"(C. E. P., vol. III, 1965)一文和《经济哲学》出版于同一年。在这篇文章里，她对命题可以被证伪的"科学"和"意识形态"进行了分别处理。在她看来，"科学"可能不足以对实际发生的情况加以充分描述。这里，琼·罗宾逊是在努力驳斥"马克思主义是科学的意识形态"的提法，但她缺乏哲学背景，也没有哲学的见识来考察这句话的含义，因此她在这里的思想混乱是显而易见的：

> 一门学科在发展过程中出现不同的思想学派是完全合理的。把一个思想派系同其他思想派系区别开来的是它的方法，不是它的信条。从某种意义来说，科学本身是建立在信仰的基础上的，即相信一切现象都可以接受调查研究，而调查研究的结果证实一切现象都与自然规律的理论结构相符合。
>
> (同上书，第 155~156 页)

这里，她是在说明她关于科学具有一定统一性的早期观点，是在把这种观点扩大到经济理论这个同一的认识领域当中。她同时也是在阐明"科学"也是一样的，很容易受到"价值"的污染。她把马克思的概念翻译成"可以操作的"术语，也许是在回避"价值"在哪些阶段进入知识发展过程当中这一实质性的问题。

至此，琼·罗宾逊采纳了古典主义的再生产理论作为自己的理论框架，又利用阶级的范畴和社会关系总和的概念(具体例子参见罗宾逊，1956a，1962e)，把这一理论框架同凯恩斯和卡莱斯基的有效需求原理整合起来，发展出了一套增长理论。她整合得来的那些理论结果，互相之间也许能够调和，也许不能调和，但对她来讲，这两种分析结构代表的是经济学家"工具箱"中的成分，可以看做是"科学的",与价值无关。

她在这一阶段(罗宾逊,1962e)了解到,经济理论是由一套命题组成的,这些命题以某种正式形式互相联系起来,为经济学家的"工具箱"提供了一些"不含价值因素在内的"内容,也就是逻辑一致的分析方法和这些分析命题的引申含义。它们本身虽然不包含价值成分,但政策在它们之间进行的选择却涉及政治判断的问题。她承认,价值会进入经济学家构造问题和选用概念的过程当中,但是她认为理论结构和分析本身是不包含道德内容的。于是,她现在面对的问题就成了在事实、价值和分析之间找到某种形式的关系或相互作用。多布(1973)揭示了熊彼特所持的这种立场的谬误所在,可以想见的是,琼·罗宾逊也持有这种立场。和熊彼特一样,她仍然坚信在分析的核心中,在形式的技巧中存在一些和历史及意识形态内容无关的分析技巧。这种"工具箱"看法的结果之一是,和不断增加的中立性相关从而和不断增加的科学性相关的经济理论出现得越来越多。与此相对,多布(1973)论证认为,经济学中的理论分析"不可避免地都有自己的因果故事可以讲述",它有自己的主题内容。而逻辑体系是一个纯粹的形式结构,不包含经济学内容,也就是一种没有理论的方法。也可以这么讲,逻辑体系不包含人们对那些初始问题的反应,因为这些问题是被经济学家当初的"眼光"影响了的。与此矛盾的是,她拒绝在经济分析当中使用数学,因此她对意识形态在理论中的作用的看法在这个时候还是个有待解决的问题。多布的文章写于琼·罗宾逊讨论这个问题的 10 年之后,他把自己对事实、价值和分析之间的关系的处理办法表述得很清楚:

> 经济理论是和经济学的表达相关的……它不能和它所构造的问题的答案相分离,因此也不能和它想要解决的经济问题的实际……状态相分离……我们不可能说经济理论"独立"于经济内容,而经济学命题的含义却……受意识形态条件的限制。
>
> (多布,1973,第 5 页)

第11章 忧心学者的使命：琼·罗宾逊的三本畅销著作

琼·罗宾逊意识到，顽固追求二者之间的分离会导致经济学的内容缺乏关联性，这种看法是她在经济理论中注重分析时间或者说历史含义的原因。但对于意识形态作用的问题，她在其经济学著作中继续显示出了一种矛盾心理。①

那么，她是如何超越了她的波普主义的科学知识观，超越了她对科学与价值的分离所作的描述呢？② 想一想她在《经济学：尴尬的一隅》的开头所说的话："如果我们想把它解释为一套合乎理性的理论，那么，要理解我们生活于其中的经济制度就是不可能的"（罗宾逊，1966b，第11页）。她认为，每一个社会都有自己的合理性，总是要在自己的意识形态中证明自己是合理的。因此，"合理"是相对的。当社会"理性"的某些方面可以被表述为可以驳倒的前提假设的时候，其他很多方面却不能如此，意识形态的作用就以隐秘的形式原封不动地保留下来。科学和道德的对立，导致对它们的回答只能局限在它们自身的条件之内，而罗宾逊正是在努力模糊它们之间的界线。在这一方面的描述上，她深深地受到了冈纳·缪达尔的影响。③ 缪达尔（1953）已经证明了仅仅对事实进行观察并不能把它们组织成概念和理论；确实，除非我们把它们放在概念和理论的框架结构之中，否则就不会有科学事实，我们所有的就只能是混乱。在给出答案之前，我们必须先提出问题。"科学知识体系的存在需要独立于一切价值评估，这一隐含信条所表示的，我现在认为是一种幼稚的经验主义"（缪达尔，1953，第vii页）。从琼·罗宾逊对缪达尔的解释中可以看出，她

---

① "在一切当中，我应该强调经济理论本身不宜宣扬任何教义，也不能建立任何放之四海而皆准的法则。它是整理思想和表述问题的一个方法。基于这样的原因，我应该把注意力主要放在方法上面……它们没有告诉我们因果关系……要想找到因果关系，我们需要知道个人的行为方式以及不同人群的行为方式是如何互相影响的"（琼·罗宾逊，C.E.P., vol. III, 1965, 第5页）。

② "假装说没有任何［价值］并且绝对客观，要么肯定是自我欺骗，要么肯定是骗人的把戏"（琼·罗宾逊，1970，第122页）。

③ 她在评论《亚洲戏剧》（缪达尔，1968）时说，"在某种程度上，这本书是一篇关于社会科学方法论的论文"（JVR/ii/11）。

也持有一种近似的看法,那就是价值普遍存在于分析的各种层面之中,而不是只出现在选择目的的时候。从基本概念形成那一刻开始,价值就是知识创造过程的一部分。

"社会科学的任务是要把自我意识提高到第二个程度,要找出意识形态的原因、它的运行模式,以及采纳这一意识形态所造成的结果,要把它们交给理性,接受理性的批评"(罗宾逊,1970,第122页)。琼·罗宾逊总是强调,一个理论工作者必须准确理解他自己的前提假设。但是,她通过自己在这三本书中的例子也证实,"理性"并不是创造知识的唯一途径。她还说,"我也不认为纯粹的经济学证明可以最终解决任何问题,因为每一个问题都牵涉了政治和人道方面的考虑,而这些考虑通常又是决定性的"(罗宾逊,1957)。

1973年,她再一次讨论了意识形态以及意识形态和理论的关系的问题:

> 发生在工业经济内部的生产流动是一个极其复杂的实在,很难用任何简单的办法加以表述。它是一种实际存在的东西,就在现实那里,不受我们选用的表述方法影响。然而,对它进行表述的方法有很多,也各式各样,这些不同的表述方法是和我们诊断它在时间中的行为、在不同阶级之间的收入分配等问题的不同方法联系起来的。
>
> (罗宾逊,1973a)

最初选择的概念要先于它在后来的理论当中的作用,也决定了我们如何理解这个特定的物质世界。选用的概念和提出的问题之间存在着一种连带关系。

1977年,她在"问题是什么?"(罗宾逊,1977c)一文中再次强调了经济学的构成问题。"讨论一个实际问题,不能回避对于这个实际问题可以做些什么的问题;政策问题牵涉到政治……政治牵涉到意识形态;不存在纯粹经济逻辑可以解决的'纯粹经济'问题;政治利益和政治偏见介入了每一次讨论当中"(同上书,第

第11章 忧心学者的使命：琼·罗宾逊的三本畅销著作

1页)。在这里，她似乎是在放弃选择概念、逻辑结构和分析顺序这种"纯"经济学的想法，认为它们之间存在着一种互相依存的复杂关系。她指出，经济学家需要遵从历史证据，而历史证据是"可以用这两种不同的方法来阅读的"（同上书，第2页）。然而，和以前一样，经济学和自然科学之间的比较使得她一方面把自己的理论重点放在了保证逻辑正确性上面，另一方面也让她承认，经济学由于解释"事实"时模棱两可的性质，使得它只能拥有有限的"科学"地位。她始终坚持揭示新古典理论的逻辑错误，这是她对经济学前一个知识领域给出的例证；而她关于中国和发展问题的著作以及她对英国经济政策的解释，是她对经济学后一个知识领域给出的例证（具体参见罗宾逊，1966b）。

坚持科学与价值对立，似乎和罗宾逊在这三本书以及后来的论文中的世界观并不一致，因为世界不断经历着内生性的复杂变化。在她看来，道德体系改变世界并随着世界的改变演化发展，这和理论提供政策信息并改变世界是一样的。价值也会对新情况作出反应，发生变化。"科学"是通过可以驳倒的前提假设建立起来的，只是知识的一部分。[①] 由于承认了价值的作用，知识的范围变得宽了一些，使得经济学家可以改善评估各种理论的过程和标准。琼·罗宾逊最终有效地绕开了科学与价值的二元对立，揭示了思想和道德体系之间的相互联系，打开了经济学家扩展其研究方法的可能性。

尽管她提出了经济学的推理本性的问题，但她一直停留在实证主义的限制之内。在她晚期的著作里，她力图把价值整合到自己

---

① 也许她注意到了一个很早之前的记者艾伦·弗兰德斯的观点：
> 你的书［《论马克思的经济学》］在我心中留下的最深印象是你确认了以前的结论，也就是经济学作为一门科学取得的进步非常有限。把它看做是一门科学或只当做科学也许不是一个误会吧，但它不是像政治学那样更是一门艺术吗？在一切人类关系当中起作用的因素太多了，我们只能通过直觉判断一些因果关系的困难效果，而这种直觉又是建立在经验积累的基础之上的。

的论证体系当中，但她没有哲学手段指导自己的思考，或者说，没有哲学手段为自己的论证给出合理性证明。她在实证主义当中徘徊漫步，消磨时光，这妨碍和限制了她的理论发展，抹杀了她自己强烈坚持的社会公正的观点。在她看来，社会公正就是与政治经济学中的"科学"成分相对应的一个社会状态。尽管如此，她却始终如一地坚持自己的道德努力，为的是发现一个公正合理的社会。

琼·罗宾逊用了一生的时间，特别是在晚年，放弃了经济学的传统模式。第一，她扩展了这一学科的学术边缘。这不但是由于她从正统经济学中走了出来，而且是由于她走进了人类学、社会学、历史学和政治学中寻找自己的材料。第二，她开始讨论意识形态分析方面的话题。第三，与"科学"相比，她更加"哲学"了一些，也采用了很多不同的方法。她使用了具体例子或特殊情况来例证自己的观点。她使用的东西是具体的，不是抽象的。她放弃了纯粹演绎的、数学的、自我本位的、单一动力的独立存在，用推理、直觉、社会阶级和不同实体之间的相互关系构建了一种替代的解释。在她那里，不同的阶级和不同的社会实体有着不同的权力和利益，他们的行为方式体现了他们之间的矛盾冲突和不对称性。她不是简单地采用一种先验的研究方法，而是把自己的注意力投向应用研究领域，并创建了自己在这些领域的实用方法。还有，她不仅放弃了放任自由理论，也拒绝接受放任自由主义的实践方法。她所提倡的是一种带有社会福利的由国家计划管理的市场经济。

第 12 章

结论：琼·罗宾逊的遗产

12.1

我们强调一下，这本书是一本学术评传，主要是对一个人的思想发展进行研讨。然而，由于罗宾逊总是强调思想的发展需要集体合作，因此，我们也对那些可以称为琼·罗宾逊团体的人的贡献以及他们对她的影响作了整理。在这里，我们尽量不讨论与学术交流关系不大的个人交流，但我们还是希望我们传递了足够的信息，可以让那些不认识罗宾逊的人了解她是怎样一个不同寻常的人物。

对于包含在此书当中的题目，两位作者已经写了100多篇研究论文。研究琼·罗宾逊的第一篇论文出现在20世纪70年代。当时，已故的安格斯·威尔森接受哈罗德·莱德尔的建议，请求哈考特送来一些关于琼·罗宾逊的背景说明，因为他的大学即将奖励她一个荣誉学位，而他需要在荣誉颁发仪式上致词（威尔森当时是东英吉利大学的讲师）。结果回来的是一篇论文，"一位淑女的肖像"。这篇文章从来没有发表过,却成了《国际社会科学百科全书》第十八卷《传记补遗》中琼·罗宾逊词条的编纂基础(哈考特,1979)。

这一条目的第一段是这样写的:

> 琼·罗宾逊是一项崇高事业的反叛者。从 20 世纪 20 年代末期开始,她一直奋斗在现代经济理论重要发展的前沿,其中一些发展是革命性的。琼·罗宾逊一直热情地相信自己的学科是一种给人启迪的力量,与这一信心同时存在的,是她对社会不公和社会压迫同样激烈的恨。她决定与这个世界上的可怜人同呼吸、共命运。这些可怜的人也许是 20 世纪 30 年代资本主义世界的失业工人,也许是战后第三世界国家中饱受贫困和军事压迫的人们,也许是 20 世纪 70 年代被他们的教授骗去了生命热情的可怜学生。

这一段落对琼·罗宾逊的生活和著作作了一个公正的评判,后面的反思和研究会加强我们的这一看法。也是在这个条目中,哈考特在总结他对罗宾逊和伊特维尔(1973)的印象时写道,这是一次"道德高尚的实验,不应该被那些陈腐守旧、庸俗乏味和卑微怯懦的人所忽略"。他希望这次实验有助于产生"学识渊博的一代,他们明辨是非,反对推诿,心中充满了名副其实的科学家的谦恭与豪迈,为人类知识贡献力量,为人类行为树立楷模,让每个人都不必觉得自惭形秽"(*C. E. P.*, vol. III, 1965, 第 6 页)。然而,不论这一特殊事业的结果如何,琼·罗宾逊本人所做的都远远超出了她为自己设立的"随便做点正确的事情,在反对一切人类伤害方面做出一点成就"(同上书)这一谦卑的目标。我们希望读者承认,我们已经提供了足够证据证明我们的这一结论是合理的。

在结论这一章的其他部分中,我们的目标第一是重点思考她的主要贡献和成就,第二是要汇报一下她的同时代人对她的评价,第三是要作出我们的最终总结。

12.2

我们希望读者已经认识到,琼·罗宾逊思维敏捷,可以直接切入事物的本质,看出细密入微的理论证明或是环境复杂的政治现实当中的逻辑悖论。她有能力用尖锐、剔透的短短几句话提炼出事物的精华。她的这种能力起点很高,又随着年龄的增长日渐提高,而她说的每一句话都如冰山一角,显露着知识和思想的一端。尽管她实际上没有接受过什么数学训练,但她还是具有阅读技术书籍的能力,这是因为她的认识能力是卓越的直觉能力和同样卓越的逻辑能力的组合。(她喜欢说的一句话是,"因为我从来没学过数学,所以我必须不停思考"。)这些特质说明了她为什么成了一位杰出的理论家。也正是这些特质解释了为什么有些时候她的政治分析和判断过于简单,因为这些是抽象和简化能力的副产品,而这种抽象和简化能力又是一个合格理论家的标志。她也是学界最坚强的人之一。她既不回避,也不介意冲突。在此,我们可以看一下已故的哈里·约翰逊对她访问芝加哥的情况所作的描写(芝加哥不是胆小的人应该去的地方):

> 当她来到芝加哥和我的学生交流时,他们一边看着她,一边作出决定,"好啊,我们一定要让这位老奶奶知道自己什么时候退场"……他们抬起头来,眼光离开地板,开始了措辞谨慎、直截了当的语言交锋。
>
> (约翰逊,1974,第30页)

她的批评辣味十足,又充满了强劲有力、文明开化的幽默感。必须说一下的是,其中也包含着已故的约翰·维泽所说的"令人绝望的剑桥式的粗鲁":

> 他们(麻省理工学院的教师们)现在承认……这个伪生产函数方程为什么会[运行得很好]没有任何逻辑理由。他

们只是想当然地认为它应该如此。既然已经当着全体观众的面把兔子放到了魔术帽里,似乎就没有必要庸人自扰,把它从帽子里再拉出来。

(罗宾逊,1966c,第 308 页)

"研究经济学的目的,不是要为经济问题找到一套现成的答案,而是要学会如何不被经济学家欺骗"(*C.E.P.*, vol. II, 1960, 第 17 页)。"这个模型被描述为一个寓言。按照通常的看法,寓言是从日常生活中提取的故事,目的是对某个神秘现象给出解释。而在这里,我们期望用这个寓言来解释日常生活"(*C.E.P.*, vol. V, 1979, 第 63 页)。她具备推倒重来的能力;她不崇拜既得利益者,当然也不崇拜她自己,尽管在任何时刻她都可能据理力争,捍卫自己当时的立场。

作为一个具有原创精神的思想家,① 琼·罗宾逊一丝不苟地记载了她自己从导师那里寻找灵感的过程。正像我们看到的那样,她有四位亲密同事在经济学领域占据了很高的地位,他们是凯恩斯、皮耶罗·斯拉法、迈克尔·卡莱斯基以及很多年后的理查德·卡恩,卡恩"无可挑剔的逻辑[是]她的创新热情的最佳补充"(伊特维尔,1977,第 64 页)。她在《不完全竞争经济学》(罗宾逊,1933a,第 v 页)的《序言》中写道:

然而,并不是所有的新观点我都可以肯定地说"这是我自己的发明"……我一直都得到了 R.F. 卡恩先生的帮助。所

---

① 罗宾·马修斯下面的说法(1987 年 4 月 27 日写给哈考特的信)让我们感到欣慰。他从 20 世纪 40 年代后期开始和琼·罗宾逊是同事:

某种意义上说,她的创新精神更多的是一种综合,不是首创。她酿造的原料有些不同寻常:马歇尔(用量很大)、马克思、凯恩斯、夏夫、斯拉法和卡莱斯基[我们还加上了庇古],至于理查德·卡恩的贡献就更不用说了。他们那里有很多创新……[她的风格]特征是清楚明白……当她急于劝服别人的时候,她的清楚明白甚至到了朴实无华的地步。她缺乏数学背景……这有时让她误解了别人,可这对她的功勋业绩来说没有太大的影响。她不知疲倦地思考问题,再加上朋友的偶尔帮助,一般都会让她找到问题的答案。

有的技术工具都是在他的帮助下建立起来的，而对于很多重要问题他解决的部分和我解决的部分同样多。

她在《资本积累》（罗宾逊，1956a，第 vi 页）一书的序言中也说过，"经常是 R. F. 卡恩首先看到了我们正在摸索的问题的要点，让我们可以把它放到一种可以理解的形式当中"。皮耶罗·斯拉法至少为她的两个主要成就提供了灵感，一个是《不完全竞争经济学》（我们看到，其中的很多分析她后来不再接受了："为了把分析运用到所谓的企业理论中，我不得不作出一些限定和简化，这样的限定和简化让我的论证走上了歧途"（罗宾逊，1933a，第 2 版，1969，第 vi 页）），另一个是她对价值、分配、资本和增长理论的贡献。她在谈论斯拉法时说，"我从斯拉法的文章中得到启发，研究出了不完全竞争理论"（1973e；罗宾逊为克雷格尔所作的序言，1973，第 x 页）。她在"《通论》概论"一文中，特别是当她对利润率的含义加以思考的时候说，"皮耶罗·斯拉法对李嘉图的解释给我提供了最为重要的线索，在他推延了很久才得以出版的《以商品手段进行的商品生产》一书里，他把我一直琢磨的想法用一种鲜明的形式表达了出来"（罗宾逊，vol. IV，1973，第 125 页）。她对凯恩斯的感激之情也在很多地方记录了下来。

正像我们在前几章中证明的那样，对于分配、积累和增长的问题，她在自己的想法当中越来越多地采用了卡莱斯基的理论框架（反过来，卡莱斯基的理论框架是通过杜冈·巴拉诺夫斯基从马克思那里演化而来的），把分配、积累和增长看做是发生在历史时间当中的过程。这种看法在《资本积累》一书中还很隐蔽，却贯穿于她后来所有关于这些题目的著作当中，尤其反映在了她和伊特维尔为初学者撰写的《现代经济学导论》当中。

她在方法和观点上的这一巨大转变开始于 20 世纪 30 年代中期。或许，当时唯一重要的刺激因素是她在 1936 年首次遇到了卡莱斯基，这次会面标志着他们长期密切的友谊关系和生动活泼的学术交流的开始。《通论》中的一些主要观点都是卡莱斯基独立发现的,而能把这些观点以简明扼要、通俗易懂的形式表达出来的人就只能是琼·罗宾逊。她自己后来最重要的发展是她引进了一种分析结构,卡莱斯基曾把这一分析结构用在他解决剩余价值实现问题的周期模型当中。琼·罗宾逊越来越多地感受到,这一结构对于理解资本主义的运行机制更加合适一些。

在遇到卡莱斯基之前,琼·罗宾逊曾为约翰·斯特雷奇1935年的著作写过书评(罗宾逊,1936a),那时的她还不熟悉马克思的思想结构。但她最终因为凯恩斯和卡莱斯基的问题做到了这点,这在她对"卡莱斯基论资本主义"(罗宾逊,1977c)的精彩陈述中表现得最令人信服。这篇文章发表在1977年《牛津研究所通报》纪念卡莱斯基的特刊号上,在这里,她说明了企业的定价政策、薪金工人和资产阶级不同的储蓄行为(后者又细分为企业家和制定决策的管理人员,以及被动的食利阶层)以及盈利和积累高于一切的重要地位会以怎样的形式结合在一起,形成决定商品价格和利润分配的短期模式,她由此证实了一种就业不充分的静止状态存在的可能性。同样的分析结构也构成了她1956年的巨著和这部巨著在1962年的续篇的基础,但她1977年的著作对这一结构阐述得最为清楚。

我们可能永远不会知道在他们的第一次讨论中,卡莱斯基是否使用了他1936年用波兰语为《通论》所写的评论中的那些分析工具(参见卡莱斯基,$C.W.$,vol. I,第199页),但他在那里使用的肯定是一种微观经济学的基础。在微观经济学中不完全竞争是通常情况,完全竞争只是特殊情况,《通论》的中心结论正是从这里出发建立起来的。卡莱斯基在这里使用微观经济学的基础,应该和罗宾逊后来的思想和解释是一脉相承的。他对凯恩斯的投资理论的具体细节所作的批评,也反映在她后来对自己的批评当中,那就是要把利润和投资之间的双重关系考虑进来,进而把那些互不相容的前生产因素和后生产因素分离开来。实际投资有助于创造实际利润;预期利润(它们是和实际利润相关的)有助于决定计划投资。正像我们已经看到的那样,这一关系最初是由卡莱斯基提出来的,后来成了她《经济增长理论论文集》第二篇论文中有名的香蕉图的实质内容(1962e,第48页)。与其1956年著作中的论证相比,她在这里的论证是以一种让人更加容易理解的形式表现出来的。

在她的其他同代人中,我们还应该提一下哈罗德、卡尔多、缪达尔、庇古和夏夫,以及那些"过去在剑桥教了很多年书……[她认为]影响了解决经济分析中的很多问题的整体方法"的人(罗宾逊,1933a,第vi页)。

在过去的那些伟人当中,琼·罗宾逊受到李嘉图、马克思、马歇尔和威克塞尔的影响最大。她发现自己与前两位的共鸣远远超出了与后两位的共鸣,而我们也可以大胆估计,她对这一学科持久的贡献在于,她帮助建立了一套统一的政治经济学体系,这套体系是古典的和马克思的、凯恩斯的和卡莱斯基的灵感在闪动,它可以直接运用于现代世界问题的分析,直接运用于为现代世界问题开出政策处方。她很欣赏威克塞尔,她的欣赏与其说是因为他的理论贡献或他的研究方法,倒不如说是因为他的坦率与诚实。她把威克塞尔和马歇尔的态度作过对比。"威克塞尔与马歇尔不同……他非常诚实。当他无法找到答案的时候,他承认问题有难度。我发现这很有用,因此我给了他最高的荣誉。这不是因为他找到了答案,而是因为他看到了问题"(罗宾逊,*C.E.P.*,vol. IV,1973,第125页)。关于马歇尔,她说的是,"越学习经济学,我就越佩服马歇尔的聪明才智,也就越不喜欢他的性格"(罗宾逊,*C.E.P.*,vol. IV,1973,第259页)。

> 马歇尔解救自己的良知的办法很狡猾。他的办法是使用特例,用这样的办法,他的学生就会继续相信经济学的规则。他指出,当人们的信心崩溃的时候,萨伊定律……就会崩溃。但他对自己的这一看法只是顺便提过,因为他不想搅乱人们对放任自由状态下的均衡的信心。
>
> (罗宾逊,1973c,第2页)

"［静态和动态］两方面的成分都体现在了他的思想当中，而且表现得非常灵活。无论是动态还是静态环境下，只要是与他的目的相宜，可以体现私人企业经济和谐画面的东西，他都会拿来使用"（罗宾逊，1973e，第 ix 页，为克雷格尔 1973 年一书所写的前言）。

她的第一本重要著作是《不完全竞争经济学》（1933a）。在这本书的写作过程中，琼·罗宾逊受到了斯拉法 1926 年的文章的启发。1922 年当她来到剑桥求学的时候，他"指出马歇尔存在前后矛盾……还是对经济学的一种亵渎"。可她最后终于认识到，这种前后矛盾在于马歇尔《原理》中纯粹静态的分析方法与这种分析方法得出的结论在实际经济当中的应用之间的冲突。实际经济随时都在发展，与此同时，积累也在持续不断地进行。在那个时候，斯拉法看到了，琼·罗宾逊同样也看到了与静态局部均衡分析相关的内在逻辑矛盾，他们尤其看到了这种方法在解释供给价格的下降和竞争同时存在这一现象时所面临的两难困境，看到了要求独立的供给曲线和独立的需求曲线同时成立所面临的困难。我们已经利用文字材料证明，斯拉法通过他 1926 年的文章、20 世纪 20 年代的教学讲座以及他 1930 年提交给《经济学杂志》代表性企业和回报递增研讨会的论文对琼·罗宾逊产生了影响。

但有证据表明，当时不论是琼·罗宾逊还是卡恩，都没有和斯拉法完全保持一致（参见马库左，1994；科尔和哈考特编，vol. V，2002）。从 40 年后的今天回顾过去，我们看到，按照琼·罗宾逊的陈述，她的"目的是要对静态均衡理论的内在逻辑发起挑战，是要用它自身的论证，驳斥工资取决于劳动边际生产率的教条"（罗宾逊，1973e，第 x 页）。这一判断融入了一些事后的见解，但从总体上看算是对琼·罗宾逊的一个适当评价。[①] 在更一般的水平上，凯恩斯（在他 1932 年 11 月写给哈罗德·麦克米兰的关

---

① 这不是哈考特（1970；1982b，第 350 页）表达的观点。保罗·弗拉托后来对这种看法的批评让我们确信了文中的这种说法是真实的。

于此书的报告中)对琼·罗宾逊作出了当时最近乎准确的评估。他提到,"在过去五年中,价值理论的研究取得了相当大的发展",这些发展可以在各种杂志上和"发生在剑桥和牛津的口头讨论"中见到,他同时也提到了这一事实,那就是我们"没有适当的地方"去寻找

> 关于现代技术的本性的明确说法,或者说是关于这一主题的最新研究成果的概括提要。罗宾逊夫人立志填补这一空白……她的工作也做得非常出色……在一段时期之内,这本书必将成为认真研究现代价值理论的学生的必读物。
>
> ($C.W.$, vol. XII, 1973)

在这本书里,琼·罗宾逊系统考察了产品面临的向下需求曲线对竞争环境中的企业所具有的重要意义,她由此认为,以利润最大化为目标的价格和产量是由企业(长期)边际成本曲线和边际收益曲线的交点决定的。这一分析清楚解释了(斯拉法暗中提到的)现实世界中的一些问题,譬如商人觉得是需求状况而不是价格的上涨限制了他们的销售,企业在工厂开工严重不足的情况下仍能盈利,等等。这些实际情况在此前存在的马歇尔-庇古的理论框架中是不可理解的。卡恩的分析也和这些主题有关,但他的分析是在短期背景下进行的(卡恩,1929,1989)。

我们知道,琼·罗宾逊在第二版序言中(罗宾逊,1933,第2版,1969,第 vi 页)对自己书中的方法进行了批驳,因为她对于静态方法不能处理时间问题感到不满。她把那种认为商人可以通过反复试验找到"正确"价格的想法看做是"不知羞耻的推诿之词",因为它想当然地认定企业在任何时点上都在朝着均衡位置移动,而这个均衡位置是独立于它实际采用的路径的。就这样,她批评了比较静态分析这一基本方法。对于书中关于价格歧视的那部分讨论,她仍然抱着赞成的态度。但令她苦恼的是,她在书中忽视了自己在书中得出的负面教训,尤其是忽视了自己在理论框架本身的限定之内对工资的边际生产率理论作出的批评,把这些

理论缺陷原封不动地留在了正统经济学教义当中。

正像我们看到的那样，琼·罗宾逊同一时间在凯恩斯革命的形成和传播过程中也扮演了重要角色。在劝说凯恩斯对他 1930 年的《货币论》（凯恩斯，1930）进行修改和扩充，并通过批评和建议帮助他发展了自己思想的人当中，包括了哈罗德、卡恩、斯拉法以及奥斯丁和琼·罗宾逊夫妇。（那时，凯恩斯和罗伯特森在学术上越来越僵，因为罗伯特森强烈反对凯恩斯对马歇尔和庇古的抨击，他发展出了决定利息的可借贷资金理论，与凯恩斯的流动性偏好理论抗衡。）我们已经证实，凯恩斯对琼·罗宾逊的贡献和判断力很敬重，也给了很高的评价。她本身也很重要，这既是因为她对这个新理论作了批判性的理解，也是因为她的解释能力让这个新理论得到了学生们的广泛理解。她的那本篇幅很短的《就业理论导论》（1937a），与她 1935 年的"论文集"（罗宾逊，C. E. P., vol. IV, 1973）以及她 1937 年的《论文集》（1937b）的最后一版一样，仍然是把凯恩斯理论的基本要点描述得最为清楚明白的著作之一。不仅如此，她还是把凯恩斯的分析扩展到开放经济的第一人。

对于琼·罗宾逊来讲，《通论》的中心题目是有效需求理论，而整合在这一中心题目当中的包括了货币和利息理论、一般价格水平理论，以及对未来的不确定性对现在的投资支出产生的影响的分析。她因此认为，凯恩斯的分析是牢牢地锁定在真实的历史时间之中的。

在战后岁月里，琼·罗宾逊至少从两个方向发展了凯恩斯的思想观点。第一，她对货币以及货币在经济体系中的作用有着深刻的理解。我们看到，她在这方面的理解通常都被人们遗忘了，但弗兰克·卡恩是个例外。卡恩（1972，第 205 页）抱着支持的态度引用了她的话，"货币……因为未来的不确定性而获罪"，并说他"是准备原谅和忘记的人中的一个"。我们已经看到，琼·罗宾逊在工党圈子的活动中很活跃，举例来说，她利用凯恩斯毫不妥协的论证方式，积极为持续性低息贷款政策寻找正当理由（参见豪森，1988）。她也在流动性偏好理论和可借贷资金理论的辩论中发挥了重要作用，这场辩论造成了剑桥政治经济学院内部的严重分裂。（哈利·约翰逊试图在他们之间构建一座桥梁，写成了"剑桥关于货币理论的一些争鸣"，结果他的努力遭到了辩论双方的一致批评。）琼·罗宾逊主要关心的是如何决定利率的问题，她以这个问题为题目，撰写了很多有影响的文章（罗宾逊，1952a）。她强调凯恩斯的看法，认为我们在宏观经济分析中必须永远小心，不要在对各种因素进行整合的时候造成谬误。使用单一代表性因素的模型来分析经济行为，永远不会取得成功，用这样的模型分析金融资产的定价当然也不会取得成功。在这里，正像凯恩斯然后是卡恩和琼·罗宾逊争论的那样，均衡利息就是带来牛市与熊市之间至少暂时、也许是不太稳定的休战状态的利息水平。如果牛派和熊派之间没有意见分歧，哪怕是瞬间的平衡或休止状态都是不可能的。

她的论文是马歇尔与凯恩斯方法的一个特别好的样板，卡恩1931年研究乘数的文章是另一个很好的样板。这种方法在研究经济时是按顺序进行的，当它研究经济的一个方面时，它让其他方面正在发生的事情或至少是这些事情的效果暂时保持不变，把它们从中抽离出来。通过这样的方法，马歇尔希望我们可以得到一些虽然片面但却确定的研究结果。如果我们对经济每个方面的研究都能准确无误，我们最终就能够把所有的结果汇总起来，得出一个全面整体的经济画面。对于经济的发展进程，马歇尔还有一种更加深刻的看法，认为经济进程和在系统上互相关联的生物进程很相似，因此他的研究程序是和他的这种看法互相矛盾的。对于这种矛盾，琼·罗宾逊和卡恩似乎都已经忘记了。这应该就是马歇尔和琼·罗宾逊（难道凯恩斯和卡恩不是如此吗？）最终认为自己彻底失败的原因之一。这并不是因为他们认识到自己是在使用这种方法进行着不可能的事情，而是因为这一方法本身存在着缺陷。

尽管她对凯恩斯的经济学贡献显著，但我们认为，她的思想发展最重要的一步发生在她决定把马克思嫁接到凯恩斯的理论之中的时候（部分受到卡莱斯基的影响）。她自己把这件事记在1940年，但因为皮耶罗·斯拉法和毛瑞斯·多布是她的同事，还有她本人在扩大《通论》运用范围方面的兴趣，我们认为她对马克思的兴趣发生得还要早一些。"1940年，我受新闻的影响开始阅读马克思……对我来讲，马克思的主要信息是需要从历史的角度，而不是均衡的角度来思考问题"（罗宾逊，1973e，第x页）。但是，是哈罗德的《走向动态经济学》（1948）一书，是她在1948年与卡恩和斯拉法在多罗迈特山阅读此书校样时，是她在1949年为此书撰写的述评（罗宾逊，1949b），让她彻底明白了马克思这一信息的含义。就这样，她在马克思那里找到了她在凯恩斯那里找到的东西（这些东西由于其含义很难处理，因此在马歇尔那里被回避掉了）。正像她对凯恩斯革命所说的那样，因为"从理论层面来看，这场理论革命蕴藏在均衡概念向历史概念的转变当中，蕴藏在理性选择的原则向以猜测或常规为基础的决策问题的转变当中"，"一旦我们承认经济是在时间中存在的，一旦我们承认历史是单向的，从不可改变的过去走向不可预知的未来，那么，与钟摆在一定空间来回摆动的机械原理相类似的均衡概念就变得不堪一击了"（罗宾逊，1973c，第3页）。从历史的角度思考问题，总会涉及我们正在考察的社会是什么样的社会（及其社会制度），存在于这个社会中的社会关系是什么等问题。它也牵涉到把处理逻辑时间的理论和处理历史时间的理论区分开来的问题。"逻辑时间可以在黑板上从左到右一直追寻下去，而历史时间则从黑板后面黑暗的过去中走出，走向前面没人知道的未来"（罗宾逊，1977a，第57页）。对逻辑时间进行分析，最多只能舒展一下智力的筋骨，有时也可以把它放在一个理论框架中，理清一些理论谜团。而过程分析通常是分析实际问题的初步方法，是在历史的时间中进行的。对琼·罗宾逊来讲，这样一种研究方法也意味着经济学在很大程度上是一门"跑什么路，骑什么马"的学科，而不是一种可以把具体情况当做特例融入其中的通用理论。

第12章 结论：琼·罗宾逊的遗产

我们认为，她研究马克思的书（罗宾逊，1942b）尽管有着自己的特殊癖好，甚至有些地方包含了一些让忠诚的马克思主义者不停懊恼的反对意见，但仍然是我们可以找到的最好的介绍性读物之一。至于说她的反对意见，这在她对待价值理论的态度上表现得尤其突出，她的这一态度也随着时间的推移日渐强硬：

> 马克思告诉我们，除非使用价值的概念，否则我们就不可能对剥削给出解释。但是，我们为什么需要价值来说明行业利润是通过以高于生产成本的价格销售商品实现的呢？或者，我们为什么需要价值来解释那些控制资金的人对那些没有资金的人的役使能力呢？
>
> （罗宾逊，1977a，第51页）①

我们学习马克思的观点，大可不必"墨守成规，完完全全地走一条他走过的路"。然而，此书的创作不是"为了批评马克思，而是为了提醒我的资产阶级同事们，《资本论》中存在着一些深刻的、不容他们继续忽视的重要问题"（罗宾逊，1977b，第50页）。她的这本书包含了大量的真知灼见，清晰地勾勒出了维系马克思的思想体系的理论骨架。这一理论骨架经常被黑格尔丰满的理论肉体搞得模糊不清，经常在辩论中被搞得模糊不清，也经常由于马克思自己时间不够和健康不佳而被搞得模糊不清，马克思本人的很多著作都带有这样的特点。因此总体来看，她的这本书是对马克思的著作所作的富有建设性和同情心的批评。对于她后来研究马克思的著作，我们也可以说同样的话，而与此相对的是，她有时会对那些马克思主义者表现出难以容忍的态度。琼·罗宾逊对斯拉法1960年的著作的第一反应，是认为它是马克思的价值转形问题的一个解决办法，认为它证实了新古典主义理论的逻辑错误。也许，对斯拉法更加细致的研究（1960）让她认识到，劳动

---

① 然而也许可以争论说，虽然她并不相信劳动价值理论，但她最终还是使用了劳动价值理论（参见哈考特，1991，第484页）。

价值理论应该可以成为以生产分析为起点的一套分析体系的基础。与此同时，劳动价值理论和她前面引文中的那种以交换为基础的解释相比，与马克思的理论更加一致。

1942 年的这部著作以及随后出现的文章，导致琼·罗宾逊在战后全神贯注地思考了两个主要问题。从积极一面来讲，她努力把"《通论》一般化，也就是把凯恩斯的短期分析扩展到长期经济发展的分析当中"（罗宾逊，1956a，第 vi 页）。她在这方面的研究成果见于《资本积累》（1956a）一书以及围绕此书所写的解释性著作和文章当中，包括《经济分析实例》（1960a）、《经济增长理论论文集》（1962e）、《经济学异端》（1971）。其间对她产生了进一步影响的是罗莎·卢森堡的著作（1913），那本书也叫《资本积累》，琼·罗宾逊曾为此书 1951 年的英译本写过简介（罗宾逊，C. E. P.，vol. II，1960，第 59～73 页）。琼·罗宾逊本人的著作为我们提供了一种凯恩斯-马克思主义的理论框架（从结构上看，是从卡莱斯基改编的马克思的再生产理论演化而来的）。使用这一理论框架，我们可以对资本主义经济的增长过程作出解释；可以处理古典政治经济学中一些重大的理论问题，比如人均产量增长的可能性问题，以及随着资本品受社会商人"动物精神"和人口增长、技术进步的影响在时间进程中逐步积累，国民产出在资本主义社会各个阶层之间的分配的问题。在这一领域，她和卡恩与哈罗德的看法是相同的，也许与卡尔多和帕西内蒂的看法也基本相同，这些是凯恩斯学派对现代经济增长和分配理论作出的最有影响的贡献。

正像我们在第 6 章中证明的那样，《资本积累》一书有时被人们误解了。琼·罗宾逊的分析始于考察稳定增长所需的条件，也就是寻找她所说的黄金时代的基本特征。可她的这一考察在很多时候被看成了描述性分析，没有被看做是对逻辑条件和逻辑关系的小心谨慎的设计安排。黄金时代的名字本身就暗示我们，她的这个逻辑安排的主要目的之一是要说明，它在现实中是不可能实现的。"我使用'黄金时代'这个词来描述经济在充分就业状态下

第 12 章　结论：琼·罗宾逊的遗产　275

的平缓稳定的增长过程（目的是要借此点明它的神秘性质）"（罗宾逊，1962e，第 52 页）。在她随后对自己的发现所作的澄清和讨论当中，她特别强调了自己在后几章中研究短期以及短期之间在时间上的相互影响等问题时的经验教训。她也一再重复了自己当初在书中讲过的话，讨论生产技术在经济整体层面上的选择问题占了书中太多内容，是和它的重要程度（不是困难程度）所允许的篇幅不相称的。还有，它们主要是和大量文献著作之间的教义争论相关的（她在 1956 年的书中还说过，它们也不全是和经典辩论有关），和实际分析的关系不大。

　　琼·罗宾逊的第二个侧重面是对新古典主义的价值、生产和分配理论的持续抨击。这主要集中在资本理论方面，主要是因为她写的那篇有名的"生产函数和资本理论"（罗宾逊，1953~1954）的文章引发了剑桥资本理论的大辩论。从表面上看，争论的焦点问题包括作为生产要素之一的"资本"是否可以计算、使用什么单位计算、有没有一个独立于分配和价格的计算单位，以及资本的边际生产率等于利润率的提法是否有意义，如果有的话又是什么样的意义。但是，正像琼·罗宾逊一而再、再而三地强调的那样，这次讨论其实和"资本"的计算和评估问题没有任何关系，和"资本"的含义也没有任何关系，而是和那些被她戏称为"冒牌凯恩斯主义者"的人想要重新建造"凯恩斯之后的前凯恩斯主义理论"的企图相关的：

　　　　它和资本的计算或资本本身都没有任何关系；和它有关系的是废除时间。对于一个一直处在均衡状态的世界来说，未来和过去没有区别，没有历史，也不需要凯恩斯。

　　　　　　　　　　　　　　　　　　（罗宾逊，1973c，第 6 页）

　　或者说，也不需要马克思。

　　人们对所谓的资本理论有所争议，是由于他们想要找到一个适合现代西方经济的模型。有了这个模型，他们就可以对积累问题以及工业生产总值在工资和利润之间分配的问题进行分析……长期积累问题成了人们关注的中心，[这就迫使] 我们必须去理解整体经济中的资本量和利润率的概念。

（罗宾逊，C.E.P.，vol. V，1979，第59~60页）

琼·罗宾逊把人们对她的批评的反应看做是一种意识形态潮流的结果，这一潮流对马克思、凯恩斯和斯拉法的破坏性批判不断作出回应，想要创建一种至少在暗中支持现存社会状况，特别是支持民主资本主义自由市场制度，并且至少在某些重要领域支持放任自由教条的经济理论。

在这里，琼·罗宾逊试图把很多攻击目标同时纳入自己的视野。那些最坚定地支持放任自由政策的人——米尔顿·弗里德曼、罗伯特·卢卡斯、芝加哥学派以及他们在其他地方迅速繁衍的分支机构——正在对他们认为是麻省理工学院和耶鲁大学领头的"冒牌"凯恩斯主义裸露出来的侧翼发动猛攻，而琼·罗宾逊则是对她所看到的其他薄弱环节展开进攻。受到攻击的人可以正义地宣称，他们不仅是左翼凯恩斯主义政策的中道路线的忠实信徒和坚强卫士，而且他们也提供了相当分量的弹药，多年来一直在攻击另一种更加华而不实的看法，即完全自由的市场经济是一个有效的资源配置管理器，是一个能让社会福利最大化的有效武器。正像托宾（1973，第106页，注释1）所说的，"[萨缪尔森] 研究公共利益理论的著作……只是美国和世界的现代经济理论家对放任自由政策在分配上的失误表示关注的一个杰出范例"。因此，如果加以详细考察，琼·罗宾逊那种简化的观点也许有一些错误，可是她的总体论证中却包含了大量的合理成分；这就是她对学界和政界中的保守势力产生懊恼和愤怒的原因。

琼·罗宾逊在辩论中韧性十足，逻辑贯通，总是不断回到正统均衡分析不能处理资本主义经济的基本实情这一主题。也就是说，资本主义经济是在真实的历史时间中存在的；资产阶级商人的投资决定（不是家庭的储蓄决定）是推动经济发展的动力；未来的不确定性以及某些未来预期无法实现，是人们无法逃避的生活现

实，任何一个研究资本主义经济在时间中发展的理论都必须为它找到合适的地位；还有，

> 利息［是］商人使用资金投资时支付的代价，［而］利润则［是］他希望从投资中得到的回报，工资率是用货币的形式确定的，［而］实际工资水平则取决于经济整体的运行情况。
>
> （罗宾逊，*C.E.P.*，vol. V，1979，第59页）

她在这些方面的努力取得成功的一个标志是，萨缪尔森在1975年的《经济学季刊杂志》上承认了她的许多说法的合理性。托宾在为她的《经济学异端》（罗宾逊，1971）和两次剑桥辩论所作的颇为伤感的评论中，对她反复强调处理未来预期的问题表示了赞扬。琼·罗宾逊对瓦尔拉斯持有异议，认为"即使我们把瓦尔拉斯的一般均衡理论加以展开，假定它存在于一切未来时间的一切偶然情况下的一切商品之中，他的一般均衡理论也不是一个真正的答案"（托宾，1973，第109页），托宾在评论中对她所持的这种异议也表示了赞扬。希克斯在其1937年的计量经济学论文"凯恩斯先生和'古典学派'"（希克斯，1937）中，驳斥了与他的这篇论文关系特别密切的凯恩斯的各种理论的诸多方面，他在那里采用了和琼·罗宾逊的方法非常类似的一些方法（具体事例参见希克斯，1976，1977）。此外，和其他一些人一起，尤其是和斯拉法一起，琼·罗宾逊揭示了新古典主义理论的逻辑矛盾。新古典主义试图找到一种分配理论，用以取代古典主义尤其是李嘉图的理论，当然也想取代马克思的理论。琼·罗宾逊对新古典主义的批评在20世纪60年代重新转换和资本逆转的辩论中达到了顶峰。琼·罗宾逊最终认为，这些具体批评和批评的结果都是"不重要的"（罗宾逊，1975c）。她把自己批评的重心放在了更为普遍的方法论证明上，她同时也强调，对模型中存在的社会关系和经济制度作出假设，是经济分析必不可少的基本要求。1971年，她在美国经济学联合会议上发表的关于理查德·伊利的演讲中，指

明了经济理论的第二次危机（第一次是它没有能力处理两次世界大战之间的经济萧条），那就是它缺少一个合适的理论框架来处理现代经济生活当中的严重问题：贫困、种族主义、城市的拥堵和污染、人口增长过剩和战争，等等。

她在综合论文"问题是什么？"（罗宾逊，1977d）中最后一次谈论了所有这些问题。正如我们已经看到的那样，她认为意识形态和经济分析是密不可分地混在一起的，她引用本杰明·沃德（1972，第29~30页）的话支持自己的观点（参见第11章），认为主流意识形态对这门学科发挥着极其重大的影响。她猛烈抨击了罗宾斯在资本主义背景下对经济学的定义：

> 有限的财富可以用于不同的用途，如果把这个问题放在历史时间之中，它就变成自相矛盾的了。在历史时间中，今天只是不可返回的过去和不可预知的未来之间的一个不断移动的点。当然，资源在任何一个具体时刻都是有限的，但在这个具体的时点上，它们几乎没有什么用途可选。
>
> （罗宾逊，1977d，第1320页）

她强烈反对现代经济学把微观和宏观区分开来的做法，认为离开了一个，另一个就不能存在，因为

> 微观问题……如果不参考它们所在的经济结构，[或]不参考经济长期的周期性发展过程，是不能加以讨论的。与此相同，宏观的积累和有效需求问题是微观经济行为的概括……如果没有微观理论，也就不可能有任何宏观理论。
>
> （同上书，第1320页）

还有，正统微观理论的宏观背景就像是一个模糊不清的萨伊定律的世界，直到现在，它在自己各个理论隔断当中分析的对象仍然不是这个世界。

她对国际贸易理论作出了重要贡献。她是第一个把凯恩斯的思想模式系统地运用到开放经济问题分析中的人；她写过一篇关于

第 12 章 结论:琼·罗宾逊的遗产

国际汇兑理论的影响深远的文章(罗宾逊,1937b,第 134~158 页),在那里,她使用国内和国际的出口和进口需求弹性的概念,把马歇尔与勒纳所说的汇兑条件提高到了相当复杂的水平;在她的就职演讲"新重商主义"(罗宾逊,1966a)以及她在曼彻斯特大学所作的演讲(罗宾逊,C.E.P., vol. IV, 1973,第 1~24 页)里,她把自己对正统理论所作的一般批评运用到了国际贸易这一特殊领域当中,提出了一种替代的研究方法。她还顺手写了一篇文章(罗宾逊,1946a;C.E.P., vol. I, 1951),对自马歇尔以来的古典国际贸易理论作了批判说明,目的是"检查一下它为经济会自然而然走向均衡的信念提供了什么样的理论基础"(第 98 页)。

她回到"问题是什么?"的主题上,指出李嘉图(在他以"英国和葡萄牙都在生产布料和葡萄酒"开头的有名的故事里)第一个犯了通过比较不同的均衡点位来分析经济在时间中的变化过程这一弥天大罪。(李嘉图因为是先锋,被她宣判无罪。)必须说明的是,萨缪尔森对此予以否认,他的否认很得体,也很坚决,他还撰写了专门的章节来支持自己的立场(萨缪尔森,1975)。[1] 对于萨缪尔森,琼·罗宾逊则是把他和索洛放在一起,认为他们犯了同样的错误。此外,加雷格纳尼这位琼·罗宾逊和皮耶罗·斯拉法在对新古典主义理论展开进攻时的重要盟友,也在这个问题上和她发生了争执。他认为,对长期经济点位(注意,他说的不是均衡点位,因为均衡是和供求密切相关的一个概念)进行比较,是经济学方法中的基本内容。只是当他们试着把这种方法和他们对供求力量的过分强调结合起来的时候,新古典主义者才犯了错误。他论证认为,他们的理论在这个时候遇到了一个无法逾越的困难,特别是在他们对"资本"需求曲线的描述中,以及在对随后出现的长期均衡点及其稳定性的描述中,这一困难就显得更加无法克服(参见加雷格纳尼,1959,1970,1976b)。这就是说,

---

[1] 参阅我们在第 8 章对她的立场的论证支持。

加雷格纳尼希望保留从古典主义开始的把核心概念——比如说自然价格——和一些持续存在的基本力量联系起来的传统做法。他觉得琼·罗宾逊对正统理论的攻击对这一传统也构成了威胁,而琼·罗宾逊则希望保留古典主义的核心概念,但要剥离它的研究方法。

1981年,琼·罗宾逊在坦纳人类价值论坛上就军备竞赛问题发表了演讲(罗宾逊,1982)。尽管她的题目谈论的是冷战时期,但她的论证却有着更加普遍的意义。她谈论了军事和工业变成复合体的动力渊源,谈论了经济为军备开支给出的合理性证明。这些演讲详细解释了多年来散见于她的各种著作之中的她对军事开支问题的想法和解释。在坦纳演讲中,她认为有三个因素为军备竞赛的持续升级增添了力度。第一个是冷战,也就是意识形态的冲突碰撞。她注意到,自从第二次世界大战以来,军事开支的作用已经从"防务"转变成了"恐吓",甚至进一步转变成了"侵略性"开支。在没有对话或外交的情况下,恐吓政策升级成为提前打击政策。她看到,美国和英国都准备好了动用核武器对恐怖主义集团实施打击,但她相信只有对话才能解决这样的冲突。

第二个因素是首先在科研过程当中,随后在结构——研究结构、工业结构和官僚体制结构,这些结构共同组成了国防工业——的演变和整合中建立起来的军事力量。军事-工业复合体本身的建立,让它确保自己拥有了足够的动力。科学在前进,要让它停下来是很难的,而国内的军火工业也包括了它自身的竞争力量和竞争对手。还有既得利益势力的影响,军事工业带来了收入,而这又依赖于持续的科研投入和合同契约。把既得利益的各种力量合在一起,就形成了海、陆、空三军为了新发明、资金和名誉展开的内部竞争。她论证认为,现代军事工业的复杂性让军队获得了对自身发展方向和国家安全性质的专一管辖权力。来自"敌人"的威胁经常被夸大,帮助这些动力因素继续向前发展。这是一个竞争、保密和地位的文化,选择从中退出都很难,就更不要说站出来公开反对了。然而,罗宾逊认为,科学家要学会客观冷静地进行思考,许多顶级科学家已经站了出来反对军备竞赛。他们对

第12章 结论：琼·罗宾逊的遗产

自己提出的警告也一直表现得焦虑不安。

维持军备竞赛的第三个力量来自军事开支和就业政策之间的联系。凯恩斯已经提出了利用政策干预实现充分就业的可能性，而在第二次世界大战之后的多数环境下，这种做法都取得了成功。"显然，是军事—工业复合体在经济方面取得的成就（尽管它在越南做过了头），为〔和平解决冲突的〕努力设置了障碍"（罗宾逊，1970，第86页）。她认为，经济因素是可以改变的，军工部门是可以转型的，这主要是通过结构调整的办法来完成。她在1961年写道：

> 1958年，美国花在美其名曰"防务"上的开支估计超过了国民生产总值的11%，英国接近8%，也就是大体等于每个国家生产性工业投资的总量……〔因此，〕如果没有额外的牺牲，或者通货膨胀压力不会比我们已经经历过的更大，那么军备竞赛停止的话，工业生产能力的年递增额就应该已经翻了一番。
>
> （罗宾逊，1961）

她觉得这个论点对于那些把外援用于军事目的的发展中国家来说特别中肯。

琼·罗宾逊从短期的立场出发证明，如果把一笔资金从民用消费转移到了军事消费，就业就会下降，单位就业成本就会上升；与此相反，如果资金的使用换个方向，我们看到的就会是让人高兴的结果。"从长期的观点来看，军备竞赛造成的损失实际上是无法计算的"（罗宾逊，1962c；C.E.P., vol. Ⅲ, 1965, 第115页）。从长远来看，高额军备预算会阻碍公共投资，因而抑制和高水平的社会投入相联系的生产率的增长，并由于缺乏高水平的社会投入进一步造成额外的社会成本和经济成本。她建议把军备开支改用到能源生产研究方面。可要想把资源从军事工业转移出来，改用到譬如能源或社会基础结构之中，"会牵涉到一些激烈的政治变动"（罗宾逊，1962c；C.E.P., vol. Ⅲ, 1965, 第115页）。那些不停制造"敌人"、让恐怖文化永垂不朽的人，无论是从他们自己的经济分析的角度，还是从凯恩斯的经济分析的角度来看，都已经不再理智了："恐怖、逻辑混乱还有保密制度造成的隔离，让他们的想法出现奇怪的偏差，脱离了正轨"（罗宾逊，1982，第262页）。

琼·罗宾逊还观察到了美国的"超级大国"地位，注意到了美国的经济规模对世界市场产生的巨大影响。"和整个资本主义世界一道，我们要对美国经济因而也就是世界市场从中获得支持的那些国家感恩图报"（罗宾逊，1962c）。这种说法被她扩展到了英国对美国军工研究的依赖上面，但她不承认英国由于有了这种依赖，因而在战略决策和外交政策方面也缺乏独立性。

她在1970年写道，"冷战的阴影仍然笼罩在舞台上空。这一方面让当局者公开蔑视军备竞赛的反对意见，另一方面又让当局者压制言论自由，因为他们害怕批评会变成背叛"（罗宾逊，1970，第99页）。她在坦纳论坛上指出，核武器"恐吓"的成本当时甚至会更高；恐怖文化仍在滋长，而更加危险的是敌人开始变得各式各样，很难锁定目标。整个社会的经济理性屈从于军事—工业复合体的政治经济理性。

在对琼·罗宾逊的贡献进行讨论的过程中，经常会出现一个令人困惑的问题，那就是她没有写过哪怕是常规意义上的经验主义著作。这个问题的答案可能在于两个方面：第一，她主要关心的是基本理论问题，是定义、概念和逻辑关系所必需的设置，是如何提供一个理论框架；只有先有了理论框架，然后才会有优秀的经验主义著作。第二，她多年的亲密同事——卡恩，当然还有凯恩斯和卡莱斯基——都是传统意义上的优秀的应用经济学家，他们把深入细致地研究特殊环境下的具体制度、历史顺序及其强度当做自己的事业，而任何一个具体的政策建议都有它的局限性。因此，琼·罗宾逊的工作经常对他们的工作作出补充，他们的工作也经常为她的工作作出补充。还有，她的理论研究的很多内容都建立在马歇尔式的经验主义的归纳基础之上，大多是一些泛泛的定性说明，它们要么成了逻辑论证发展的基础，要么成了需要用理论推理加以解释的谜团。

大家知道，琼·罗宾逊欣赏中国的改革实验，对中国的实验也写了大量的论著，而她这类著作的读者比她其他任何著作的读者都多。她激情满怀，见深识广，努力要把复杂多变的具体场景放入一种容易处理的理论框架之中。我们看到，她在这方面的著作包含了一种鼓吹的成分，这是她有意为之，她是想借此抵消正统分子对中国政策的无情批评。

琼·罗宾逊在1953~1978年间8次访问中国。她关于中国的文章可以分成三个阶段。第一个时期包含了她1963年第三次访问中国之前的文章。第一次访问让她搜集到了支持自己论点的证据。她这次访问的所见所闻（还有以前的所见所闻）为她提供了一个试验场所，可以让她凭直觉验证自己对贫穷落后、人口过剩的国家的经济发展问题的看法。在第一阶段里，她的观点和中国右派的观点大体相同，也就是说，要维持高的资本积累率，而高资本积累率的实现又不能把消费，尤其是不太富裕的人的消费牺牲到无法忍受的水平；要在工业中采用利润挂帅的管理办法，避免"官僚主义倾向"的低效和种种弊端；要采用以道德律令为依托的价格政策；要控制人口增长；要实行劳动奖励，通过逐渐集体化的道路提取农业剩余。

在一直持续到1975年的第二阶段中，琼·罗宾逊的观点急剧左转。她认为，社会主义组织建设的问题存在于工业当中，不是农业当中。按照她的想法，人民公社已经解决了在农业中组织劳动力的窘迫问题，她借此批评苏维埃式的工业管理（包括其改革过后的地方化模式）实行利润刺激，以及由于知识的不平等所产生的等级结构。"文化大革命"为创造一种立足于为人民服务的意识形态的合作制度提供了可能。她认为，计划体制不仅受到了天生的官僚主义的困扰，同时也受到了不公平的财产制度的困扰。她对中国实验的满腔热情，转变成了对毛泽东的经济立场和政治立场的拥护。她相信了统计封锁时代人们提供给她的信息，她的分析也就不可避免地受到了信息质量的限制。当她能够把自己从这种扭曲的影响中解救出来的时候,她平时那种敏锐的洞察力就又回到了她的身上。

1976年毛泽东去世之后,她发现中国人没有说真话。这标志着她的第三阶段的开始。随着可以利用的信息越来越多,她纠正了一些记录中的错误。她承认自己曾经带着崇拜的目光看待"文革",她本人也重新回到了支持右派分子经济改革的道路上。我们认为,我们有可能从她对中国经济发展的看法和热情中打捞出一些有用的东西,那就是她关于中国的一套观点,这套观点和两条路线斗争中被戏称为右派的那些人的观点没有多大区别。从整体来讲,现在这套观点在中国占据了主导地位。我们认为,从大体上看,她20世纪50年代在中国进行的演讲和这套观点是前后一致的。

她把卡莱斯基当成冠军,认为他独立发现了《通论》中的一些主要命题。她的这一看法出现在她很多热情洋溢、引人入胜的文章当中。其中,我们特别提到了她1976年和1977年的两篇文章,后者还对卡莱斯基对资本主义的分析作了精确的介绍和准确的解释。还有,她认为"在某些方面,卡莱斯基的解释比凯恩斯的解释更加可靠"(罗宾逊,1977c,第10页),时间正在为她的这一判断作出证明。

她也没有忘记,把知识传播到自己的学科范围之外是知识分子责无旁贷的使命。正像我们在第11章看到的那样,在这方面,她在1962年为"新思想家文库"系列撰写了一本引人入胜、影响很大的《经济哲学》(罗宾逊,1962b;也许,对于大多数马克思主义者来说,这本书波普主义的味道太重了)。阿伦和昂温两次劝她写一些读者面更广的书,于是她写成了为英国经济疾病作诊断的《经济学:尴尬的一隅》(罗宾逊,1966b)以及《自由与必然》(罗宾逊,1970)。如果让琼·罗宾逊来执教的话,这本书就是一门很有挑战性的社会科学入门课程的标准教材。

最后一点,当然不是说这一点最不重要,就是她对学生和学生教育的关心。对于这一点，我们可以在很多地方找到证据。几代剑桥的本科生和研究生都称赞她是一位要求严格、热心奉献的导师，她以前的一些学生在精读了她几本书的序言之后也表示了这样的看法。她经常应邀到世界各地讲学，只要是力所能及的范围内，她从未拒绝过任何邀请。她对本科生教育的奉献，可以在她和伊特维尔合著的备用经济学教科书（1973）中体现出来（参见第10章）。

12.3

琼·罗宾逊最后10年的生活经常抱病在床，也被军备竞赛的问题深深困扰，这点我们可以从她同一题目的坦纳演讲中看出来（罗宾逊，1982）。她在最后几年变得越来越悲观，甚至有些虚无主义。她在1980年新写的两篇论文反映出了她的这些态度。在这两篇文章中，她和阿密特·巴杜里在《剑桥经济学杂志》上发表的合作文章相对乐观一些。更为悲观的一篇是"春季扫除"，后来在她死后以"正常价格理论和经济理论的重建"为题发表在费雯尔的书（1985）中。

巴杜里和琼·罗宾逊指明了斯拉法的批判和分析的作用及其应用。按照他们的解释，他的贡献不仅在于他批评了新古典主义把价格当做供求关系理论框架中资源稀缺程度的指标的想法，而且他是从思想实验的角度对生产、分配和技术变化问题进行思考。他们的结果随后被移植到了凯恩斯的方法当中，而按照琼·罗宾逊的看法，凯恩斯的方法可以利用马克思与卡莱斯基的理论框架，在历史时间中对运动规律进行分析，而不是像斯拉法的批评所说的那样在逻辑时间中进行。与此相比，"春季扫除"激进得多。她呼吁清扫整个房子，不是只清扫阁楼，也就是说一切重新开始。

琼·罗宾逊死于1983年8月。1982年秋冬学期，她在美国威廉姆斯学院带薪讲学一个学期；参阅玛乔丽·特纳的《琼·罗宾逊与美国人》中朱丽叶·肖尔的叙述（1989，第 204~207 页）。就在她于 11 月底返回剑桥之后，大约在一个月的时间里，她心情压抑，无所适从，随后得了严重的中风，再也没有苏醒过来。

正像我们看到的那样，琼·罗宾逊在她生命的最后几年中经常谈到为她撰写评论的那些人。她说："我希望他们不要再对我阿谀奉承，而是回答我的问题。"对于一个特别的人来说，这是一个严厉的判断，这个人就是保罗·萨缪尔森。保罗·萨缪尔森确实想要在她活着的时候回答她的那些问题，在她去世之后也给她献上了一篇优美的颂歌。他在书中（1989）描述了她如何改变了他以前对主要的长期过程的看法：

> 我从琼·罗宾逊那里学到的东西，要比她在课堂上讲的多得多。我学到的，不是新古典主义所说的可以分辨的一般模式是特殊的因而是错误的，而是新古典主义的常用技术未必和利率相对较低、稳定状态下的产量相对较高这一结论有什么关系。我曾经认为，这一特性可以从最简单的单一生产部门模型中概括出来，也可以运用到更具普遍意义的一般情况当中。
>
> （第 137 页）

在可能是他们的最后一次公开交流中，鲍勃·索洛（他欣赏琼·罗宾逊，也同样被琼·罗宾逊所苦）同意了萨缪尔森的看法：

> 从更一般的意义来看，而且也是更重要的，即使给它加上所有标准的前提假设，我们都不能认为利息较低的稳定状态下工人人均消费较高。[他]觉得这一结果并不是那么难以忍受，[因为它发生]在新古典主义前提假设的框架之中，[因此，对他来说最坏的情况是]对这一结果来个漂亮的吻别。
>
> （第 51~52 页）

弗兰克·哈恩（1989，第 909 页）始终顽固不化，他说自己并不觉得她或者她的著作会被很多人记住，可他还是承认她提出了一些重要问题,对货币理论有着深刻认识。我们注意到,劳伦斯·克莱因(1989)对她的多方面才能十分欣赏,认为《资本积累》的前 100 页左右是介绍我们这一"悲惨学科"(凯恩斯,C.W., vol. XIV, 1973b,第 190 页)的最好的著作之一,因为它"彻底道破了[这门学科的]基本方面"(第 258 页)。如同既往,肯·阿罗(1989)还是那么思维敏捷,宽宏大量,而狄克·古德温这个琼·罗宾逊的长期崇拜者——他总是承认她对自己的思想产生了重大影响——则描述了她非凡的经济学直觉(就她而言,她的经济学直觉没有得到训练有素的数学才能的帮助):

> 有一次她给了我一篇两个部门的动态模型的文章……对于这个动态模型,我说两个部门都会展示出两种运动方式。她打断我,说我错了……只有一种。我否认了这种看法……我很烦,后来……发现她是对的。
>
> (古德温,1989,第 916 页)

我们注意到,路易吉·帕西内蒂为《新帕尔格雷夫》撰写的琼·罗宾逊的词条(1987)对她这个人和她的贡献作了精彩叙述。帕西内蒂强调了她的贡献中集体合作的一面,同时也强调了她自己的创新精神。这些特征在《不完全竞争经济学》和《通论》的写作过程中都表现得很明显,《凯恩斯论文选》也提供了雄辩有力的证明,尽管其中的讨论很多都是以口头语言的形式进行的。帕西内蒂在讨论中揭示了资本理论争议的主题内容,也说明了琼·罗宾逊对这些问题最终进行了低调处理。他写道:

> 在这个时候,琼·罗宾逊的工作和那个有名的剑桥经济学家小组那些人的工作合到了一起……他们接管并扩大了由凯恩斯发起的对正统经济理论的挑战。[他们]发动了一种显然远未完善的思想潮流。但其基本特征……已足够明显……他们下定决心,要把经济理论研究的全部重心从限定资源合理分配的问题中转移出来……转移到对工业社会的动力负有直接责任的

基本因素上去。

(第216页)①

在他对琼·罗宾逊的权威性理解中，已故的恰克拉瓦弟(1983)强调了她的认真精神，"经济学不是为了自身的缘故所玩的一场游戏。她深切关注与经济问题相关联的社会问题，也更看重经济学家的严肃态度和人格的完整，而不是他解决学术问题的能力"(第1716页)。正像她的答案一直含义深远一样，她也"留给了我们一套极为丰富的问题，可以让我们在未来的一些年内潜心研究，以期取得丰硕的成果"(第1716页)。

最后，我们在发表于英皇学院1984年10月的《年度报告》上的她的讣告——由她的同事、密友和对手卡尔多起草——中读到了这样一段话：

> 毫不夸张地说，琼·罗宾逊被广泛认为是继凯恩斯之后和剑桥经济学院联系的最显赫的名字。作为一个教师，她是杰出的……作为一个作者，她是多产的……作为一个争论者，她时常发出惊人的声音……她对自己的观点信心十足，同时她也急切地审视每一条经济"事实"，做好了随时修正自己观点的准备，如果这些观点与她一直研究的前提假设互相矛盾的话。她表面上看有点冷漠无情，不好接触，可这一外表背后是一颗热情洋溢、悲天悯人的伟大心灵。

我们从琼·罗宾逊那里学到了什么？什么是她留给我们这一职业未来一代最有价值的经验教训呢？第一，她教给我们要经常审查理论的概念基础。理论本身应该从实际情况出发，从实际社会明确的"游戏规则"、典章制度、过去的历史和确定无疑的社会特征出发。在对这些问题进行分析的时候，我们要问：我们希望在什么样的抽象水平上进行论证，我们正在设法回答的是些什么样

---

① 这是帕西内蒂(2007)的重要论题，他在那本书中对未来发展的方向作了概括。

的问题?(譬如正像我们看到的那样,她在晚年留给我们两个有时互相交叉的研究任务,她的伊利演讲"经济理论的第二次危机"(1972),以及"问题是什么?"(1977c)。)我们的目标应该是创造一种包含社会基本因素在内的理论,从这里出发,把这些因素当做我们基本的理论成分,在一种充分简化的形式中,清楚认识它们之间正在运作的各种关系,以及它们是如何明确地纠缠在一起的。还有,我们应该一直小心,要明确说明哪些分析适合于我们提出的问题。也许就像我们看到的那样,最重要的是我们应该时刻牢记她的这条指令:"研究经济的目的,不是要为经济问题找到一套现成的答案,而是要学会如何不被经济学家欺骗"(罗宾逊,1955;$C.E.P.$,vol. II,1960,第 17 页)。

  作为全书的结尾,我们说,罗宾逊对别人可能经常很严厉,也有失公允,可她对自己也同样非常严格;最重要的是,正像迪克·古德温所说的那样,她是一个"满怀激情的真理追求者"。鲁斯·科恩在她 1983 年 10 月的纪念仪式上告诉我们:"对于她正在研究的事情,她始终坚持自己的论点,不屈不挠……经常令人非常惊骇。"我们看到,随着年龄的增长,她的写作越来越带上了"冰山一角"的特点。像许多上了年纪的经济学家一样,她想当然地认为读者和她一样,对淹没在水中的那一部分知道了很多。未来的几代人应该接受她透露给我们的诱人启发,要重读她的著作,寻找她的著作表现出来的智慧、活力、见识和敏锐的理解能力,寻找她的著作表现出来的诚实和勇敢。

  她基本上是个内向的人,但这种内向不是通常含义上的。这是说,她在自己的"店铺"外面几乎沉默寡言(但她的这个"店铺"中包含了大量问题,许多问题也超出了她相当宽泛的经济学知识的范围)。还有,她重视友谊,对朋友热情激烈,甚至经常表现出堂吉诃德般的愚忠。她可能会非常敏锐,非常善良,曾向别人表示歉意,尽管她的歉意表示得有些简单生硬。她也可能会对人作出匆忙判断,因而经常是错误的,可话说回来,她毕竟也只是个人。我们注意到她曾经说过自己不是一个好母亲,但却是一个好祖母。和以前一样，她这次给自己的判断也过于匆忙了一些。至少，她的女儿们就不同意她的判断的前一部分。大概是在哈考特最后一次见她的时候，她的长孙，一个热情奔放的加拿大民主派优秀青年，正在她最后一次生病的医院病床上和祖母聊天。显然，他们之间早已建立了紧密联系，这让他们现在可以和以前一样进行交流。琼·罗宾逊注定不会看到民主、公正和平等的社会，可她深切希望自己的学科会创造出这样一个社会。她的天性、阶级和成长环境让她很难成为这样一个社会的舒适成员，可她自己的家庭和孩子们却具备了那些必要的先决条件，具备了创造这样的社会并舒服地在这样的社会生活所必需的态度和价值观。

参考文献

Ambrosi, G. M. (2003) *Keynes, Pigou and Cambridge Keynesians. Authenticity and Analytical Perspective in the Keynes–Classics Debate*, Houndmills, Basingstoke, Hants: Palgrave Macmillan.

Araujo J. and G. C. Harcourt(1993) "Accumulation and the rate of profits: reflections on the issues raised in the correspondence between Maurice Dobb, Joan Robinson and Gerald Shove" and "An addendum", *Journal of the History of Economic Thought*, 15, 1 – 30; reprinted in Harcourt(1995b) and Kerr with Harcourt(eds.) (2002), vol. II, 239 – 67.

Arrow, K. J. (1989) "Joan Robinson and modern economic theory: an interview" in Feiwel (ed.) (1989b), 147 – 35.

Asimakopulos, A. (1969) "A Robinsonian growth model in one-sector notation", *Australian Economic Papers*, 8, 41 – 58; reprinted in Kerr with Harcourt(eds.) (2002), vol. III, 119 – 36.

——(1970) "A Robinsonian growth model in one-sector notation. An amendment", *Australian Economic Papers*, 9, 171 – 6; reprinted in Kerr with Harcourt(eds.) (2002), vol. III, 137 – 43.

——(1984) "Joan Robinson and economic theory", *Banco Nazionale del Lavoro Quarterly Review*, 37, 381 – 409; reprinted in Kerr with Harcourt(eds.) (2002), vol. V, 440 – 65.

——(1991) *Keynes's General Theory and Accumulation*, Cambridge: Cambridge University Press; section on "Robinson on the accumulation of capital", 166 – 87; reprinted in Kerr with Harcourt(eds.) (2002), vol. III, 144 – 63.

Aslanbeigui, N. and G. Oakes (2006) " 'Joan Robinson's 'secret document': a passage from the autobiography of an analytical economist", *Journal of the History of Economic Thought*, 28, 413 – 26.

——(2007) "The young Joan Robinson", mimeo.

Barens, I. (ed). (2005) *Political Events and Economic Ideas*, Cheltenham: Edward Elgar.

Barna, T. (1957) "Review of Joan Robinson (1956a)", *Economic Journal*, 67, 490 – 3; reprinted in Kerr with Harcourt (eds.) (2002), vol. III, 30 – 3.

Berg, M. (ed.) (1990) *Political Economy in the Twentieth Century*, New York, London: Philip Allan.

Berrill, K. (ed.) (1964) *Economic Development with special Reference to South East Asia*, London: Macmillan.

Bhaduri, A. (1969) "On the significance of recent controversies on capital theory: A Marxian view", *Economic Journal*, 79, 532 – 9; reprinted in Kerr with Harcourt (eds.) (2002), vol. IV, 117 – 24.

Bhaduri, A. and J. Robinson (1980) "Accumulation and exploitation: An analysis in the tradition of Marx, Sraffa and Kalecki", *Cambridge Journal of Economics*, 4, 103 – 15.

Bliss, C. J. (1975) *Capital Theory and the Distribution of Income*, Amsterdam: North Holland; New York: Elsevier.

Boianovsky, M. (2005) "Some Cambridge reactions to *The General Theory*: David Champernowne and Joan Robinson on full employment", *Cambridge Journal of Economics*, 29, 73 – 98.

Brown, M., K. Sato and P. Zarembka (eds.) (1976) *Essays in Modern Capital Theory*, Amsterdam: North Holland.

Cairncross, A. (1993) *Austin Robinson: the life of an Economic Advisor*, Basingstoke: Macmillan; Now York: St. Martin's Press.

Cambridge Journal of Economics, (1983) Special Memorial Issue for Joan Robinson, September/December, 7 (3/4), Oxford University Press for the Cambridge Political Economy Trust.

Chakravarty, S. (1983) "Joan Robinson: An appreciation", *Economic and Political Weekly*, 18, 1712 – 6.

Chamberlin, E. H. (1933) *The Theory of Monopolistic Competition. A Reorientation of the Theory of Value*, Cambridge, MA: Harvard University Press.

Champernowne, D. G. (1953 – 4) "The production function and the theory of capital: a comment", *Review of Economic Studies*, 21, 112 – 35; reprinted in Kerr with Harcourt (eds.) (2002), vol. III, 233 – 63.

Chang, Ha-Joon (2007) *Bad Samaritans. Rich Nations, Poor Policies and the Threat to the Developing World*, London: Random House Business Books.

Chossudowsky, E. M. (1943) "Review of Joan Robinson (1942b)", *Economica*, IX,

389 - 92.

Clower, R. W. (1961) "Review of Joan Robinson (1960a)", *American Economic Review*, 51, 701 - 2; reprinted in Kerr with Harcourt (eds.) (2002), vol. III, 164 - 5.

Cohen, R. (1983) "Address" at the Memorial Service in King's College Chapel, 29 October.

Cohen, A. J. and G. C. Harcourt (2003) "Whatever happened to the Cambridge Capital Theory controversies?", *Journal of Economic Perspectives*, 17, 199 - 214.

Cole, G. D. H. (1930) "Introduction" to Marx (1930).

Dardi, M. (1996) "Imperfect competition and short-period economics" in Marcuzzo, Pasinetti and Roncaglia (eds.) (1996), 29 - 35; reprinted in Kerr with Harcourt (eds.) (2002), vol. I, 355 - 61.

Davidson, P. (1972) *Money and Real World*, London: Macmillan (2nd edn, 1978).

Dobb, M. H. (1932) *On Marxism Today*, London: Hogarth Press.

——(1935) "A criticism of some trends in modern economic theory", an unpublished lecture delivered to the Economics Society, Copenhagen, transcribed from notes archived in the Dobb Papers, Wren Library, Trinity College, Cambridge by Roy J. Rotheim, Skidmore College, Saratoga Springs, New York.

——(1937, 1940) *Political Economy and Capitalism*, London: George Routledge and Sons.

——(1941) "A review of the discussion concerning economic theory in its application to a socialist economy", *Revue de la Faculte des Sciences Economique de l'Universite d'Istanbul*, 155 - 167.

——(1948) *Soviet Economic Development since 1917*, London: Routledge and Kegan Paul.

——(1951) *Some Aspects of Economic Development. Three Lectures*, Delhi: Ranjit Printers and Publishers.

——(1954) "A note on the so-called degree of capital-intensity of investment in underdeveloped countries", *Economie Appliquee*, VII, 3; reprinted in Dobb (1955).

——(1955) *On Economic Theory and Socialism*, London: Routledge and Kegan Paul.

——(1973) *Theories of Value and Distribution since Adam Smith*, Cambridge: Cambridge University Press.

——(1975) "Revival of political economy: an explanatory note", *Economic Record*, 51, 357 - 9.

Dougherty, C. R. S. (1972) "On the rate of return and the rate of profit", *Economic Journal*, 82, 1324 – 50.

Duesenberry, J. S. (1949) *Income, Saving and the Theory of Consumer Behaviour*, Harvard: Harvard University Press.

Durbin, E. (1985) *New Jerusalems. The Labour Party and the Economics of Democratic Socialism*, London: Routledge and Kegan Paul.

Eatwell, J. L. (1977) "Portrait: Joan Robinson", *Challenge*, 20, 64 – 5.

—— (1983) "The long-period theory of employment", *Cambridge Journal of Economics*, 7, 269 – 85; reprinted in Kerr with Harcourt (eds.) (2002), vol. II, 40 – 63.

Eatwell, J., Milgate and P. Newman (eds.) (1987) *The New Palgrave: A Dictionary of Economics*, vol. 4, Q to Z, London: Macmillan.

Edwards, C. (1933) "Review of Joan Robinson (1933a)", *American Economic Review*, 23, 683 – 5; reprinted in Kerr and Harcourt (eds.) (2002), vol. I, 160 – 2.

Ellis, H. S. (1948) *A survey of Contemporary Economics*, Philadelphia: Blakiston Co.

Fay, C. R. (1942) "Review of Joan Robinson (1942b)", *Cambridge Review*, June 13.

Feinstein, C. H. (ed.) (1967) *Socialism, Capitalism and Economic Growth: Essays presented to Maurice Dobb*, Cambridge: Cambridge University Press.

Feiwel, G. R. (ed.) (1985) *Issues in Contemporary Macroeconomics and Distribution*, London: Macmillan.

—— (ed.) (1989a) *The Economics of Imperfect Competition and Employment. Joan Robinson and Beyond*, London: Macmillan.

—— (ed.) (1989b) *Joan Robinson and Modern Economic Theory*, London: Macmillan.

Ferguson, C. E. (1969) *The Neoclassical Theory of Production and Distribution*, Cambridge: Cambridge University Press.

—— (1972) "The current state of capital theory: a tale of two paradigms", *Southern Economic Journal*, 39, 160 – 76; reprinted in Kerr and Harcourt (eds.) (2002), vol. IV, 271 – 95.

Findlay, R. (1963) "The Robinsonian model of accumulation", *Economica*, 30, 1 – 12; reprinted in Kerr with Harcourt (eds.) (2002), vol. III, 72 – 84.

Flanders, A. (1943) "Marxian and modern economics: review of Joan Robinson (1942b)", *Socialist Commentary*, January.

Flatau, P. (2001) "Some reflections on the 'Pigou–Robinson' theory of exploitation", *History of Economics Review*, Winter, 1 – 16.

Galbraith, J. K. (1948) "Monopoly and the concentration of economic power" in Ellis (ed.) (1948), 99 – 128.

——(1958) *the Affluent Society*, Boston: Houghton Mifflin.

Galloway, L. and V. Shukla(1974) "The neoclassical production function", *American Economic Review*, 64, 348 – 58; reprinted in Kerr with Harcourt (eds.) (2002), vol. IV, 315 – 30.

Garegnani, P. (1959) "A problem in the theory of distribution from Ricardo to Wicksell", unpublished PhD dissertation, Cambridge University.

——(1970) "Heterogeneous capital, the production function and the theory of distribution", *Review of Economic Studies*, 37, 407 – 36, and "A reply", 439; reprinted in Kerr with Harcourt(eds.) (2002), vol. IV, 19 – 59.

——(1976a) "The neoclassical production function: comment", *American Economic Review*, 66, 424 – 7.

——(1976b) "On a change in the notion of equilibrium in recent work on value and distribution" in Brown, et al. (eds.) (1976), 25 – 45.

——(1996) "The long – period theory of aggregate demand in a 1936 article by Joan Robinson", in Marcuzzo, Pasinetti and Roncaglia(eds.) (1996), 67 – 74; reprinted in Kerr with Harcourt(eds.) (2002), vol. II, 64 – 72.

Gibson, B. (ed.) (2005) *Joan Robinson's Economics. A Centennial Celebration*, Cheltenham, Gloucestershire, UK; Northampton, MA, USA: Edward Elgar.

Goodwin, R. M. (1967) "A growth cycle" in Feinstein(ed.) (1967), 54 – 8.

——(1989) "Joan Robinson – passionate seeker after truth" in Feiwel (ed.) (1989b), 916 – 7.

Gram, H. (2005) "Expectations and the capital controversy" in Gibson (ed.) (2005), 109 – 22.

Gram, H. and V. Walsh (1983) "Joan Robinson's economics in retrospect", *Journal of Economic Literature*, 21, 518 – 50; reprinted in Kerr with Harcourt(eds.) (2002), vol. V, 365 – 406.

Gurley, J. G. (1974) "Review of Joan Robinson and John Eatwell (1973)", *Economic Journal*, 84, 447 – 50; reprinted in Kerr with Harcourt(eds.) (2002), vol. V, 305 – 7.

Hahn, F. H. (1972) "Review of Joan Robinson (1971)", *Economica*, 39, 205 – 6; reprinted in Kerr with Harcourt(eds.) (2002), vol. V, 18 – 20.

——(1973) *On the Notion of Equilibrium in Economics. An Inaugural Lecture*, Cambridge: Cambridge University Press.

——(1989) "Robinson – Hahn love – hate relationship: an interview" in Feiwel (ed.) (1989b), 895 – 910.

Harcourt, G. C. (1963) "A simple Joan Robinson model of accumulation with one technique: a comment", *Osaka Economic Papers*, 9, 24 – 8.

——(1969) "Some Cambridge controversies in the theory of capital", *Journal of Economic Literature*, 7, 369 – 405.

——(1972) *Some Cambridge Controversies in the Theory of Capital*, Cambridge: Cambridge University Press.

——(1976) "The Cambridge controversies: old ways and new horizons or dead-ends?", *Oxford Economic Papers*, 28, 25 – 65; reprinted in Sardoni (ed.) (1992), 130 – 65.

——(1979) "Robinson, Joan" in Sills (ed.) (1979), 663 – 7.

——(1982a) "Occasional portraits of the founding post-Keynesians: Lorie Tarshis (or, Tarshis on Tarshis by Harcourt)" in Harcourt (1982b), 362 – 75.

——(1982b) *The Social Science Imperialists*, P. Kerr (ed.), London: Routledge and Kegan Paul.

——(ed.) (1985) *Keynes and his Contemporaries*, Houndsmills, Basingstoke, Hants: Macmillan.

——(1990a) "Joan Robinson's early views on method", *History of Political Economy*, 22 (3), 411 – 27; reprinted in Kerr with Harcourt (eds.) (2002), vol. V, 24 – 40.

——(1990b) "On the contributions of Joan Robinson and Piero Sraffa to economic theory", in Berg (ed.) (1990), 35 – 67.

——(1991) "R. F. Kahn: a tribute", *Banco Nazionale del Lavoro Quarterly Review*, 176, March, 15 – 30; reprinted in Harcourt (1993), 51 – 65.

——(1993) *Post-Keynesian Essays in Biography. Portraits of Twentieth Century Political Economists*, Basingstoke, Hans: Macmillan.

——(1994) "Kahn and Keynes and the making of the *General Theory*", *Cambridge Journal of Economics*, 18, 11 – 23; reprinted in Harcourt (1995b), 47 – 62.

——(1995a) "Some reflections on Joan Robinson's changes of mind and the relationship of them to Post – Keynesianism and the economics profession" in Harcourt (1995b), 107 – 119, and in Marcuzzo, Pasinetti and Roncaglia (eds.) (1996), 317 – 29.

——(1995b) *Capitalism, Socialism and Post-Keynesianism. Selected Essays of G. C. Harcourt*, Aldershot, UK; Brookfield, US: Edward Elgar.

——(1995c,2001a)"Lorie Tarshis,1911 – 1993:an appreciation",*Economic Journal*, 105,1244 – 55;reprinted in Harcourt(2001a),114 – 30.

——(1995d,2001a)"Joan Robinson,1903 – 1983",*Economic Journal*,105,1228 – 43; reprinted in Harcourt(2001a),91 – 113.

——(1997a)"Edward Austin Gossage Robinson 1897 – 1993",*Proceedings of the British Academy*,94,707 – 31;reprinted in Harcourt(2001a),131 – 56.

——(1997b)"Pay policy,accumulation and productivity",*Economic and Labour Relations Review*,8,78 – 9;reprinted in Harcourt(2001b),263 – 75.

——(1998,2001a)"Two views on development;Austin and Joan Robinson",*Cambridge Journal of Economics*,22,367 – 77;reprinted in Harcourt(2001a),306 – 22.

——(2001a)*50 Years a Keynesian and Other Essays*,Hampshire:Palgrave Macmillan.

——(2001b)*Selected Essays on Economic Policy*,Hampshire:Palgrave Macmillan.

——(2002)"Review of J. Toye(2000)",*Economic Journal*,112,391 – 3.

——(2006a)"Paul Samuelson on Karl Marx:were sacrificed games of tennis worth it?"in Szenberg,Ramrattan and Gottesman(eds.)(2006),127 – 41.

——(2006b)*The Structure of Post–Keynesian Economics. The Core Contributions of the Pioneers*,Cambridge:Cambridge University Press.

Harcourt,G. C. and P. Kerr(1996)"Marx,Karl Heinrich(1818 – 83)"in Warner(ed.)(1996),3388 – 95;reprinted as "Karl Marx,1818 – 83"in Harcourt(2001a),157 – 68.

——(eds.)(2002)*Joan Robinson*,*Archive Edition*,Hampshire:Palgrave Macmillan.

Harcourt,G. C. and P. A. Riach(eds.)(1997)*A"Second Edition" of The General Theory*, 2 vols,London:Routledge.

Harris,D.(1975)"The theory of economic growth:a critique and reformulation",*American Economic Review*,*Papers and Proceedings*,65,329 – 37.

——(1978)*Capital Accumulation and Income Distribution*,Stanford,CA:Stanford University Press.

Harris,J. P. and M. P. Todaro(1970)"Migration,employment and economic development:a two sector analysis",*American Economic Review*,60,126 – 42.

Harrod,R. F.(1930)"Notes on supply",*Economic Journal*,vol. 40,232 – 41.

——(1931)"The law of decreasing cost",*Economic Journal*,41,566 – 76.

——(1936)*The Trade Cycle. An Essay*,Oxford:Clarendon,Press.

——(1937)"Review of Joan Robinson(1937b)",*Economic Journal*,47,326 – 30;reprinted in Kerr with Harcourt(eds.) (2002) ,vol. II ,11 – 14.

——(1939) "An essay in dynamic theory" , *Economic Journal*, 49 , 14 – 33 ; reprinted in Kerr with Harcourt(eds.) (2002) , vol. III ,7 – 24.

——(1942) " 'Economic man' : review of Joan Robinson" , *Essay on Marxian Economics*, *The Observer*, 19 July 1942.

——(1948) *Towards a Dynamic Economics. Some Recent Developments of Economic Theory and their Application to Policy*, London: Macmillan.

Hawtrey, R. G. (1937) "Review of Joan Robinson (1937b)" , *Economic Journal*, 47 , 455 – 60 ; reprinted in Kerr with Harcourt(eds.) (2002) ,vol. II ,5 – 10.

Hayek, F. A. von(1931a) *Prices and Production*, London: George Routledge and Sons.

——(1931b) "Reflections on the pure theory of money of Mr. J. M. Keynes" , *Economica*, XI , 270 – 95.

——(1931c) "A rejoinder to Mr. Keynes" , *Economica*, XI , 398 – 403.

——(1932a) "Reflections on the pure theory of money of Mr. J. M. Keynes, Part II " , *Economica*, XII , 22 – 44.

——(1932b) "Money and capital: a reply" , *Economic Journal*, 42 , 237 – 49.

Helleiner, G. K. (1980) "Review of Joan Robinson(1978c)" , *Canadian Journal of Economics*, 13 , 515 – 17.

Hicks, J. R. (1932) *The Theory of Wages*, London: Macmillan.

——(1937) "Mr. Keynes and the 'Classics' : a suggested interpretation" , *Econometrica*, 5 , 147 – 59.

——(1939) *Value and Capital. An Inquiry into Some Fundamental Principles of Economic Theory*, Oxford: Clarendon Press.

——(1963) *The Theory of Wages*, London: Macmillan(2nd edn).

——(1976) "Some questions of time in economics" in A. M. Tang, F. M. Westfield and J. S. Worley(eds.) (1976) ,135 – 51.

——(1977) *Economic Perspectives: Further Essays on Money and Growth*, Oxford: Clarendon Press.

Howson, S. (1988) " 'Socialist' monetary policy: monetary thought in the Labour Party in the 1940s" , *History of Political Economy*, 20(4) , 543 – 65.

Hymer, S. (1976) *The International Operations of National Firms: A Study of Direct Foreign Investment*, Cambridge, MA: MIT Press.

"Increasing returns and representative firm: a symposium" , *Economic Journal* (1929 –

30),40,76 – 116.

Jackson,T. A. (1943) "Some flowers for Marx's grave", *The Plebs*, May.

Johnson,H. G. (1951 – 2) "Some Cambridge controversies in monetary theory", *Review of Economic Studies*,19,90 – 104.

——(1962) "A simple Joan Robinson model of accumulation with one technique", *Osaka Economic Papers*,10,28 – 33.

——(1974) "Cambridge in the 1950s: memoirs of an economist", *Encounter*, 62, 28 – 39.

Kahn,R. F. (1929,1989) *The Economics of the Short Period*, Basingstoke, Hants: Macmillan.

——(1931) "The relations of home investment to unemployment", *Economic Journal*, 41,173 – 98.

——(1937) "The problem of duopoly", *Economic Journal*,47,1 – 20.

——(1959) "Exercises in the analysis of growth", *Oxford Economic Papers*, 11, 143 – 56; reprinted in Kahn (1972) and in Kerr with Harcourt (eds.) (2002), vol. III, 41 – 53.

——(1972) *Selected Essays on Employment and Growth*, Cambridge: Cambridge University Press.

——(1985) "The Cambridge Circus(1)", in Harcourt(ed.) (1985),42 – 51.

Kaldor, N(1934a) "Mrs Robinson's *Economics of Imperfect Competition*", *Economica*,3, 335 – 41; reprinted in Kerr with Harcourt(eds.) (2002), vol. I ,152 – 9.

——(1934b) "A classificatory note on the determinateness of static equilibrium", *Review of Economic Studies*,1,122 – 36.

——(1939) "Speculation and economic stability", *Review of Economic Studies*,7,1 – 27.

——(1954) "The relation of economic growth and cyclical fluctuations", *Economic Journal*,64,53 – 71.

——(1955 – 6) "Alternative theories of distribution", *Review of Economic Studies*, 23, 83 – 100.

——(1957) "A model of economic growth", *Economic Journal*,67,591 – 624.

——(1959a) "Economic growth and problem of inflation: Part I ", *Economica*, 26, 212 – 26.

——(1959b) "Economic growth and problem of inflation: Part II ", *Economica*, 26, 287 – 98.

——(1961)"Capital accumulation and economic growth", in Lutz and Hague(eds.)(1971),177-222.

——(1984)"Joan Robinson,1903-83",*Annual Report*,King's College,Cambridge,32-34;reprinted in Kerr with Harcourt(eds.)(2002),vol. V,487-9.

——(1996)*Causes of Growth and Stagnation in the World Economy*,Cambridge:Cambridge University Press.

Kaldor,N.,J. Robinson,A. A. Evans,E. F. Schumacher and P. L. Yates(eds.)(1943)*Planning for Abundance*,London:National Peace Council;Peace Aims Pamphlet no. 21.

Kaldor,N. and J. A. Mirrlees(1962)"A new model of economic growth",*Review of Economic Studies*,29,174-92.

Kalecki,M.(1936)"Pare uwag o teorii Keynesa"[Some remarks on Keynes's theory],*Economista* 3;reprinted in J. Osiatynski(ed.)(1990)*Collected Works of Michal Kalecki*,vol. I:*Capitalism,Business Cycles and Full Employment*,Oxford:Clarendon Press.(also translated and edited by Targetti and Kinder-Hass(1982)).

——(1939a)*Essays in the Theory of Economic Fluctuations*,London:Allen and Unwin.

——(1939b)"Money and real wages",published in Polish(trans. 1966);in *Collected Works of Michal Kalecki*,vol II (1991).

——(1943)"Political aspects of full employment",*Political Quarterly*,vol. 14,322-31.

——(1955)"The problem of financing Indian economic development",*Indian Economic Review*,2,1-22.

——(1968)"Trend and business cycles reconsidered",*Economic Journal*,78,263-76;reprinted in Kalecki(1971),165-83.

——(1971)*Selected Essays on the Dynamics of the Capitalist Economy,1933-1970*,Cambridge:Cambridge University Press.

——(1976)*Essays on Developing Economies*,Sussex:Harvester Press.

——(1990-7)*Collected Works of Michal Kalecki*,7 vols,J. Osiatynski(ed.),Oxford:Oxford University Press.

Kerr,P.(2004)"Joan Robinson on post-war Britain's prospects",*Contributions to Political Economy*,23,1-8.

——(2008)"Joan Robinson and Ethics" in *Handbook on Economics and Ethics*,I. Van Staveren and J. Peil(eds.),Cheltenham:Edward Elgar.

Kerr,P. in collaboration with G. C. Harcourt(eds.)(2002)*Joan Robinson:Critical Assessments of Leading Economists*,5 vols,London and New York:Routledge.

Keynes, J. M. (1926) "The end of laissez-faire", *C. W.*, vol. IX, 1972, 272 – 94.
—— (1930) *A Treatise on Money*, 2 vols, London: Macmillan, *C. W.*, vols V – VI, 1971.
—— (1931a) "The Pure Theory of Money: A reply to Dr. Hayek", *Economic*, XI, 387 – 97.
—— (1931b) *Essays in Persuasion*, *C. W.*, vol. IX, 1972.
—— (1932) "Keynes's reader's report to Macmillan", *C. W.*, vol. XII, 1973, 866 – 68; reprinted in Kerr with Harcourt(eds.) (2002), vol. I, 149 – 151.
—— (1933a) "The means to prosperity", *C. W.*, vol. IX, 1972.
—— (1933b) *Essays in Biography*, *C. W.*, vol. X, 1972.
—— (1936) *The General Theory of Employment, Interest and Money*, London: Macmillan, *C. W.*, vol. VII, 1973.
—— (1937) "The general theory of employment", *Quarterly Journal of Economics*, 51, 209 – 23; reprinted in *C. W.*, vol. XIV, 1973, 109 – 23.
—— (1945) "The concept of a capital budget", *C. W.*, vol. XXVII, 1980.
—— (1973a) *The General Theory and After. Part I: Preparation*, *C. W.*, vol. XIII.
—— (1973b) *The General Theory and After. Part II: Defence and Development*, *C. W.*, vol. XIV.
—— (1979) *The General Theory and After. A Supplement*, *C. W.*, vol. XXIX, London: Macmillan.
King, J. E. (1998) "'Your position is thoroughly orthodox and entirely wrong': Nicholas Kaldor and Joan Robinson, 1933 – 83", *Journal of History of Economic Thought*, 20, 411 – 32.
—— (2001) "Labour and unemployment" in Pressman and Holt(eds.) (2001).
—— (2005) "Planning for abundance: Nicholas Kaldor and Joan Robinson on the Socialist reconstruction of Britain" in Barens(ed.) 206 – 34.
—— and G. C. Harcourt(1995) "Talking about Joan Robinson: Geoff Harcourt in conversation with John King", *Review of Social Economy*, LIII, 31 – 64.
—— and A. Millmow(2003) "Death of a revolutionary textbook", *History of political Economy*, 35:1, 105 – 34.
Klein, L. R. (1989) "The economic principles of Joan Robinson" in Feiwel (ed.) (1989b), 258 – 63; reprinted in Kerr with Harcourt(eds.) (2002), vol. V, 218 – 23.
Kregel, J. A. (1973) *The Reconstruction of Political Economy: An Introduction to Post-Keynesian Economics*, London: Macmillan.

——(1976)"Economic methodology in the face of uncertainty: The methods of Keynes and the post-Keynesians", *Economic Journal*, 86, 209 – 25.

Kregel, J. A. (1983) "The microfoundations of the generalisation of *The General Theory* and 'bastard Keynesianism': Keynes's theory of employment in the long and the short period", *Cambridge Journal of Economics*, 7, 343 – 61; reprinted in Kerr with Harcourt (eds.) (2002), vol. II, 15 – 39.

Laibman, D. and E. J. Nell (1977) "Reswitching, Wicksell effects and the neoclassical production function", *American Economic Review*, 67, 878 – 88; reprinted in Kerr with Harcourt(eds.) (2002), vol. IV, 331 – 47.

Lancaster, K. (1960) "Mrs. Robinson's dynamics", *Economica*, 27, 63 – 9.

Lange, O. (1936) "On the economic theory of socialism", *Review of Economic Studies*, IV, 1, 53 – 71.

Lerner, A. (1944) *The Economics of Control: Principles of Welfare Economics*, London, New York: Macmillan.

——(1953) "On the marginal product of capital and the marginal efficiency of investment", *Journal of Political Economy*, 59, 1 – 14.

——(1957) "Review of Joan Robinson's *The Accumulation of Capital*", *American Economic Review*, 47, 693 – 9; reprinted in Kerr with Harcourt (eds.) (2002), vol. III, 34 – 40.

Levhari, D. (1965) "A nonsubstitution theorem and the switching of techniques", *Quarterly Journal of Economics*, 79, 98 – 105.

Levhari, D. and P. A. Samuelson (1966) "The nonswitching theorem is false", *Quarterly Journal of Economics*, 80, 518 – 19.

Lewis, W. A. (1954) "Economic development with unlimited supplies of labour", *Manchester School of Economic and Studies*, 22, 139 – 91.

Lutz, F. A. and D. C. Hague(eds.) (1961) *The Theory of Capital*, London: Macmillan.

Luxemburg, R. (1913; 1951) *The Accumulation of Capital* (English edn), London: Routledge and Kegan Paul.

Malthus, T. R. (1798) *An Essay on the Principles of Population, as it affects the future improvement of society. With remarks on the speculations of Mr. Godwin, M. Condorcet, and other writers*, London: printed for J. Johnson, in Saint Paul's Church Yard.

Marcuzzo, M. C. (1994) "At the origin of imperfect competition: different views" in Vaughn(ed.) (1994), 63 – 78.

——(2005)"Robinson and Sraffa" in Gibson(ed.)(2005),29-42.

——(2002)"The writings of Joan Robinson" in Volume I *Joan Robinson*, *Archive edition*, G. C. Harcourt and P. Kerr(eds.), Hampshire: Palgrave Macmillan, xxxii-lxxiii.

——L. L. Pasinetti and A. Roncaglia(eds.)(1996) *The Economics of Joan Robinson*, London and New York: Routledge.

——and A. Rosselli(eds.)(2005) *Economists in Cambridge. A study through their correspondence 1907-1946*, London and New York: Routledge.

——and C. Sardoni(2005) "Fighting for the Keynesian revolution: the correspondence between Keynes and J. Robinson", ch. 6 in Marcuzzo and Rosselli (eds.)(2005), 174-95.

Marglin, S. (1973) "Review of Joan Robinson(1971)", *Economic Journal*, 83, 535-8; reprinted in Kerr with Harcourt(eds.)(2002), vol. V, 21-3.

Marx, K. (1909a) Capital. *A Critique of Political Economy*, Volume II, *The Process of Circulation of Capital*, edited by Friedrich Engels translated from the 2nd German edition by Ernest Untermann, Chicago: Charles H. Kerr and Co.; London: Swan Sonnenchein.

——(1909b) *Capital. A Critique of Political Economy*, Volume III; *The Process of Capitalist Production as a Whole*, translated by Ernest Untermann, Chicago: Charles H. Kerr and Co.; London: Swan Sonnenchein.

——(1930) *Capital. A Critique of Political Economy*. Volume I, *A Critical Analysis of Capitalist Production*, with an Introduction by G. D. H. Cole, Everyman's Library, London: J. M. Dent.

Matthews, R. C. O. (1954-5) "The saving function and the problem of trend and cycle", *Review of Economic Studies*, 22, 75-95.

McMurrin, S. M. (ed.)(1982) *The Tanner Lectures on Human Values*, Salt Lake City: University of Utah Press.

Meade, J. E. (1936) *An Introduction to Economic Analysis and Policy*, London: Oxford University Press.

——(1958) "Comments by J. E. Meade on Joan Robinson(1960a)", King's College Archives, Cambridge, RFK/16/3/64-72; reprinted in Kerr with Harcourt (eds.) (2002), vol. III, 169-81.

——(1993) "The relation of Mr. Meade's relation to Kahn's multiplier", *Economic Journal*, 103, 664-5.

Mill, J. S. (1848) *Principles of Political Economy, With Some of their Applications to Social*

Philosophy, 2 vols, London: John W. Parker.

Morrison, H., T. W. Agar, B., Wootton, C. E. M. Joad, J. Robinson and G. D. H. Cole (1944) *Can Planning be Democratic? A Collection of Essays for the Fabian Society*, London: Routledge.

Myrdal, G. (1953) *The Political Element in the Development of Economic Theory*, London: Routledge and Kegan Paul.

——(1968) *Asian Drama. An Inquiry into the Poverty of Nations*. 3 vols. New York: Twentieth Century Fund, Pantheon Books.

Nuti, M. (1969) "The degree of monopoly in the Kaldor–Mirrlees growth model", *Review of Economic Studies*, 36, 257–60.

Orwell, G. (1937) *The Road to Wigan Pier*, London: Victor Gollancz (Penguin (1962)).

O'Shaughnessy, T. (1988) "Robinson and Eatwell on the long-period theory of employment", Cambridge; in Kerr with Harcourt (eds.) (2002), vol. II, 73–99.

Pasinetti, L. L. (1966) "Changes in the rate of profit and switches of techniques", *Quarterly Journal of Economics*, 80, 503–17.

——(1969) "Switches of technique and the 'rate of return' in capital theory", *Economic Journal*, 79, 508–31.

——(1974) *Growth and Income Distribution: Essays in Economic Theory*, Cambridge: Cambridge University Press.

——(1987) "Robinson, Joan Violet (1903–83)", in J. Eatwell, M. Milgare and P. Newman (eds.) (1987), 212–17.

——(2007) *Keynes and the Cambridge Keynesians: A Revolution in Economics to be Accomplished*, Cambridge: Cambridge University Press.

Pigou, A. C. (1933) *Theory of Unemployment*, London: Macmillan.

Pressman, S. and R. P. F. Holt (eds.) (2001) *A New Guide to Post Keynesian Economics*, London: Routledge.

Ramsey, F. P. (1928) "A mathematical theory of saving", *Economic Journal*, 38, 543–9.

Reddaway, W. B. (1959) "Wage flexibility and the distribution of labour", *Lloyd's Bank Review*, 13, 54, October, 32–48.

Reddy, A. K. N. (1973) "Towards an Indian science and technology", *Journal of Scientific and Industrial Research*, 32, 207–15.

Robertson, D. H. (1956) *Economic Commentaries*, London: Staples Press.

——(1957) *Lectures on Economic Principles*, vol I, London: Staples Press.

Robinson, E. A. G. (1931) *The Structure of Competitive Industry*, Cambridge: Cambridge University Press; revised edition 1953.

—— (ed.) (1965) *Problems in Economic Development*, London: Macmillan.

—— (1967) *Economic Planning in the United Kingdom: Some Lessons*, Cambridge: Cambridge University Press.

Robinson, J. (1932a) *Economics is a Serious Subject: The Apologia of an Economist to the Mathematician, the Scientist and the Plain Man*, Cambridge: W. Heffer & Sons.

—— (1932b) "Imperfect competition and falling supply price", *Economic Journal*, 42, 544 - 54.

—— (1933a) *The Economics of Imperfect Competition*, London: Macmillan (2nd edn, 1969).

—— (1933b) "A parable of saving and investment", *Economica*, 13, 75 - 84.

—— (1933c) "The theory of money and the analysis of output", *Review of Economic Studies*, 1, 22 - 8; reprinted in *C. E. P.*, vol. I (1951), 52 - 8.

—— (1934) "What is perfect competition?", *Quarterly Journal of Economics*, 49, 104 - 20; reprinted in *C. E. P.*, vol. I (1951), 20 - 34.

—— (1935) "A fundamental objection to laissez faire", *Economic Journal*, 45, 580 - 2; reprinted in *C. E. P.*, vol. I (1951), 49 - 51.

—— (1936a) "Some reflections on Marxist economics" (a review of Strachey, 1935), *Economic Journal*, 46, 298 - 302.

—— (1936b) "Review of R. F. Harrod, *The Trade Cycle*", *Economic Journal*, 46 691 - 3; reprinted in *C. E. P*, vol. I (1951), 59 - 61.

—— (1936c) "Mr. Keynes and Socialism". *Left Review*, 2, 853.

—— (1936d) "Disguised Unemployment", *Economic Journal*, 46, 225 - 37; reprinted in Robinson (1937b), 60 - 74.

—— (1937a) *Introduction to the Theory of Employment*, London: Macmillan (2nd edn, 1969).

—— (1937b) *Essays in the Theory of Employment*, Oxford: Basil Blackwell (2nd edn, 1947).

—— (1937c) "The economic system in a socialist state", *Cambridge Review*, 58, 289 - 90.

—— (1938) "The classification of inventions", *Review of Economic Studies*, 5, 139 - 42.

—— (1941) "*Marx on unemployment*", *Economic Journal*, 51, 234 - 48.

——(1942a)"Industry and the state", *Political Quarterly*, 13, 400 – 06.

——(1942b) *An Essay on Marxian Economics*, London: Macmillan (2nd edn, 1966).

——(1943a) *Private Enterprise or Public Control*, London: Association for Education in Citizenship.

——(1943b) "Abolishing Unnecessary Poverty" in Kaldor et al. (1943).

——(1943c) "Planning", *Fabian Quarterly*, 36, January, 4 – 8.

——(1943d) "Planning full employment I. The need for a constructive approach", *Times*, 22 January 1943; reprinted in *C. E. P.*, vol. I (1951), 81 – 8.

——(1943e) "Planning full employment II. Alternative solutions to the dilemma", *Times*, 23 January 1943; reprinted in *C. E. P*, vol. l(1951). 81 – 8.

——(1943f) *The Future of Industry*, London, Common Wealth: Frederick Muller.

——(1943g) *The Problem of Full Employment*, London: Workers Educational Association.

——(1943h) "The World We Want", series of broadcasts by BBC, October – November 1943; BBC Written Archives Centre, Reading.

——(1943i) "The international currency proposals", *Economic Journal*, 53, 161 – 75.

——(1944a) "Budgeting in the postwar world", in Morrison et al, 75 – 94.

——(1944b) "The currency plan", *Socialist Commentary*, June 9, 246 – 50.

——(1944c) "Review of H. B. Larry, *The United States in the world economy*", *Economic Journal*, 54, 430 – 7; reprinted in *C. E. P.*, vol. I (1951), 206 – 13.

——(1945a) "Are cartels either desirable of necessary?", BBC broadcast, January 1945, BBC Archives.

——(1945b) "The economics of full employment" reviewing *Six Studies in Applied Economics*, prepared at the Oxford Institute of Statistics, *Economic Journal*, 55, 77 – 82; reprinted in *C. E. P.*, vol. I (1951), 99 – 104.

——(1946a) "The Pure theory of international trade", *Review of Economic Studies*, XIV, 98 – 112; reprinted in *C. E. P.*, vol. I (1951), 182 – 205.

——(1946b) "Obstacles to full employment", lecture to Nationalokonomisk Forening, Copenhagen, 6 December 1946; reprinted in *C. E. P.*, vol. I (1951), 105 – 14.

——(1949a) "The theory of planning; a review of *Soviet Economic Development since 1917*, by Maurice Dobb" in *Soviet Studies*, I, October 1949, 60 – 4; reprinted in *C. E. P.*, vol. I (1951), 175 – 81.

——(1949b) "Mr. Harrod's dynamics", *Economic Journal*, 59, 68 – 85.

——(1951 – 80) *Collected Economic Papers*, 6 vols., London: Macmillan; Oxford: Basil Blackwell.

——(1951a) "Introduction" to Rosa Luxemburg (1951) *The Accumulation of Capital*, London: Routledge and Kegan Paul; reprinted in *C. E. P.*, vol. Ⅱ (1960), 59 – 73.

——(1951b) "Marx and Keynes" in *C. E. P*, vol. Ⅰ (1951), 133 – 45.

——(1952a) *The Rate of Interest and Other Essays*, London: Macmillan.

——(1952b) "The model of an expanding economy", *Economic Journal*, 62, 42 – 53; reprinted in *C. E. P.*, vol. Ⅱ (1960), 74 – 87.

——(1953) *On Re-reading Marx*, Cambridge: Students" Bookshop; reprinted in *C. E. P.*, vol. Ⅳ (1973), 247 – 68.

——(1953 – 4) "The production function and the theory of capital", *Review of Economic Studies*, 21, 81 – 106; reprinted in *C. E. P*, vol. Ⅱ (1960), 114 – 31.

——(1954) "The labour theory of value", *Science and Society*, Spring; reprinted in *C. E. P.*, vol. Ⅱ (1960), 49 – 58.

——(1955) "Marx, Marshall and Keynes," *Delhi School of Economics Occasional Paper No.* 9; reprinted in *C. E. P.*, vol. Ⅱ (1960), 1 – 17.

——(1956a) *The Accumulation of Capital*, London: Macmillan (2nd edn, 1965; 3rd edn, 1969).

——(1956b) "India 1955: unemployment and planning", *Capital* (Calcutta), Annual Supplement, December; in *C. E. P.*, vol. Ⅲ (1965), 182 – 91.

——(1957a) "What remains of Marxism?" in *C. E. P.*, vol. Ⅲ (1965), 158 – 66.

——(1957b) "Population and development" in *C. E. P.*, vol. Ⅱ (1960), 107 – 13.

——(1957c) "Notes on the theory of economic development", in *C. E. P.*, vol. Ⅱ (1960), 88 – 106.

——(1958) "Some reflections on the philosophy of prices", *Manchester School of Economic and Social Studies*, 26, 116 – 35.

——(1959) "A comment", *Oxford Economic Papers*, 11, 141 – 2.

——(1960a) *Exercises in Economic Analysis*, London: Macmillan.

——(1960b) "The philosophy of prices", in *C. E. P.*, vol. Ⅱ (1960), 27 – 48.

——(1961) "Prelude to a critique of economic theory", *Oxford Economic Papers*, 13, 53 – 8; reprinted in *C. E. P.*, vol. Ⅲ (1965), 7 – 14.

——(1962a) "Review of H. G. Johnson, *Money, Trade and Economic Growth* (1962)", *Economic Journal*, 72, 690 – 2; reprinted in *C. E. P.*, vol. Ⅲ (1965), 100 – 02.

——(1962b) *Economic Philosophy*, London: Watts and Co.

——(1962c) "Latter-day capitalism" *New Left Review*, July – August, 2, 37 – 46; reprinted in *C. E. P.* , vol. III (1965), 113 – 24.

——(1962d) "Marxism: religion and science" , *Monthly Review*, 14, 423 – 35; reprinted in *C. E. P.* , vol. III (1965), 148 – 57.

——(1962e) *Essays in the Theory of Economic Growth*, London: Macmillan (2nd edn, 1963).

——(1963) "Findlay's Robinsonian model of accumulation" , *Economica*, 30, 408 – 11; reprinted in *C. E. P.* , vol. III (1965), 48 – 51.

——(1964a) , "Solow on the rate of return" , *Economic Journal*, 74, 410 – 7; reprinted in *C. E. P.* , vol. III (1965), 36 – 47.

——(1964b) "The final end of laissez-faire" , *New Left Review*, Summer; reprinted in *C. E. P.* , vol. III (1965), 139 – 47.

——(1966a) *The New Mercantilism. An Inaugural Lecture by Joan Robinson*, Cambridge: Cambridge University Press; reprinted in *C. E. P.* , vol. IV (1973), 1 – 13.

——(1966b) *Economics: An Awkward Corner*, London: Allen and Unwin.

——(1966c) "Comment on Samuelson and Modigliani" , *Review of Economic Studies*, 33, 307 – 8.

——(1967a) "Growth and the theory of distribution" , in *Annals of Collective Economy*, vol. XXXVIII, 3 – 11; reprinted in *C. E. P.* , vol. V (1979), 71 – 5.

——(1967b) "Smoothing out Keynes" a review of Robert Lekachman, *The Age of Keynes*" , *The New York Review of Books*, 26 January; reprinted in *C. E. P.* , vol. V (1979), 178 – 83.

——(1970) *Freedom and Necessity. An Introduction to Study of Society*, London: George Allen and Unwin.

——(1971) *Economic Heresies: Some Old-fashioned Questions in Economic Theory*, London: Macmillan.

——(1972) "The second crisis of economic theory" , *American Economic Review*, 62, 1 – 9; reprinted in *C. E. P.* , vol. IV (1973), 92 – 105.

——(1973a) "Ideology and analysis" ; a contribution to the Festschrift for Eduard Marz, Europaverlags A. G. Wien; in *C. E. P.* , vol. V (1979), 254 – 61.

——(1973b) "Introduction" to ' Essays 1953 ' " ; in *C. E. P.* , vol. IV, (1973b), 247 – 8.

——(ed.) (1973c) *After Keynes*, Oxford: Basil Blackwell.

——(1973d) "What has become of the Keynesian revolution?" in Robinson (ed.) (1973c), 1 - 11.

——(1973e) "Foreword" to Kregel(1973), ix - xiii.

——(1974) "History versus equilibrium", London: Thames Polytechnic; reprinted in C. E. P., vol. V (1979), 48 - 58.

——(1975a) "Review of L. L. Pasinetti, *Growth and Income Distribution*", *Economic Journal*, 85, 397 - 9.

——(1975b) "Introduction 1974: Reflections and reminiscences", in C. E. P., vol. II, 1960 (2nd edn, 1975), Oxford: Basil Blackwell, iii - xii.

——(1975c) "The unimportance of reswitching", *Quarterly Journal of Economics*, 89, 32 - 9; reprinted in C. E. P., vol. V, (1979), 76 - 89.

——(1976) "Michal Kalecki: a neglected prophet", *New York Review of Books*, 4 March, 28 - 30.

——(1977a) "The labour theory of value as an analytical system", paper given to the Conference of the Economic Section of the Academy of Sciences of Montenegro; reprinted in C. E. P., vol. V, (1979), 289 - 97.

——(1977b) "The labour theory of value", a review of *Studies in the Labour Theory of Value* by Ronald Meek (2nd edition), 1976, *Monthly Review*, December 1977, 50 - 9; reprinted in C. E. P., vol. V, (1979), 280 - 8.

——(1977c) "Michal Kalecki on the economics of capitalism", *Bulletin of the Oxford Institute of Economics and Statistics*, February, 39, 7 - 17; reprinted in C. E. P., vol. V (1979), 184 - 96.

——(1977d) "What are the questions?", *Journal of Economic Literature*, 15, 1318 - 39; reprinted in C. E. P., vol. V, (1979), 1 - 31.

——(1977e) "The meaning of capital", C. E. P., vol. V (1979), 59 - 70.

——(1978a) "The organic composition of capital", *Kyklos*, 31, 5 - 20; reprinted in C. E. P., vol. V (1979), 262 - 74.

——(1978b) "Formalism versus dogma: review of Steedman, *Marx After Sraffa* (1977)", *Contemporary Asia*, 8; reprinted in C. E. P. (1979), 275 - 9.

——(1978c) *Aspects of Development and Underdevelopment*, Cambridge: Cambridge University Press.

——(1978d) *Contributions to Modern Economics*, Oxford: Basil Blackwell.

——(1979) "Who is a Marxist" in C. E. P., vol. V (1979), 248 - 53.

——(1980,1985) "Spring cleaning", mimeo, Cambridge; published as "The theory of normal prices and the reconstruction of economic theory" in Feiwel(ed.)(1985), 157-65

——(1982) "The Arms Race", in McMurrin(ed.)(1982), 257-89.

——(2004) "British Balance of Payments", a talk to the British Council; reprinted in Kerr,(2004),1-8.

——and K. A, Naqvi(1967) "The badly-behaved production function", *Quarterly Journal of Economics*,81,579-91.

——and J. Eatwell (1973) *Introduction to Modern Economics*, Maidenhead: McGraw-Hill.

Rogers, C. (1997) "The existence of a monetary long-period unemployment equilibrium", in Harcourt and Riach(eds.)(1997), vol. I ,324-42.

Rosenstein-Rodin, P. (1943) "Problems of industrialisation of Eastern and South-Eastern Europe", *Economic Journal*,53,202-11.

Rosselli, A. (2005) "An enduring partnership. The correspondence between Kahn and J. Robinson", in Marcuzzo and Rosselli(eds.)(2005),259-91.

Rothschild, K. (1947) "Price theory and oligopoly", *Economic Journal*,57,299-320.

Said, E. (2006) *On Late Style*, London: Bloomsbury.

Salter, W. E. G. (1960) *Productivity and Technical Change*, Cambridge: Cambridge University Press(2nd edn,1966).

——(1965) "Productivity growth and accumulation as historical processes" in E. A. G. Robinson(ed.)(1965),266-91.

Samuelson, P. (1962) "Parable and realism in capital theory: the surrogate production function", *Review of Economic Studies*,29,193-206.

——(1966) "A summing up", *Quarterly Journal of Economics*,80,568-83.

——(1975) "Steady-state and transient relations: a reply on reswitching", *Quarterly Journal of Economics*,89,40-47; reprinted in *C. E. P.*, vol. V (1979),83-7.

——(1989) "Remembering Joan" in Feiwel(ed.)(1989),125-43.

Sandilands, R. F. (ed.)(1990) "Nicholas Kaldor's notes on Allyn Young's Lectures, 1927-29", *Journal of Economic Studies*,17,1-170.

Sardoni, C. (1981) "Multisectoral models of balanced growth and Marxian schemes of expanded reproduction", *Australian Economic Papers*,20,383-97.

——(1984) "Some ties of Kalecki to the 1926 'Sraffian Manifesto'", *Journal of Post*

Keynesian Economics, 6/3, 458 - 65.

——(1987) Marx and Keynes on Economic Recession, Brighton: Wheatsheaf Books.

——(ed.)(1992) On Political Economists and Modern Political Economy. Selected Essays of G. C. Harcourt, London and New York: Routledge (No. 4 in Routledge Library Editions - Economics, 2003).

Sardoni, C. and P. Kriesler (eds.) (1999) Keynes, Post-Keynesianism and Political Economy. Essays in Honour of Ceoff Harcourt, vol. 3, London and New York: Routledge.

Sato, K. (1976) "The neoclassical production function: comment", American Economic Review, 66, 428 - 33.

Schumpeter, J. (1934) "Review of Joan Robinson (1933a)", Journal of Political Economy, 42, 249 - 57; reprinted in Kerr with Harcourt (eds.) (2002), vol. 1, 163 - 70.

——(1954) History of Economic Analysis, London: George Allen and Unwin.

Shove, G. F. (1933a) "Review of Joan Robinson (1933a)", Economic Journal, 43, 657 - 61; reprinted in Kerr with Harcourt (eds.) (2002), vol. I, 171 - 5.

——(1933b) "Review of Hicks (1932)", Economic Journal, 43, 460 - 72.

——(1944) "Mrs Robinson on Marxian Economics", Economic Journal, 54, 47 - 61; reprinted in Kerr with Harcourt (eds.) (2002) Vol. II 225 - 38.

Sills, D. L. (ed.) (1979) International Encyclopaedia of the Social Sciences, Biographical Supplement, vol. 18, New York: Free Press.

Skidelsky, R. (1992), John Maynard Keynes, vol 2: The Economist as Saviour 1920 - 37, London: Macmillan.

Solow, R. M. (1956a) "The production function and the theory of capital", Review of Economic Studies, 23, 101 - 8.

——(1956b) "A contribution to the theory of growth", Quarterly Journal of Economics, 70, 65 - 94.

——(1957) "Technical change and the aggregate production function", Review of Economics arid Statistics, 39, 312 - 20.

——(1963) Capital Theory and the Rate of Return, Amsterdam: North - Holland.

——(1970) "On the rate of return: reply to Pasinetti", Economic Journal, 80, 423 - 8.

——(1975) "Brief comments", Quarterly Journal of Economics, 89, 48 - 52.

——(2005) "The elasticity of substitution is only 73 years old but here are a few thoughts anyway", Cambridge: mimeo.

Sraffa, P. (1925) "Sulle relazioni fra costo e quantita prodotta", Annali di Economia,

(Milan)Ⅱ 277 – 328.

——(1926)"The laws of returns under competitive conditions", *Economic Journal*, 36, 535 – 50.

——(1930)"'A criticism' and 'A rejoinder' in 'Increasing returns and the representative firm: a symposium'", *Economic Journal*, 40, 89 – 92, 93.

——(1932a)"Dr. Hayek on money and capital", *Economic Journal*, 42, 42 – 53.

——(1932b)"A rejoinder", *Economic Journal*, 42, 249 – 51.

——(1936)"Letter from Piero Sraffa to Joan Robinson, 27 October 1936"; reprinted in Kerr with Harcourt(eds.)(2002), vol. Ⅲ, 292.

——(1960)*Production of Commodities by Means of Commodities. Prelude to a Critique of Economic Theory*, Cambridge: Cambridge University Press.

——(1962)"Production of commodities: a comment", *Economic Journal*, 72, 477 – 9.

Sraffa, P. with the collaboration of M. H. Dobb(eds.)(1951)"Introduction" to *The Works and Correspondence of David Ricardo*, vol. 1, published for the Royal Economic Society, Cambridge: Cambridge University Press.

Steedman, Ⅰ. (1977)*Marx after Sraffa*, London: New Left Books.

Steindl, J. (1981)"A personal portrait of Michal Kalecki", *Journal of Post Keynesian Economics*, 3, 590 – 6.

Strachey, J. (1935)*The Nature of Capitalist Crisis*, London: Victor Gollancz.

Stretton, H. (1969)*The Political Sciences. General Principles of Selection in Social Science and History*, London: Routledge.

Swan, P. L. (2006)"Trevor Winchester Swan AO", Australian National University Inaugural Trevor Swan Distinguished Lecture, ANU, pp. 27.

Swan, T. W. (1956)"Economic growth and capital accumulation", *Economic Record*, 32, 334 – 61.

——(1964)"Of Golden Ages and production functions" in Berrill(ed.)(1964)3 – 16.

Sylos Labini, P. (1985)"Sraffa's critique of the Marshallian theory of prices", *Political Economy: Studies in the Surplus Approach* 1, (2), 51 – 71.

Szenberg, M., L. Ramrattan and A. Gottesman (eds.)(2006)*Samuelsonian Economics and the Twenty-first Century*, New York: Oxford University Press.

Tahir, P. (1990a)"Some aspects of development and underdevelopment: critical perspectives on Joan Robinson", unpublished Ph. D. dissertation, University of Cambridge.

——(1990b)"Making sense of Joan Robinson on China",mimeo,Cambridge.

——(1999)"Joan Robinson:a neglected precursor of internal migration models",in Sardoni and Kriesler(eds.)(1999),312 – 33.

Tahir,P.,G. C. Harcourt and P. Kerr(2002)"On Joan Robinson and China" in Kerr with Harcourt(eds.)(2002),vol. V,267 – 80,

Tang,A. M.,F. M,Westfield and J. S. Worley(eds,)(1976)*Evolution,Welfare,and Time in Economics. Essays in Honour of Nicholas Georgescu-Roegen*,Lexington Heath:Lexington Books.

Targetti,F. and B. Kinder-Has(1982)"Kalecki's review of Keynes" *General Theory*",*Australian Economic Papers*,21,244 – 60.

Tobin,J.(1973)"Cambridge(U. K.)versus Cambridge(Mass)",*Public Interest*,31,102 – 9.

Toye,J.(2000)*Keynes on Population*,Oxford:Oxford University Press.

Triffin,R.(1941)*Monopolistic Competition and General Equilibrium Theory*(1941),Cambridge,MA:Harvard University Press,36 – 49;reprinted in Kerr with Harcourt(eds.)(2002),vol. I,362 – 73.

Turner,M.(1989)*Joan Robinson and the Americans*,Armonk,New York:M. E. Sharpe.

Vaughn,K. I.(ed.)(1994)*Perspectives on the History of Economic Thought*,vol. X:*Method,Competition,Conflict and Measurement in the Twentieth Century*,Aldershot:Edward Elgar.

Veblen,T.(1908)"Professor Clark's economics",*Quarterly Journal of Economics*,22,147 – 95;reprinted in Kerr with Harcourt(eds.)(2002),vol. III,281 – 91.

Ward,B.(1972)*What's Wrong with Economics?*,New York and London:Basic Books.

Warner,M.(ed.)(1996)*International Encyclopaedia of Business and Management*,London:Routledge.

Whitaker,J. K.(1989)"The Cambridge background to imperfect competition" in Feiwel(ed.)(1989a),169 – 96;reprinted in Kerr with Harcourt(eds.)(2002),vol. I,176 – 202.

Wilson,T. and R. Prior(2004,2006)"Maurice, Sir Frederick Barton(1871 – 1951)",*Oxford Dictionary of National Biography*,Oxford:Oxford University Press.

Wong,S.(2006)*The Foundations of Paul Samuelson's Revealed Preference Theory. A Study by the Method of Rational Reconstruction*(revised edition),New York:Routledge.

Worswick, G. D. N. (1959) "Mrs Robinson on simple accumulation: a comment with algebra", *Oxford Economic Papers*, 11, 125 – 42; reprinted in Kerr with Harcourt (eds.) (2002), vol. III, 54 – 71.

—— (1962) "Review of Joan Robinson (1962e)", *Economic Journal*, 73, 295 – 7; reprinted in Kerr with Harcourt (eds.) (2002) vol. III, 182 – 4.

伟大的经济学家系列译丛

设计伟大的经济学家系列译丛的目的,是通过揭示历史上和当代最伟大的经济学家生活和工作的相互作用以及他们经历的事件,来阐明他们的经济思想。该系列丛书的写作风格简洁流畅,不仅令专业经济学家深感兴趣,也令经济学学生和对经济学感兴趣的外行人读起来意兴盎然。

1. 约翰·梅纳德·凯恩斯
2. 阿尔弗雷德·马歇尔
3. 纲纳·缪达尔
4. 弗兰科·莫迪利亚尼
5. 约瑟夫·熊彼特
6. 卡尔·马克思
7. 皮耶罗·斯拉法
8. 罗伊·哈罗德
9. 迈克尔·卡莱茨基
10. 詹姆斯·麦基尔·布坎南
11. 阿瑟·庇古
12. 阿瑟·刘易斯
13. 亚当·斯密
14. 丹尼斯·罗伯逊
15. 尼古拉斯·卡尔多
16. 约翰·肯尼斯·加尔布雷思
17. 琼·罗宾逊
18. 罗伯特·索洛